Ulrike Brand

The Other Half of My Soul -
Sex and Gods and Holy Cows

Zehn Jahre Reisen nach Indien und zurück
erzählt in Briefen an Freunde

Ulrike Brand
www.touch-of-sound.de

© 2013 Ulrike Brand. Alle Rechte vorbehalten.
ISBN 978-1-291-35262-7

Bildmaterial: Fotolia - #13700863 - A photo of a cow and wagon in the streets of New Delhi © Dhoxax

Coverdesign: Deborah Klugt – www.webartista.eu

Inhaltsverzeichnis

Vorwort 5

Erste Indienreise 2003 6

Zweite Indienreise 2003 70

Ein anderes Indien 2003/2004 91

Dritte Indienreise 2004 108

Nur so viel 2005 129

Durch die Mangel gedreht 2006 151
(mit Vierter Indienreise)

Fünfte Indienreise 2009 173

Sechste Indienreise 2013 210

Vorwort

Genau zehn Jahre ist es jetzt her, dass ich am 21. Januar 2003 zu meiner ersten Indienreise aufbrach. Andere Leute machen Fotos, schreiben Tagebuch, telefonieren oder skypen – mein Weg, die Erlebnisse dieser „Pilgerzeit" zu reflektieren und zu verarbeiten, waren Internet-Briefe. „Briefe", weil sie mit dem gleichen Gehör für Sprache und Tonfall geschrieben sind wie „richtige" Briefe, nur eben mit der Möglichkeit des Internets, den Jetzt-Moment auch JETZT zu teilen.

Die Briefe bis einschließlich 2006 sind alle an individuelle Empfänger gerichtet – das ganz Persönliche dieser Gespräche habe ich aber herausgenommen, da ich hier nur für mich selbst sprechen möchte. Daher habe ich auch an einigen Stellen die Namen geändert. Auf den letzten beiden Reisen 2009 und 2013 habe ich Rundmails geschrieben.

Schon bevor ich losfuhr, war mir klar, dass die Reise in ein fernes Land und eine fremde Kultur auch eine Reise nach innen sein würde, dass die Erforschung der „anderen Seite der Seele" auch auf die mir vertraute Seite der Seele zurückwirken würde. Und genau so kam es: die Bewegung erfasste außen und innen, Reise und Zuhause, Körper und Seele. Daher finden sich hier auch „Reiseberichte" aus der Zeit zwischen den Reisen – Zeiten von Inspiration, Verwirrung, Integration.

Von Herzen danke ich allen, die im Lesen und Antworten innerlich mitgereist sind, ganz besonders danke ich Britta für einen Raum der Sprache jenseits der Worte. Ich danke Peter, der mir Spürbewusstsein mitgegeben hat für die „andere Hälfte der Seele", und ich danke Broder für den Blick auf Leichtigkeit und Spiel.

Ich widme dieses Büchlein Fabian, Judith und David, die vor zehn Jahren mit kindlichem Staunen die Reisen ihrer „indische Tante" begleitet haben und nun alt genug sind, noch einmal mit neuem Verständnis mitzureisen.

Berlin im April 2013

Erste Indienreise 2003

Einstimmung

Mettmann

Januar 2002

Ich bin schon seit Wochen in einem eigenartigen Gemütszustand. Das wirklich zugrundeliegende Gefühl kann ich nicht erfassen, ich merke nur Auswirkungen und was die nun wieder emotional auslösen. Bei aller lebendigen Beziehung zu dem, was ich tue, aller wirklichen Freude in vielen Erlebnissen, Begegnungen empfinde ich gleichzeitig einen totalen Überdruss gegenüber meinem äußeren Lebensrahmen. Ich bin die Kirche so leid, die theologischen Formeln, die harmonischen Konventionen, die Angst, das wirkliche Leben könnte eindringen. Als Musikerin habe ich ja die Narrenfreiheit, zu denken, was ich will, ich muss es nicht in Worte fassen. Aus welchen ketzerischen, verrückten, sehnsüchtigen oder ekstatischen Antrieben heraus ich meine Musik unters Volk bringe, hört man ja nicht, Hauptsache es ist „schön". Und da Kirchenmusik per definitionem schön und gut ist, bin auch ich automatisch gut und von schöner Seele im Sinne der Veranstalter. Dieses Bild von mir kann ich einfach nicht mehr sehen.

Nun ist eine solche Kirchenkritik ja weder neu noch originell. Ich glaube also nicht wirklich, dass es mein zweifelhafter Arbeitgeber ist, der mich so tief und unlogisch unzufrieden macht, denn schließlich arbeite ich ja gerne. Vielmehr habe ich das vage Gefühl einer anderen, tieferen Unzufriedenheit, Überdrüssigkeit, die nicht mit einem „darum" oder „weil" zu erklären ist, die aber froh darüber ist, in dem vergleichsweise harmlosen Ärger über kirchliche Enge mitschwingen zu dürfen. Aber was ist es, das da mitschwingen will?

Mitschwingen. In dieser ganzen Zeit des uneins-Seins mit mir selbst habe ich Thomas Mann gelesen und gelesen. Und egal, in welches

Buch ich gerade eintauche, immer finde ich eine Passage, die genau mich meint. Besonders nah, wenn es auch eine mühsame Lektüre war und inhaltlich manchmal unmöglich, sind mir die „Betrachtungen eines Unpolitischen" gegangen, die ich erstmals gelesen habe. Irgendwann ging mir auf, dass Thomas Mann genau in meinem Alter war, als er sich dieses Monstrum von der Seele schrieb. Und so anders die Zeiten sind, so anders alles ist – ich habe das Buch nicht so sehr inhaltlich gelesen, als vielmehr mit musikalischem Gehör, und da wurde es ein Resonanzkörper für das Gefühlschaos in mir selbst. Mann hat ja sicher nicht 600 Seiten geschrieben, um den Obrigkeitsstaat zu verteidigen und auch nicht, um sich mit seinem Bruder zu streiten. Auch er hat etwas Ungreifbares, das schmerzlich gefühlt wird, sich aber Worten und klaren Gedanken entzieht, an Geschichten, Gedanken und Personen festgemacht, die etwas in ihm anrühren, das „so ähnlich" klingt.

Aber eben nur so ähnlich. Die Aufgeregtheit, Polemik, Beschwörung, der ganze angestrengte Tonfall des Buches ist nicht durch das gerechtfertigt, worüber er schreibt. Und es endet auch, glaube ich, nicht, weil das, was gesagt werden wollte, endlich ausgesprochen ist, es endet aus Erschöpfung. Danach war Thomas Mann dann frei für den Zauberberg, und man könnte natürlich fragen, warum er den nicht gleich geschrieben hat. Aber das ging nicht. In den Worten von Rilke:

> „Warst du nicht immer von Erwartung zerstreut, als kündigte alles eine Geliebte dir an? Wo willst du sie bergen, da doch die großen fremden Gedanken bei dir aus und ein gehen und öfters bleiben bei Nacht." - "Ist es nicht Zeit, dass wir liebend uns vom Geliebten befrein..."

Sich von etwas Geliebtem, Abgelebtem befreien, mit all den Gedanken, die man dazu gedacht hat, indem man es alles noch einmal ausspricht. Die Leidenschaftlichkeit und auch Ausdauer im Ringen um diese Worte, die intensive Gefühlsmischung aus Liebe, Sehnsucht, Musik, Verzweiflung, das war es, was mich so ergriffen hat. Und was eigentlich auch Antrieb für diesen „Brief" geworden ist: einmal dranbleiben an einer Frage, suchen nach Worten, auch wenn es keine gibt, selbst das Erzählen überflüssiger Gedanken – die sind dann wenigstens weg und haben die Chance, an der frischen Luft und bei Tageslicht schnell zu verwelken.

Was mich an meinem momentanen Zustand der Berührbarkeit durch die liebevolle und Liebe suchende, introspektive Dichtung Thomas Manns so bewegt und auch ein wenig beunruhigt, ist ein Gefühl des Déjà-vu: vor etwa zwanzig Jahren habe ich eine sehr verwandte Empfindungswelt schon einmal durchlebt. Das war die Zeit meines Studiums, in der ich vor allem die Welt der Romantik erstmals und auf meinem ganz eigenen Weg für mich entdeckt habe.

Was mich wundert ist, dass das jetzt wieder so stark da ist. Alles kehrt wieder. Eine Melancholie (die durchaus auch ihre genussreichen Seiten hat), eine fast schmerzliche Sehnsucht nach „Verbindung", die so umfassend ist, dass sie niemals im wirklichen Leben Erfüllung finden kann, eine Berührbarkeit durch bestimmte Musik, in der ich fast nur noch Öffnung, Empfangende, Nehmende bin, keine wache, lebendige Beziehungspartnerin mehr des musikalischen Geschehens.

Die Literatur und Musik, ihren Zauber und Trost, vor allem ihre Begegnungskraft für mich, habe ich mir jetzt erst einmal ein gutes Stück von der Seele geschrieben. Da ist es wieder geräumiger, es herrscht mehr Bewegungsfreiheit. Raum, um von einem speziellen Erlebnis zu erzählen.

Inmitten meiner heißesten Thomas Mann-Phase habe ich zwischen Weihnachten und Silvester ein Tantra-Seminar besucht, mein allererstes. Alljährlich habe ich in dieser Zeit „zwischen den Jahren" das Bedürfnis, etwas zu unternehmen, das möglichst wenig mit Weihnachtsgottesdiensten und Familienfeiern zu tun hat. Das ist mir in diesem Fall ja wirklich gelungen...

Mittelpunkt des Wochenendes war ein „Ölritual". Wir wurden nackt und mit geschlossenen Augen in einen mit Plastikfolie ausgelegten Raum hereingeführt, legten uns hin, wurden mit warmem Öl übergossen (herrlich!), fingen dann an, uns zu Texten und Musik zu bewegen, um schließlich im Ganzkörperkontakt übereinander und umeinander herum zu gleiten und zu rutschen. Die Seminarleiter wachten über unsere körperliche und emotionale Sicherheit. Und so konnte ich mich diesem Erlebnis wirklich ohne Vorbehalte und

Hemmungen überlassen. (Nur als zwischendurch der langsame Satz aus Beethovens „Siebter" erklang, musste ich kurz aus humorvollem Abstand innerlich grinsen – wie absurd.) Ich habe gleichzeitig erwachsene Sinnlichkeit und etwas sehr Frühes, Embryonales erlebt, das mir unendlich gut tat. Es war mir auch möglich, einfach „jetzt, im Moment" zu genießen. Gedanken wie: „ALL das hat mir gefehlt", oder: „das werde ich NIE bekommen" tauchten nicht auf. Gleichzeitig wusste ich immer: das ist ein Spiel, es hat Anfang und Ende. So konnte ich auch gut wieder „auftauchen", fühlte mich dann aber auch mit offenen Augen weicher, fließender und gleichzeitig klarer mit der Gruppe verbunden.

Inzwischen bin ich zurück aus Zürich, habe diesen guten, intensiven Supervisionstag erlebt. Inspiriert und mit einer inneren Freude an mir selbst bin ich wieder gut im Alltag gelandet. Von dem Druck, mit dem ich diese „Confessiones" begonnen habe, ist im Moment gar nichts zu spüren. Und doch ist beides wahr: Heiterkeit, Lebenslust, Tatendrang, Verbindung – und auch: Sehnsucht, Stockung, Schmerz, Einsamkeit. Das erste nimmt mehr und mehr Raum ein, aber es hat das andere nicht abgelöst. Ich wünsche mir ja gar kein Leben harmonisch seligen Schwebens.

Ich kenne Sehnsucht, Schmerz, Einsamkeit, Trauer auch als sehr vitale Lebenszustände. Nur diese ungespürten Brüche, die mich herausreißen aus Lust, Leben und Kontakt, die mich selbst verschwinden lassen, sodass ich mich ausfüllen muss mit Musik und Literatur, die mich immer wieder fesseln, klein und abhängig halten – das will ich nicht mehr! Und etwas in Thomas Manns „Betrachtungen", diese gleichzeitige, ringende Auseinandersetzung mit Innen und Außen, klang in mir an als ein Weg, sich den eigenen Brüchen zu nähern. Mein schreibender Kampfesgeist ist inzwischen so ermattet, dass ich nicht mehr versuche, diesem „Etwas" auf die Spur zu kommen. Ich habe unendlichen Respekt vor Thomas Manns Kampf über 600 Seiten. Noch mehr bewundere ich ihn allerdings für die Werke zu denen er sich dann befreit hat. Auf der Zugfahrt habe ich in „Joseph und seine Brüder" gelesen. Die Schilderung von Rahels Tod hat mich sehr berührt:

„Und hier war es, wo er zum erstenmal, über sie hin und hinauf in die silbrige Weltennacht, gleichsam als Eingeständnis seines Begreifens, die Frage richtete: „Herr, was tust du?"

In solchen Fällen erfolgt keine Antwort. Aber der Ruhm der Menschenseele ist es, dass sie durch dieses Schweigen nicht an Gott irre wird, sondern die Majestät des Unbegreiflichen zu erfassen und daran zu wachsen vermag."

15. Mai 2002

Ich habe gerade etwas Verrücktes erlebt, das ich unbedingt erzählen muss. Die Vorgeschichte: vor kurzem habe ich eine Osteopathin kennengelernt, die mich durch Vieles beeindruckte – ihre Natürlichkeit, ihre gute Arbeit, ihre stolzen Preise, ihren mutigen, kurvenreichen beruflichen Weg.

Als ich ihr sagte, wie sehr mich das beeindruckte, meinte sie, sie würde auch gut durchs Leben „gecoacht". Irgendwie beeindruckte mich auch das, und ich fragte sie beim nächsten Besuch nach diesem oder einem ähnlichen „Coach". Sie gab mir eine Telefonnummer, und heute hatte ich ein Gespräch. Was auch immer ich mir vorher über diese Beratung zurechtfantasiert habe – es war ganz anders. Kein gut gebügelter, NLP-perfekter Unternehmensberater (das war so eine Fantasie), sondern ein Medium, ein Hellseher!!

Doch so verrückt das vielleicht klingt: ich habe lange nicht so ein umfassendes, klares Gespräch mit so viel Bodenkontakt geführt wie mit Broder. Nichts von esoterischem Schweben. Es war eine umfassende Bestätigung meines Veränderungsschwungs mit dem Nachdruck: BALD und UMFASSEND.

Ich werde mich jetzt nicht vorwegnehmend gegen den Verdacht verteidigen, ich wäre einem „Guru" in die Hände gefallen. Ich fühle mich so bestärkt, weil ich mich selbst so klar und umfassend in meiner großen Stärke, meiner Lebenslust und auch in meiner Trauer gespürt habe – und auch in dem, was ich mir bisher in den Weg gestellt habe.

Ich werde jetzt erst mal dieses Erlebnis überschlafen. Wenn mein Gefühl im Moment mich nicht täuscht, dann kommen sehr bewegte Zeiten auf mich und meine Umwelt zu. Und auch wenn das völlig durchgeknallt klingt – ich fühle mich gerade jetzt so wenig verrückt wie selten.

4. Juli 2002

Ich habe inzwischen gekündigt, zum 31. Januar 2003. Bleibt also ein halbes Jahr, in dem ich noch ganz hier sein will – und gleichzeitig wissen alle Beteiligten, dass die gemeinsame Zeit begrenzt ist. Eine Freundin, die schon einmal Ähnliches erlebt hat, sagte mir, dass es für sie eine Erfahrung großer Freiheit gewesen wäre. Ich bin gespannt.

Außer einem stabilen Grundgefühl, dass meine Entscheidung zum Schritt ins Leere gut und richtig ist, ändert sich meine oberflächliche Tagesstimmung ständig. Es ist eine große Versuchung, die zu erwartende Leere schon im Voraus mit Plänen, Gedanken, Aktionen zu füllen. Im Moment habe ich das Gefühl, dass vor der Planung und Organisation der Selbständigkeit erst einmal diese Phase ohne vorgegebene äußere Struktur total wichtig für mich ist. Innerlich hatte ich das schon oft. Doch da war immer ein äußerer Rahmen, ein Tagesgeschäft, das scheinbar kontinuierlich weiterlief. Bisher hatte ich das Gefühl, dass ich einen solchen Schutz einfach brauche. Doch ich spüre auch, dass diese Diskrepanz zwischen innen und außen wertvolle Energien bindet. Und ich lebe dadurch auf kleinerer Flamme als ich möchte und könnte. Also: Mut zum Risiko und Vertrauen in noch ungenutzte Kräfte.

Meine vorläufigen Pläne: Wohnung kündigen, meine Sachen im Musikzimmer unterstellen (das liegt außerhalb meiner Wohnung im selben Haus, wahrscheinlich kann ich das noch etwas länger mieten). Dann verreisen, am liebsten nach Indien. Nicht nur das Ziel, sondern so ein Reisen überhaupt ist für mich totales Neuland. Aber ich möchte unbedingt erst einmal sehr gründlich aus meiner vertrauten Umgebung und Kultur heraus, bevor ich mich neu niederlasse. Und der Gedanke, eine Hinreise zu buchen, ohne eine Ahnung zu haben, wann ich zurückkomme, fasziniert mich (zumindest jetzt, wo diese Realität noch in ferner Zukunft liegt).

Dann, so hoffe ich, wird sich langsam verdeutlichen, wo und wie ich wieder mit dem Geldverdienen beginnen werde. Doch das sind alles noch Fantasien ins Blaue.

18. November 2002

Und so lebe ich noch die letzten Wochen meines Kantorinnen-Lebens, übe Adventslieder, plane Weihnachtsgottesdienste und fühle mich darin so „normal" wie immer. Und doch spüre ich, dass das alles zu Ende geht, und das fühlt sich gut an. Das Echo auf meine Entscheidung ist ganz überwiegend gut um mich herum.

Was dann ist, wenn ich wieder aus Indien zurück bin, weiß ich noch überhaupt nicht. Ich vertraue jetzt einfach einmal darauf, dass meine kreativen Energien und mein Kampfgeist dann „anspringen", wenn es nötig ist. Bei allen oberflächlichen Zweifeln, die mich natürlich auch schütteln, habe ich doch ein tragendes Gefühl, dass es gut ist, eine Zeit lang ganz offen für die Zukunft zu sein – bis sie dann Gegenwart ist.

Indien

21. Januar bis 26. April 2003

Delhi

Der erste Tag (geschrieben am 9. Februar 2003 für die Rheinische Post)

Gegen Mittag kam ich in Delhi an. Mein Hotel lag am *Main Bazar*, einer Straße im Zentrum, die, wenn ich mich richtig erinnere, noch nicht einmal richtig asphaltiert war. Darin bewegten sich Fußgänger

– versierte Einheimische und unsichere Touristen – Fahrrad- und Motorrikschas, Hunde und Kühe. Die Kühe sind nicht nur heilig, sie helfen auch bei der Müllbeseitigung. Die Luftverschmutzung ist immens, und da Kühe kein Plastik fressen, ist alles ziemlich vermüllt. Doch deprimiert hat es mich nicht. Ich hatte mich, soweit das geht, innerlich auf Chaos und Dreck vorbereitet, und so konnte ich mich ziemlich schnell von der Lebendigkeit in diesem Chaos ergreifen lassen.

Kaum hatte ich mein düsteres Zimmer verlassen und meine ersten vorsichtigen Schritte in der schmalen Gasse des *Main Bazar* gemacht, da wurde ich auch schon angesprochen von einem Inder, Mitte 30: *"How are you? Where do you come from?"* Die vereinigten Hinweise aller Reiseführer beachtend, sich nicht auf der Straße ansprechen zu lassen, blickte ich geradeaus und versuchte, mit zielgerichtetem Blick meinen ziellosen Gang fortzusetzen. Mein vor einer Minute gewonnener Freund begleitete mich einfach. *"You've just arrived?"*, fragte er freundlich. Da konnte ich meine ange-strengte Zurückweisung einfach nicht mehr aufrechterhalten. Ich entspannte mich, riskierte ein Lächeln und wurde zum Tee in seinen Laden eingeladen. Als mir mein Begleiter anbot, mir ein paar sehenswerte Plätze der Stadt zu zeigen, fragte ich, was das denn kostete. („Immer die Finanzen im Voraus klären", rät der Reiseführer.) Seine Antwort: *"No problem"*.

Meine erste Indienlektion: weder für Geschäfte noch für zwischenmenschliche Beziehungen gibt es feste Regeln im europäischen Sinn – alles ist eine Sache des Gespürs und der Verhandlung.

Also: es war heller Tag, wir bewegten uns unter Tausenden von Menschen – ich sah keinen wirklichen Grund, das Angebot nicht anzunehmen. Als ich nach einem interessanten Nachmittag schließlich den Endbetrag wissen wollte: *"Give what your heart tells you"*. Da mein Herz an meinem ersten Tag in einem fremden Land nicht kleinlich erscheinen wollte, gab ich reichlich (für indische Verhältnisse).

Ähnliche Erfahrungen wiederholten sich. Sicher gibt man am Anfang zu viel Geld aus. Doch wie freundlich wird man behandelt, wie viel Zeit für Gespräch und Geschichten nimmt sich ein Händler.

Für eine Ware, die ich eigentlich gar nicht haben wollte, habe ich dann vielleicht zu viel bezahlt. Doch wie gut war die Zeit, die man bei Tee und Gespräch verbracht hat.

Mamallapuram / Tamil Nadu

26. Januar 2003

Ich bin noch keine fünf Tage hier und habe das Gefühl, schon Stoff für eine komplette Inkarnation zu haben. Aus Delhi bin ich nach der ersten Nacht geflohen, weil es in ungeheizten Zimmern einfach zu kalt war. Trotzdem war die Stadt ein Erlebnis – unglaublich laut, chaotisch, stinkend, und doch pulsierend und lebendig. Und von meinen ersten Schritten an konnte ich lernen, mit den unterschiedlichsten Begegnungen umzugehen. Ich habe dann die Investition eines Inlandflugtickets getätigt und bin ganz in den Süden nach Tamil Nadu geflogen. Ich bin am Meer, habe ein ordentliches Zimmer und erfreue mich an der großen Freundlichkeit der Inder. Sicher, viele wollen etwas verkaufen. Und doch entwertet das nicht die Freundlichkeit. Ich genieße die vielen offenen Gesichter, in die ich blicke, die Ruhe für Gespräche beim Tee etc.

26. Januar 2003

Bevor ich mich auf den Weg mache, eine südindische Fischplatte zu essen, eben ein paar Grüße. Es musste wirklich Indien sein. Es ist vollkommen anders – chaotisch, und dabei doch wieder gelassen und sehr freundlich. Und es ist ein sprudelnd spirituelles Land auf seine ganz eigene Weise. Ich habe noch nie so viele Alltagsgespräche geführt, die sich ganz selbstverständlich in ein Gespräch über Gott und das Leben entwickeln – sogar ein Franzose, mit dem ich einmal ein Taxi teilte, fragte mich irgendwann, ob ich an Gott glaubte.

Wenn man aber in Tempel geht, was ich heute Vormittag getan habe, sieht man, wie dort Alt und Jung, Mann und Frau, andächtig den Penis des in Stein gehauenen, ruhenden Gottes Vishnu berühren oder den ganz auf seinen Penis reduzierten Shiva Lingam. Die Abnutzungsspuren an den entsprechenden Stellen weiblicher Gottheiten zeigen ebenfalls, wie dicht beieinander hier offenbar Religion und Sexualität sind.

Ein anderes, witziges Erlebnis bei meinem Tempelbesuch war dann noch, dass ich zweimal gebeten wurde, mit auf ein Foto zu kommen, als exotische Note zwischen lauter Indern. In der Situation bin ich noch nie gewesen.

27. Januar 2003

Viele Grüße aus dem tropisch-warmen Süden Indiens. Nach der ersten Nacht in Delhi, in der ich vor Kälte kaum schlafen konnte (Lärm und Gestank kamen dazu), obwohl ich fast den ganzen Inhalt meines Rucksack am Leib hatte, habe ich mir ein Flugticket nach Chennai (Madras) gekauft und bin, da auch das eine laute, stinkende Stadt ist, ohne weitere Besichtigungen mit dem Bus nach Mamallapuram gefahren. Das ist eine kleinere Stadt an der Ostküste, touristisch attraktiv durch einige alte Tempel.

Meine Haupterfahrung bisher, ob im chaotischen Delhi oder im beschaulicheren Süden, ist die Begegnung mit Menschen. Es kommen mir so viele freundliche, strahlende Gesichter entgegen, eine Bereitschaft, sich Zeit zu nehmen, Geschichten zu hören und zu erzählen, die mir einfach das Herz öffnet. Allerdings: sie öffnet auch die Geldbörse, und zwar kräftig. Ich bin schon charmant betrogen, freundlich über den Tisch gezogen, strahlend hinters Licht geführt worden. Niemand bestiehlt mich, ich gebe alles freiwillig. Und merke erst hinterher, dass die Rechnung für mich nicht ganz aufgeht. Aber was wäre die Alternative? Misstrauisch nach heimischen Kriterien hinter jedem Lächeln den Schurken zu vermuten, je freundlicher, desto gefährlicher? Manche Touristen tun das, und da sind mir selbst die Schurken lieber.

Gestern und heute bin ich bei mir um die Ecke bei einem Yoga- und Meditationslehrer gewesen – diese Angebote gibt es hier reichlich.

Pro Sitzung zieht er mir 300 Rupien aus der Tasche – *"This money I give to the poor"* – wahrscheinlich ein absoluter Touristenpreis. Aber es ist einfach eine Freude, ihm zuzuhören, ihn anzuschauen, wenn er über Meditation und Leben spricht (*"Of course some people can fly – but what's the point, if you have found peace of mind?"*), total lebendig, strahlend, ich glaube, ich würde ihn auch verstehen, wenn er tamilisch zu mir spräche. Er schreibt auch Gedichte und will mir morgen eins mitbringen – vielleicht hat er auch das irgendwo abgeschrieben, oder es ist schlecht, oder vielleicht ist alles genau wie er sagt – aus dieser Ungewissheit werde ich wohl noch für eine Zeit nicht herauskommen.

Wahrscheinlich ist unsere Unterernährung durch Freundlichkeit, unser Verlangen nach zugewandtem Lächeln so groß, dass wir zunächst einmal alles essen. Das Maß und der feinere Geschmack kommen nach der ersten Sättigung – und ich habe ja noch drei Monate vor mir.

Tiruvannamalai / Tamil Nadu

29. Januar 2003

Ich bin heute in Tiruvannamalai angekommen, einer alten Tempelstadt. Das ist schon an sich ein kleines Wunder, weil dieser anspruchsvolle Ortsname auch das einzige Wort ist, mit dem ich mich bei der tamilischen Bevölkerung verständlich machen konnte. Noch nicht mal ihre Schrift hilft mir weiter – eine Folge von Kringeln. So, ohne jede Anleitung, habe ich mich durch die Tempelanlage bewegt, wurde mehrfach gesegnet (anschließend: *"Rupees, rupees!"*), ein Sadhu hat mir ein Mantra beigebracht (10 Rupien), und auch ein Elefant wollte 5 Rupien von mir und hat mir dann den Rüssel auf den Kopf gelegt. *All very strange.* Da alle Inderinnen unglaublich schön gekleidet sind und immer mit Schmuck und Blumen behangen, habe ich mir auch einen Blütenkranz ins Haar gemacht, was die Kinder unglaublich amüsiert. Aber sie finden mich wohl sowieso komisch.

Gestern Abend ging ich in einem ländlichen Wohngebiet spazieren, ein ca. neunjähriges Mädchen, das etwas Englisch konnte, lud mich zu sich nach Hause ein. Das ganze Dorf kam zusammen, ich musste verschiedene Babys auf dem Schoß halten. Zum Schluss wurde ich von ca. 20 Kindern zum Hotel gebracht – alle wollten *"German dollars"* haben. Meiner kleinen Übersetzerin hatte ich ja von Herzen einen Euro geschenkt. Aber irgendwo muss man hier lernen, Grenzen zu ziehen.

30. Januar 2003

Immer mal wieder bin ich verwirrt von der völlig anderen Verknüpfung von Freundlichkeit und Sinn für *"Rupees, rupees"*. Kaschmirische Shopkeeper singen mit ungeheurem Charme das Lob ihrer Waren und ihrer Kundin, und das in einer so resonanten Weise, dass man anschließend gerne den doppelten Preis für etwas bezahlt, das man gar nicht haben wollte.

Ein anderes Erlebnis: ein tamilischer Mann läuft neben mir her den Berg Arunachala hoch, führt mich in einige „Gebetshöhlen", schließlich in sein Haus, wo ich das Baby auf den Arm bekomme, etwas zu essen – und dann eine Leidensgeschichte: vier Kinder, „viel krank" (wirklich schnuften und husteten die bildhübschen Kinder ziemlich), er musste ins Krankenhaus (eine Röntgenaufnahme illustrierte die Geschichte). Ich habe ihm, da ich kein kleineres Geld hatte, 500 Rupien gegeben, worauf er um 1000 bat, die ich ihm dann doch nicht gegeben habe. Aber es ist schwer, das Maß zu finden.

Ich bin also in Tiruvannamalai, habe den Ashram von Ramana Maharshi aber noch nicht besucht. Hier unten in der Stadt sieht man sehr wenig Westler. Auf dem Weg den Berg hoch, schossen sie auf einmal wie die Pilze aus dem Boden. Und nach all den offenen indischen Blicken, sah ich hier wieder Rückzug. Möglichst kein Augenkontakt, höchstens ein mühsames *"Hello"*. Die zwei Orte, an denen Ramana Maharshi meditiert hat, waren auch von Bleichgesichtern besetzt. Und irgendwie spürte ich gleich wieder eine Art angestrengte Gottesdienstatmosphäre – man möchte es besonders gut machen.

30. Januar 2003

Ich habe innerlich und äußerlich sehr viel erlebt in dieser ersten Woche. Intensive Begegnungen vom ersten Moment an. Zuerst waren es die unglaublich charmanten Händler in den Touristenzonen, die meist aus Kaschmir kommen – es wird davor gewarnt, dass sie einem lächelnd das Geld aus der Tasche ziehen – und trotzdem möchte man ihnen das Geld beinahe hinterher tragen, so gut machen sie ihre Sache.

Jetzt im Süden sind es die Begegnungen mit der einfachen Bevölkerung, mit Leuten, die mich unglaublich komisch und interessant finden. Oft können sie überhaupt kein Englisch, sonst ein paar wenige, schwer erkennbare Worte. Aber ein Strahlen, eine Freundlichkeit – wenn auch häufig irgendwann mit der Wendung: *"Any rupees?"* Liebenswürdigkeit und Geschäft liegen hier dicht nebeneinander, das ist für unser Gefühl immer wieder schwierig.

Gestern und heute habe ich viel Zeit in der riesigen Tempelanlage verbracht, dem bunten Treiben zugeschaut, einige Zeremonien auch mitgemacht – ohne zu wissen, was ich da tat. Doch ich wurde immer wieder herbei gewunken, doch mitzumachen. Gestern hat mir ein Sadhu sogar ein Mantra beigebracht: er sang, lud mich ein mitzusingen, korrigierte meine Aussprache, ließ mich die Worte aufschreiben, und dann sangen wir beide unzählige Male etwas, in dem Om und Shiva vorkamen. Das kostete mich wieder 20 Rupien.

So, jetzt werde ich gleich etwas zu Abend essen und, wenn ich die Charakterstärke aufbringe, mich morgen früh gegen halb sechs Uhr aufmachen, um den heiligen Berg Arunachala im Uhrzeigersinn zu umrunden. Das macht man hier so.

31. Januar 2003

Neulich ist schon einmal eine lange Mail zusammengebrochen und war verschwunden. Diesmal starte ich einen zweiten Versuch. Ich bin den dritten Tag in Tiruvannamalai und habe gerade eine akute

Phase von Religionsverdruss. Der Ort mit seinen ineinander geschobenen Sphären – Berg, Tempel, Tempelleben, Stadtleben – begeistert mich sehr. Heute früh bin ich die 14 km im Uhrzeigersinn um den Arunachala gegangen, gestern habe ich den Berg halb bestiegen, habe zwei Einsiedeleien von Ramana Maharshi. besucht, dazu noch die von ein paar obskuren Sadhus.

Und doch – eigentlich sind diese religiösen Zeremonien bedeutungslos (nicht nur in Indien, überall). Es geht um etwas anderes, und das ist ganz einfach. Diese Zeremonien mit ihren Wegen, Gaben, Gebeten, Gesängen „massieren" die Grenze zwischen Traum und wach, zwischen Zauber und Alltagsrealität, zwischen Manifestation und Nichtmanifestation. Die Übergänge bleiben durch diese „Pflege" beweglich, durchlässig – mehr ist es nicht. Die düsteren Sadhus und eitlen Priester gingen mir auf einmal auf die Nerven. Und gestern, beim Aufstieg, fiel auf, dass, je höher man kam, desto mehr Westler auftauchten. Im Tempel sieht man sie kaum. Doch da, wo es anstrengend wird, vermehren sie sich auf einmal. Sie füllten auch die Einsiedeleien von Ramana Maharshi. Ich habe mich einen Moment dazu gesetzt, konnte aber die Stimmung angestrengter Meditation nicht ertragen, bin herausgegangen und habe die Landschaft in der Landschaft (Tempel am Berg) genossen, die Mischung aus Stadt- und Tempelgeräuschen. *Maybe it is all in my mind.* Aber ich hatte das Gefühl, hier saß wieder jeder ganz europäisch auf seiner Insel. Nicht „bei sich", sondern im Rückzug. „Bleib du mir aus meiner Meditation".

Auch die Begegnungen auf dem Pfad nach oben waren eine kalte Dusche nach den vielen, vielen freundlichen indischen Gesichtern, mit denen man wieder und wieder das Mantra singt: *"What is your name? Country?"* Bleichgesichter wollen nicht von Ihresgleichen angesprochen werden.

Und schließlich habe ich mich noch über die Art von Ratschlägen geärgert, wie sie aus der Heiligen Schrift der Reisenden *(Lonely Planet)* tönen: immer handeln, höchstens den halben Preis bezahlen, diese Geschenke ja, diese nein. Auch hier kann man alles so „richtig" machen. Ich möchte aber lieber „meine Fehler" machen, bis ich den Betrug, den Verlust des Geldes wirklich spüre und daraus lerne. Im Moment empfange ich durch die Freundlichkeit und

Schönheit vor allem der Frauen und Kinder so viel, dass ich nicht um 10 Rupien handeln will.

Der Süden hat so einen kindlichen Geist mit allen Vor- und Nachteilen. Das Land macht etwas mit mir – aber nicht nach Vorschrift.

Belur / Karnataka

4. Februar 2003

Ich reise ohne lange Vorausplanung, bleibe lieber ein paar Tage an einem Ort, um mir einen Tempel mehrfach anzusehen, als irgendeinen touristischen „ich habe alles gesehen" - Stress aufzubauen. Meine vorige Station war Tiruvannamalai in Tamil Nadu. Neben vielen anderen Eindrücken war es eine spezielle Erfahrung, drei Tage in einem Ort zu sein, in dem die einzigen Worte, mit denen ich mich verständigen konnte, die Ortsnamen waren. Wenigstens kam ich damit in den Ort hinein und wieder heraus. Kaum jemand spricht dort englisch, alles an Schrift, was man sieht, ist ein für mich undurchschaubares tamilisches Gekringel. Trotzdem habe ich mich im Tempel mit einer Familie „unterhalten", habe Schokolade geschenkt bekommen und mich mit einem Erfrischungstuch revanchiert. Doch ich war froh, als ich hier in Karnataka neben den lokalen Kannada-Kringeln doch immer mal wieder vertraute Buchstaben sah. Das erste lesbare Wort, das ich auf der Busfahrt entdeckte, war, glaube ich, *steel industry*, und allein die Lesbarkeit machte mich glücklich.

Mangalore / Karnataka

6. Februar 2003

Ich bin gerade auf Zwischenstation in Mangalore, wo es das erste Mal richtig tropisch ist, was bedeutet, dass man auf jeden Fall einen Pullover oder Schal dabei haben muss, um sich vor den Angriffen der Klimaanlagen zu schützen. Ich bin auf dem Weg nach Kerala, wo ich mich für zwei Wochen Ayurveda-Kur angemeldet habe. Ich hoffe, wie ein Baby versorgt zu werden – gefüttert, geölt, massiert.

Meine nächste Station nach Tiruvannamalai war Hassan, das ich zermürbt von zehnstündiger Klapperbusfahrt am Abend erreichte. Ich hatte gar keine Möglichkeit gehabt, mich um mehr Reisekomfort zu kümmern – in Tiruvannamalai gibt es weder eine *tourist information* noch *travel agencies*, man spricht nur Tamil und alle Inschriften liest man in der wie lose gehäkelt aussehenden tamilischen Schrift. Die einzige Möglichkeit dort wegzukommen war, mit fragender Gestik, Mimik und Melodie *"Mangalore??? Busstation???"* zu sagen, nach etwa fünf Versuchen hat man eine, kurz darauf eine andere Information, aber inzwischen hatten sich schon einige Leute um mich versammelt, die das Problem besprachen und mich am Ende zum richtigen Bus wiesen.

Ich war gerade in Hassan angekommen, hatte ein düsteres Hotelzimmer bezogen und suchte ein Internetcafé, als ein junger Mann fragte, was ich suchte. *"I'll show you"*, sagte er, führte mich ganz selbstverständlich zu meinem Ziel und wartete. Ich war so froh, wieder Englisch sprechen zu können, sogar ganze Sätze, dass ich, als er mich dann auch noch zum Essen begleitete, nicht widersprach.

Diese Freundlichkeit, die fließende Grenze zwischen Zauber und Realität, etwas im besten Sinne Kindliches – das sind, glaube ich die Dinge, die mir tief vertraut sind, die ich mit offenem Herzen wiedererkenne und in die ich bereitwillig eintauche. Verwirrend ist nur, dass zuhause ein solcher Zustand meist erst erreicht wird, wenn alle Vorbedingungen geklärt, Raum, Zeit und Art der Beziehung abgesichert sind. Dann erlaubt man sich dieses spielerische

Zerfließen. Hier fängt aller Kontakt so an, nichts ist geklärt, man geht wie auf Schmierseife, während man herausfindet, wer dieser Mensch eigentlich ist, mit dem man so offenherzig freundlich ist. Ich hoffe, dass ich mehr und mehr lerne, noch mehr aus dem momentanen Gefühl heraus zu entscheiden. Keine Bedeutungen und Interpretationen aufzubauen, die mich doch nur wieder nach Europa und in die Bibliothek meiner alten Gedanken führen.

Wie sehr ich auf Offenheit eingetuned bin, habe ich gemerkt, als ich in einem Hotelzimmer einmal in die BBC-Nachrichten schaute: es war gerade das Raumfahrtunglück passiert. Diese distanzierte Nachrichtensprache, die ohne Bruch in der Stimme vom Tod der sieben Astronauten berichtete, deren Überreste noch zwischen Himmel und Erde schwebten – ich konnte sie nur kurz ertragen.

6. Februar 2003

Ich bin gerade auf Zwischenstation in Mangalore an der Westküste. Heute Nacht fahre ich mit dem Zug nach Kerala, wo ich eine zweiwöchige Ayurvedakur mache. Darauf freue ich mich. Versorgt werden rundherum.

Ich bin weiterhin gesund und fasziniert von diesem vielschichtigen Land. Meine vorletzte Station war Tiruvannamalai in Tamil Nadu. Die Schönheit der Frauen und Kinder ist dort unglaublich. Selbst im staubigsten Dorf, bei der schmutzigsten Hausarbeit tragen die Frauen leuchtend bunte Saris. Und manche Kinder sehen aus, wie frisch vom Himmel gefallen. Da ich dort eine große Attraktion bin, musste ich schon mehrere dieser zauberhaften Babys auf dem Schoß halten und habe mein Bestes getan, sie gestisch und mimisch zu bewundern – mehr gemeinsame Sprache gibt es in den meisten Fällen nicht. Es war schon merkwürdig, mich drei Tage in einer Stadt aufzuhalten, in der ich keinen Straßennamen, keinen Geschäftsnamen, keine Businschrift lesen konnte. Auch in dem bedeutenden Tempel gibt es keine touristische Aufklärung. Ich habe den Einheimischen zugeschaut und dann nach einiger Zeit schüchtern versucht, an einer Zeremonie teilzunehmen, irgendeinen Segen zu erhalten. Das originellste war sicher der Segen des Tempelelefanten. Man legt ihm eine Rupienmünze in den Rüssel und bekommt diesen dann auf den Kopf gelegt.

Koottanad / Kerala

7. Februar 2003

Nach den ersten zwei aufregenden und lebensprallen Wochen habe ich heute meine zweiwöchige Ayurveda-Kur in Kerala begonnen. Täglich werde ich einmal mit Öl massiert, in Schlamm gepackt, mit Reissäckchen abgeklopft oder mit irgendeiner anderen in tausend Jahren entwickelten Wohltat behandelt. Zusätzlich wird mein Gesicht mit irgendeiner Matsche eingeschmiert, oder ich atme irgendetwas durch die Nase ein – dazu gutes Essen, eine grüne Umgebung und viel Ruhe.

Der Behandlungsplan ergab sich durch eine Art Anamnese, bei der ich Fragen zu Gewicht, Art der Träume und Gottvertrauen beantworten musste. Danach war ich zu neun Teilen Vata, zu zehn Teilen Pita und zu vier Teilen Kapha. Westliches Bedürfnis nach Erklärungen wird freundlich überhört – und warum auch. Schon der Einstieg war herrlich. Als ich am Nachmittag einen kleinen Spaziergang machte, genoss ich den intensiven Geruch des Waldes – bis ich merkte, dass ich es war, die so duftete. Das Öl der Vormittagsbehandlung ist mir in alle Poren gedrungen.

So werde ich für die nächsten 14 Tage ein Babyleben führen – *"No alcohol, no sex, to bed at 9pm"* empfiehlt ein Informationsblatt – ich werde es befolgen und genießen.

8. Februar 2003

Ich habe meinen ersten Tag Ayurveda hinter mir (das war wunderbar) und die erste Nacht, die schrecklich war. Es ist ein wunderschönes Gelände hier, sehr grün, wirklich alles schön anzusehen, aber einmal ist eine Straße in der Nähe – was zu verschmerzen wäre – zum anderen ist hier eine Moschee, in der sowohl in der Nacht, in der ich ankam als auch vergangene Nacht über Stunden Gesänge im Umfang einer kleinen Terz lautsprecherverstärkt in die Nacht geblasen wurden. Das ist mein erster wirklicher Kulturschock – abwechselnd mit Verzweiflung über diese nicht auszublendende Tortur hatte ich Hass- und Mordfantasien gegenüber dieser rücksichtslosen, penetrierenden Religiosität. Eine indische Ärztin, der ich heute früh mein Leid klagte, lächelte zwar freundlich, sah aber glaube ich nicht wirklich, wo das Problem lag. Mal sehen, was der kommende Tag und die Nacht bringen...

Dabei sollte das doch ein willkommener Rückzug sein, ein Retreat nach den vielen Eindrücken der ersten 14 Tage. Doch in keinem Moment vorher habe ich mich so hilflos unter Stress gefühlt wie hier.

Das ist jetzt gerade ein etwas trüberer Moment, gestern hatte ich schon einen Versuch heiterer Art gestartet, aber da war der PC gerade im meditativen Alphazustand und schlief über dem Versenden der Nachricht ein. Die Ölmassage in einer Stunde ist auf jeden Fall ein Grund zur Vorfreude.

9. Februar 2003

Noch vor dem Frühstück habe ich mich ins Internet begeben – sicher nicht sehr ayurvedisch. Aber das Netz ist hier so langsam, dass ich hoffte, frühmorgens besser hineinzukommen. Heute ist der dritte Tag meiner Ayurvedakur, um 11 Uhr erwartet mich meine nächste Ganzkörper-Ölmassage – meine Haut ist schon weich wie Babyhaut. Doch selbst in dieser milde regressiven Atmosphäre gibt es „Klippen". Die vorige Nacht habe ich kaum geschlafen, weil in einer direkt benachbarten Moschee ein religiöses Fest gefeiert wurde – vier Stunden lang, bis 2.30 Uhr morgens, monotone Gesänge über Lautsprecher, hin und wieder mit Trommelbegleitung.

Ich habe wirklich gehadert zwischen dem Gefühl, religiös und akustisch vergewaltigt zu werden und zwischen Hass auf diesen aufdringlich lauten Beter, fast schon auf den Islam überhaupt. Mir war klar, dass die Intensität, der Druck meiner inneren Spannung mehr mit mir als mit der äußeren Situation zu tun hatte – trotzdem war ich so weit, dass ich einfach nur fliehen, die ganze Kur hinschmeißen wollte. Eigentlich das erste Mal fühlte ich mich europäisch einsam in meiner Lärmempfindlichkeit, in meinem Bedürfnis nach Schutzraum.

Doch irgendwann im Laufe des Vormittags löste sich das einfach auf, verschiedene kleinere Einflüsse halfen dabei, irgendetwas hatte sich gelöst – in mir, nicht in dem Problem.

„Intensität braucht Begrenzung" – der Satz spricht mich sehr an, und ich finde ihn sehr wahr. Neben vielem anderen klingt auch eine Indienerfahrung bei mir an. Ich habe ja erzählt, wie sehr mich die Freundlichkeit und Offenheit der Menschen und ihrer Gesichter sofort eingefangen hat. Einmal, weil ich nicht gewohnt bin, mich in einer solchen Atmosphäre zu bewegen, zum anderen aber auch, weil es mir irgendwo auch sehr vertraut ist, weil auch ich im Grunde freundlich und offen bin.

Um so sein zu können, muss man nur in Europa entweder ein Kind sein, oder man muss die Strukturen schaffen, in denen man sich diese Einfachheit „leisten" kann. Je weiter die Öffnung geht, desto „sicherer" muss der Rahmen sein, z.B. Zweierbeziehung, Therapie. Auch ich habe mir in meiner Stimmarbeit, ohne mir dessen bewusst zu sein, einen solchen Rahmen geschaffen. Für dieses einfache Vergnügen habe ich in eine Lichtenberger Ausbildung und viele andere Gruppen und Weiterbildungen investiert, und das ist auch okay. Nur entsteht aus dem ungeheuren Aufwand, den unsereins offenbar leisten muss, um einfach, freundlich und offen leben und arbeiten zu können, der Eindruck, als sei dieser Aufwand naturgegeben, als müsse man in dieser Reihenfolge leben.

Und dann erlebe ich hier ein Land, wo viele Menschen einfach damit anfangen. Keine Therapie, keine Bildung – einfach die Füße auf den Boden, wahrnehmen, sich begegnen, lächeln – weitergehen. Der Pferdefuß hier ist, dass damit noch keine Struktur festgelegt ist, wie denn irgendetwas weitergeht. Organisatorisch dümpelt alles so mehr oder weniger vor sich hin, und die aus unserer Sicht doch wichtige

Frage nach der Kontinuität einer Begegnung oder Beziehung scheint hier niemand zu stellen.

Was hat das mit Intensität und Begrenzung zu tun? Ich glaube, um die Intensität, die wir wirklich im Moment der Begegnung, des Erlebens erfahren, brauchen wir uns keine Gedanken zu machen, die wird uns in ihrem Rhythmus tragen.

Die angestrengtere Intensität jedoch, die wir investieren in die notwendigen Strukturen, die uns von Offenheit zu Offenheit geleiten, die Intensität, die sich mit der Zeit vor und der Zeit nach dem Moment von Begegnung beschäftigt, die braucht Begrenzung.

Das ist ja eine kleine Stegreifpredigt geworden – nun, es ist Sonntag, und wer weiß, bis in welche Tiefen dieser Tag in mein Unbewusstes eingesunken ist!

11. Februar 2003

Heute ist der fünfte Tag meiner Kur, gleich werde ich eine durch drei Masseurinnen ausgeführte Massage mit ölgetränkten Kräutersäckchen bekommen. Hatte ich noch nicht. Jeden Tag wird man so auf die eine oder andere Weise herrlich behandelt. Gestern wurde ich von Kopf bis Fuß in einen Schlamm gepackt, der aus Termitenhaufen stammte, oder so ähnlich. Das Ganze war wieder mit duftenden Kräutern angereichert. Dann musste ich eine Stunde in der Sonne sitzen, bis der Schlamm getrocknet war und ich mich nicht mehr bewegen konnte. Dann wurde alles wieder aufgeweicht und in einem Mineralbad abgewaschen – es war so herrlich. So und in ähnlicher Weise lasse ich mich also noch die nächsten zehn Tage verwöhnen – und dann schau ich mal, wo es mich dann hinbewegt.

12. Februar 2003

Während in der leider sehr benachbarten Moschee offenbar eine Art Kindergottesdienst stattfindet, wo die monotonen Gesänge des Imams von einem ziemlich kakophonen Kindergequake beantwortet werden, habe ich meine morgendliche „Bürostunde" begonnen. Heute ist der sechste Tag meiner Ayurvedakur in Kerala, und das ist schon eine sehr besondere Erfahrung. In einer Art Anamnese zu Beginn wurde mit Fragen zu Ernährung, Haarstruktur, Traumverhalten und Gottvertrauen der Konstitutionstyp ermittelt. Daraus ergibt sich dann die Zusammensetzung der Massageöle, der Medikamente, die man bekommt, der Pasten, mit denen man sich einschmiert. Erklärungen warum oder wieso sind unindisch – und ich finde es sogar ganz wohltuend, mich einfach einmal vom Strom dieser uralten Erfahrung tragen zu lassen. Nach einer täglichen Massage kann man schon süchtig werden. So werde ich also noch eine weitere Woche das Leben eines rundum versorgten Babys führen, bis ich mich wieder ins indische Alltagsleben werfe.

13. Februar 2003

Mein Ayurveda-Leben geht hier seinen gleichförmigen Gang, man tut fast nichts, wird ausführlich behandelt und ist von diesem Leben so müde, dass man gern um neun Uhr abends ins Bett geht. Auch außerhalb der Behandlungen ist das Leben hier luxuriös. Gerade in diesem Moment, beispielsweise. Ich hatte der Ärztin, die hier durchs Fenster hereinschaute, gesagt, dass ich leichte Kopfschmerzen hätte. Sie schickte eines der *treatment girls* vorbei, die mir eine rote, wohlriechende Paste auf die Stirn schmierte. Was das im Einzelnen ist, bleibt ein Geheimnis, aber diese *little somethings* sind oft erstaunlich wirksam.

Aber auch sonst wird deutlich, dass Arbeitskraft hier in reicher Fülle zur Verfügung steht. Ärzte haben Zeit, bei Anwendungen dabei zu sein, die Behandlungen selbst werden von zwei bis drei *girls* ausgeführt (bei Frauen – Männer werden von männlichen Ärzten und Masseuren behandelt), die einen auch abholen und wieder zurückbringen und die dann nicht schon gleich wieder zum nächsten Termin hetzen müssen. Schon allein diese Ruhe und diese Begleitung wirken heilsam. Auch hat man die Möglichkeit, im Restaurant zu essen oder sich das Essen aufs Zimmer bringen zu lassen. Das habe ich an den letzten Tagen mittags oft gemacht, wenn ich, noch etwas müde von der Behandlung, keine Lust auf Tischgespräche hatte. Erst hat unsereins natürlich Probleme mit diesem kolonialen Dienstboten-Betrieb. Aber es ist einfach gut, das ohne Schuldgefühle so anzunehmen, wie es hier eben ist und sich mal darin zu üben, nicht alles selbst machen und lösen zu wollen.

In gut englischer Tradition bekommt man hier, wie in den meisten Hotels, zum Frühstück eine Zeitung. Darin findet man eine amüsante Mischung aus gebildetem Englisch und manchmal sehr obskuren Artikeln. Heute war z.B. zu lesen, dass ein Zauberer das Minarett der größten Moschee Delhis für ein paar Sekunden mit einem Zauberstab weggezaubert hat. *"Honorary president of the Magic Academy of India, and winner of the Magic Award 1984, Pandey was invited as a special guest of the ceremony of the International Congress of Magicians at Reinbek, Germany. He has also authored a book called 'magic tricks'"*. Außerdem steht hier in Kerala fast in jeder Ausgabe ein Artikel über Elefanten.

Die Artikel zu Bush und Irak finde ich erfreulich nüchtern. Die Kaschmir-Frage und damit das Verhältnis zu Pakistan brennt hier mehr. Indien bereitet sich aber im Moment darauf vor, über 300.000 „Gastarbeiter" aus Kuwait auszufliegen.

14. Februar 2003

an Fabian (9)

Ich bin hier im Moment viel fauler als du – ich werde jeden Tag massiert, bekomme alles Essen gebracht und muss nichts tun. Dafür habe ich aber in den ersten zwei Wochen viel in klapprigen, lauten Bussen gesessen und habe ausprobiert, wie viel man sich mit Leuten unterhalten kann, mit denen man kein einziges Wort irgendeiner Sprache gemeinsam hat.

Einmal haben sich zwei Jungen, etwa in deinem Alter, im Bus neben mich gesetzt. Ich habe meinen Indienführer genommen, in dem ein paar Worte in tamilischer Sprache stehen (es gibt sooo viele

Sprachen in Indien). So habe ich versucht, mit meinen Fingern, dem Buch und dem, was die Jungen mir sagten, auf Tamilisch bis zehn zu zählen.

an Judith (7)

Die indischen Frauen tragen hier sehr viel Schmuck. Auch ich laufe jetzt immer mit fünf Armreifen herum, die mir eine indische Familie geschenkt hat.

Außerdem habe ich mir Fußkettchen mit kleinen Glöckchen gekauft, manchmal stecke ich mir sogar Blumen ins Haar.

an David (5)

Jemand anders will an den Computer, deshalb muss ich mich beeilen. Weißt du, was das erste war, was ich in meinem Zimmer gesehen habe? Ein winzig kleiner Frosch, der durchs Badezimmer hüpfte. Draußen gibt's dann noch Raben, Eichhörnchen und viel zu viele Mücken.

16. Februar 2003

Heute bekomme ich zum letzten Mal eine Massage, bei der ich erst mit Öl eingerieben werde und dann mit in Milch getränkten Reissäckchen abgerieben werde. Das ist eine unglaubliche Schmiere: Öl, Milch, die Stärke aus dem Reis – aber sehr urig.

So wohl mir dieses Babyleben tut, langsam vermisse ich schon wieder den Trubel „draußen", die wirkliche Begegnung mit Indern. Da die anderen Gäste hier alle aus Europa stammen, ist man in den Gesprächen nicht wirklich hier.

Vielleicht reise ich erst einmal dahin, „wo der Pfeffer wächst" – hier in Kerala werden viele Gewürze und auch Tee angebaut. Ich hätte mir neulich auch ganz exklusiv eine Kaffeeplantage anschauen können – der bildhübsche Sohn eines Plantagenbesitzers hatte es mir angeboten, nachdem ich ihm auf der Suche nach einem Internetcafé begegnet war. Aber ich habe dann doch verzichtet, weil mir das „Rahmenprogramm" dieser Besichtigung nicht ganz klar war.

17. Februar 2003

Nach zwei turbulenten Wochen im prallen indischen Leben habe ich mich erst einmal in eine 14tägige Ayurvedakur begeben, wo ich täglich mit den unterschiedlichsten Materialien massiert werde (Öl, Milch, Schlamm etc.).

Ich kann dann auch noch ein täglich geputztes Zimmer genießen und funktionierende Sanitäranlagen. Obwohl: so schlimm, wie ich es mir vorgestellt hatte, ist es auch sonst nicht. Wenn die sanitären Ambitionen nicht über ein Hockklo und *bucket shower* (Eimer und ein Becher im Litermaß) hinausgehen und das geputzt wird, bevor man kommt, kann man selbst in einem Hotel für 75 Rupien die Nacht (1,50 Euro) gut untergebracht sein (das war allerdings auch mein Billigkeitsrekord. Ich bin dort nur hingekommen, weil der Rikschafahrer meine Adressangabe aus dem Reiseführer nicht verstanden hatte. Normalerweise gehen Eigenaktionen der Rikschafahrer zu Lasten der Reisenden aus, d.h. es kostet mehr – aber manchmal hat man eben Glück).

Ansonsten habe ich bei meinen Tempelbesuchen durch *learning by doing* einige Zeremonien mit eingeübt, ohne wirklich zu wissen, was ich da mache. Aber die Inder fanden es immer sehr aufregend, wenn ich irgendetwas mitmachte – und die Priester auch, denn jede Handlung kostet immer ein paar Rupien. Sogar ein Elefant hat mich schon gesegnet, nachdem ich ihm eine Münze in den Rüssel gelegt habe.

Meine Fertigkeiten, auf Hindi bis zehn zu zählen, konnte ich noch nicht wirklich einsetzen, da ich nach einem kurzen, kalten Besuch in Delhi in den Süden geflogen bin. Dort habe ich Gebiete besucht, in denen Tamilisch (Tamil Nadu), Kannada (Karnataka) und

Malayalam (Kerala) gesprochen wurde. So viele Sprachen sprengen einfach die Möglichkeiten einer gediegenen Reisevorbereitung.

20. Februar 2003

Ich kann mir kaum vorstellen, wie kalt es in Deutschland ist. Hier ist relativ sommerliches Wetter mit ziemlich hoher Luftfeuchtigkeit. Es gibt hier aber viele Bäume und etwas Wind, so dass es sich ganz gut aushalten lässt, solange man nichts tut.

Dieses Nichtstun war bisher wunderbar erholsam, aber langsam reicht es mir, und ich freue mich, am Freitag wieder aus dem Kurleben auszusteigen. Bei allem Luxusleben hier sind wir natürlich trotzdem nicht vom Weltgeschehen abgeschnitten. Die tägliche Zeitung berichtet in der Reihenfolge: Lokales (Lieblingsthema: Elefanten), State (d.h. Kerala), Indien (Pakistan, Kaschmir, Ayodhya), um erst dann zum Weltgeschehen zu kommen und nach dem Businessteil ausführlich mit Cricket zu enden. Doch es ist interessant, die Welt mal aus asiatischer Sicht zu betrachten, dazu aus der Sicht eines *developing country*, das von Stammesvölkern bis IT-Eliten eine interne Völkervielfalt beherbergt, die wir kaum begreifen können.

Indien tut sich schwer, einen wirklich klaren Standpunkt zur Irak-Krise zu finden, formuliert aber manchmal sehr nüchtern, dass die ganze Fragestellung in diesem Konflikt falsch ist und hat natürlich Schwierigkeiten damit, dass im krassen Freund-Feind-Denken Bushs Pakistan „Freund" der USA ist, weil es in der Terrorismus-bekämpfung Richtung Afghanistan hilft, während es in Kaschmir die dortigen muslimischen Terroristen/Freiheitskämpfer unterstützt.

Ps: Da das Internet gestern zusammenbrach, konnte ich die Nachricht nicht senden. Daher kann ich jetzt noch mein Gute-Nacht-Erlebnis anhängen:

Als ich auf dem Weg ins Bett noch eine Kanne mit *herbal water* und mein Glas von der Veranda hereinholen wollte, hüpfte ein kleiner Frosch aus dem Glas. Er war zwar klein und niedlich, aber ich habe mich doch so erschreckt, dass ich beinahe alles fallen gelassen hätte.

Der Frosch war aber wohl genauso erschrocken über den plötzlichen Ortswechsel und hüpfte erleichtert wieder nach draußen, als ich ihn sanft anschubste.

Cochin / Kerala

22. Februar 2003

Gestern habe ich mein Ayurveda-Paradies verlassen, das wie alle Paradiese wunderschön war, aber auf die Dauer dann doch etwas langweilig wurde. Schon die Zugfahrt nach Cochin brachte mir dann schon wieder ein wunderbar skurriles Erlebnis.

Ich hatte wieder so ein „Gespräch" mit irgendeinem Achmed oder Faisal, *"What's your name, which country?"* etc. Das Gespräch wurde erschwert durch die ungünstige Kombination eines laut ratternden Zuges mit dem begrenzten, akzentverzerrten Wortschatz meines Gesprächspartners.

Nachdem wir mit Mühe die *essentials* geklärt hatten (Name, Herkunft, Alter, Familienstand, Beruf, das Gleiche für die ganze Familie), wurden die Pausen zwischen den Fragen länger – aber er gab nicht auf.

Nach längerem Schweigen fragte er mich etwas, das ich erst nicht verstand. *"Nose"*? Ob er ein Taschentuch wollte? Das konnte ich mir kaum vorstellen, beim Gedanken daran, wie „genussvoll" indische Männer hier rotzen und spucken – ein Taschentuch würde dieses Vergnügen ja beträchtlich mindern, für den Rotzenden jedenfalls. Das konnte es also nicht sein. Schließlich verstand ich: *"Nose big"* - bei der verzweifelten Suche nach einem Gesprächsthema war er an meiner Nase hängen geblieben!

Ich fand das so absurd, einmal überhaupt dieses Gesprächsthema, und dann die Vorstellung, dass ich ganz harmlos die Palmlandschaft an mir vorbeiziehen ließ, während mein Gegenüber ein abgefischtes Gewässer so verzweifelt nach Themen absuchte, dass ihm meine Nase als Rettung erschien. Ich konnte ihm gerade noch zustimmen,

"Yes, nose big" und musste dann für die nächsten fünf Minuten so lachen, dass mir die Tränen herunterliefen. Das lieferte ihm zumindest wieder ein neues Thema: *"Water eyes"*.

Ich erzähle hier so vor mich hin, *just for the fun of story telling*, eigentlich wollte ich aber eine andere Geschichte erzählen. Ich habe schon wieder einmal das Herz eines Inders gewonnen (dass es immer Männer sind, liegt einfach auch daran, dass die indischen Frauen, die ich treffe, entweder zu schüchtern sind oder so wenig Englisch können, dass es zwar herzliche, doch immer eher oberflächliche Kontakte gibt).

Mein neuester *friend* ist also ein junger Yoga-Lehrer, der in der Ayurveda-Klinik eine tägliche *yoga class* anbot. Zuhause habe ich Yoga nie besonders gemocht, vor allem die sanften, einschläfernden Stimmen vieler Yogalehrerinnen machen mich aggressiv.

Doch dieser Lehrer war so erfrischend, so lustig, so nah an der Verbindung von Himmel und Erde, dass er nicht feierlich werden musste, so nah an den Menschen, dass er bei allen Sprachschwellen immer eine Gelegenheit zum scherzhaften Kontakt fand.

Mich nannte er ULR (ju-el-ar), weil mein Name ihn, wie die meisten Inder, vor unlösbare Ausspracheprobleme stellte. Und er „sang" seine Anweisungen. *"Relaaaaaax your whoooooole body"*. Erst fand ich das nur komisch, dann hatte es aber seinen speziellen Charme.

Nicht alle reagierten so auf ihn. Ein Schweizer, *hardcore-Iyengar-Yoga-devotee*, fand das alles nicht „richtig" genug. „So kann man das doch nicht machen!"

Für mich waren die Yoga- oder Meditationsübungen eigentlich nur das Mittel, einen Menschen mit einem offenen Herzen zu treffen, der bei aller Intelligenz und Spritzigkeit einfach und echt war. Und dann zu spüren, was dabei in mir mitklang.

Etwas in mir ist auch so einfach, offenherzig und echt, und das empfinde ich hier in Indien besonders deutlich. Und es ist nicht nur die Sehnsucht nach etwas Fehlendem, es ist auch das Wiedererkennen von etwas Vertrautem, das mich so stark darauf reagieren lässt.

Der Abschied war herzlich. Ich hatte das beglückende Gefühl, dass ich auch mit meinem Herzen in Indien etwas zu geben habe – nicht nur Geld. Dass nicht jedes Gefühl von Verbindung, das ich in indischen Begegnungen empfunden habe, nur Illusion war, nicht nur Sehnsucht – sondern dass ich vielleicht wirklich etwas „Indisches" in mir habe, das hier „wiedererkannt" wird. (Es ist so schwer, dieses vage Gefühl auszudrücken…)

Ich kann nur einfach noch nicht damit umgehen, dass sich mein Herz nicht nur innerhalb „gesicherter" Beziehungen *(whatever that means)* öffnet, sondern sozusagen auf offener Straße.

Doch diese Möglichkeit, mit der Öffnung des Herzens zu beginnen, sie nicht erst nach langer Vorbereitungszeit zu erlauben, spricht mich so sehr an. Lieber noch ein paar „Gefühlsirrtümer" als das wieder aufgeben.

23. Februar 2003

Gerade habe ich mit gemischten Gefühlen einen Buddha NICHT gekauft. Es war wieder so ein kaschmirischer Händler, der mit viel Herz und Charme, mit Geschichten über Buddha und meine Fähigkeiten, Werte richtig einzuschätzen, dazu mit einem Glas Cardamom-Safran-Tee, die Schwellen meiner Großhirnrinde beinahe weggeschmolzen hat. Doch nur beinahe. Trotzdem kann ich mich über den Sieg meines Verstandes nur teilweise freuen – die Atmosphäre im Laden war so angenehm ... Und ich wollte mir schon irgendwann eine solche Figur kaufen...

Aber natürlich ist es für den Händler *part of the business*, mir zu zeigen, dass auch dem Verkäufer unser Handel eine Herzensangelegenheit ist. Es ist die „indische Balance", sich im Herzen ansprechen zu lassen und dabei gleichzeitig im Verstand wach und entschlussfähig zu bleiben – ich kann's noch nicht wirklich.

Gleich mache ich mich auf nach Munnar, einem kleineren, höher gelegenen Ort mitten im keralischen Tee- und Gewürzanbau. In ein paar Tagen komme ich zurück, um dann von hier aus weiter in den Norden zu fahren – vielleicht schaue ich mir ja den Buddha noch einmal an und schaue, wie meine Beziehung zu dieser Figur und die Preisentwicklung sich bewegt haben.

Eins habe ich immerhin schon gelernt: mit dem Argument „Vielleicht ist die Figur dann schon verkauft" bekommt man mich nicht mehr. Da kann ich ganz philosophisch antworten: Wenn dieser Buddha für mich bestimmt ist, wird er noch da sein. Ist er weg, war er nicht für mich bestimmt!

26. Februar 2003

Die Ayurveda-Kur hat sehr gut getan, war aber am Ende, wie alles Paradiesische, auch etwas langweilig. 14 Tage waren genau richtig. An meinem nächsten Ort, Cochin, habe ich dann erst einmal einen „richtigen" Arzt aufgesucht, weil ich nicht sicher war, ob ich vielleicht eine Blaseninfektion, einen Pilz oder so etwas hätte. Irgendetwas brannte und juckte ein bisschen. Und die ayurvedische Ärztin hat mir zwar eine grüne Paste gegeben, mit dem viktorianisch prüden Hinweis *"Put it down there"* – aber ohne jede Untersuchung und Diagnose.

So bin ich also zum *nursing home* gegangen, das ist eine Art Poliklinik, habe einen Arzt gesprochen, eine Urinprobe abgegeben und untersuchen lassen (in einer halben Stunde!), hatte ein kurzes Nachgespräch mit dem Arzt – das Ganze für 15 Rupien!

Den nächsten Termin bei der Gynäkologin hatte ich am folgenden Tag. Sie hatte immer zwei Patientinnen gleichzeitig im Raum. Während hinter einem Vorhang der schwangere Bauch einer muslimischen Frau abgehört wurde, wog mich die Helferin (medizinisch wohl nicht dringend notwendig, aber offenbar Bestandteil des Rituals). Der muslimische Ehemann schaute interessiert zu, was die Waage anzeigte.

So langsam werde ich meine Südindienphase ausklingen lassen und mich dann in den Norden begeben. Ich bin das Reisen überhaupt noch nicht müde, auch wenn immer mal wieder Frustrierendes geschieht – reservierte Hotelzimmer nicht reserviert sind, Informationen nicht stimmen etc. Man lernt aus allem, und der Reichtum, den das Land mir gibt, überwiegt bei weitem.

27. Februar 2003

Nachdem ich neulich stolz von meinem Nicht-Kauf geschrieben habe, muss ich gestehen, dass ich gestern, einige Tage später, doch nicht widerstehen konnte. Es ist wirklich eine schöne Buddha-Figur, aber ihren finanziellen Wert kann ich einfach nicht einschätzen. Ich habe zwar statt der angegebenen 275 Euro „nur" 180 bezahlt, aber das ging dann doch so schnell, dass es wohl bei weitem nicht die Verhandlungsuntergrenze war. Da ich diesen Bronze-Buddha nicht die nächsten zwei Monate auf meinem Rücken tragen wollte, musste ich ihn dann heute auf die Post geben. Auf dem Seeweg wird also (hoffentlich!!!) in zwei, drei Monaten ein merkwürdiges Paket zuhause eintreffen.

Das Zeremoniell beim Paketversand ist eine Erfahrung für sich. Im Laden hatten sie schon eine Verpackung gemacht, die erschien mir aber ein bisschen wenig gepolstert. Also habe ich die heutige Ausgabe von *The Hindu* gekauft, dazu eine Rolle Klebeband und habe daraus etwas hergestellt, das etwa die Form eines gefrorenen Puters hat. Das bringt man dann zu einem Schneider (!), der eine Stoffhülle näht und dann die Nähte mit Siegellack versiegelt. Dann füllt man auf der Post zwei identische Formulare aus, von denen das eine auf das Textilpaket geklebt wird (Klebematsche, die man mit den Fingern aufträgt, befindet sich auf einem Tisch vor dem Postamt). Der andere Zettel wird gefaltet und auf das Paket aufgenäht.

Da ich nicht entsprechend ausgerüstet war, musste ich also wieder zum Schneider. Dann ging es darum, wieder mit Klebematsche, die es aber diesmal im Postamt gab, 19 Briefmarken auf die weiche, unebene Stoffoberfläche kleben. Und dann war es geschehen.

Ich hätte meinem Buddha auf seinen gefährlichen Weg gerne einen kleinen Reisesegen mitgegeben – aber dieses war ein sehr weltliches Postamt und bot nichts Derartiges an. Ob die Fülle der mit dem

Buddhakauf verbundenen Erlebnisse wirklich 200 Euro wert sind, zeigt sich wahrscheinlich erst viel später. Aber was macht das schon? Erlebnisse waren es auf jeden Fall – und ich habe wieder ein paar neue Schwellen überschritten.

28. Februar 2003

Ich genieße heute den Luxus, in Indien zu sein und nichts zu unternehmen. Einfach faul sein, in Cafés sitzen (da hier ein Touristenort ist, gibt es so etwas, ansonsten bekommt man Tee nur in Buden, deren Hauptqualität Schatten ist), schreiben – als wäre ich nicht Tausende von Kilometer entfernt in einem abenteuerlichen Land, sondern verbrächte einen sommerlichen Nachmittag zuhause. Das ist der wahre Luxus: nichts erleben zu müssen.

Seit ich das letzte Mal geschrieben habe, ist schon wieder so viel passiert – ich habe meine Ayurvedakur gemacht und genossen. Ich bin dann nach der Kur noch etwas in Kerala geblieben, bin auf 1500m in die Tee- und Gewürzplantagen von Munnar gefahren: Wellen von Bergen und Hügeln, überzogen mit Teepflanzen – und alle werden von Hand geerntet, jedes Mal immer nur ein paar frische Blätter von einem Strauch. Wie viel Berührung erfährt diese Landschaft!

Morgen am frühen Morgen werde ich mich mit Flugzeug und Zug aufmachen, die Riesenstrecke nach Delhi zu überwinden, um jetzt Eindrücke aus dem Norden Indiens zu sammeln.

28. Februar 2003

Ich bin dabei, den Süden Indiens zu verlassen und mich auf einen großen Sprung in den Norden zu begeben. Nur mit dem Zug wären das 48 Stunden Fahrt gewesen. Ich wollte das mal ausprobieren, bekam aber – zum Glück! – keine Reservierung mehr. So fliege ich bis Bombay und fahre dann von dort knapp 24 Stunden bis Delhi. Dieses Land ist so groß!

Vorgestern unterhielt ich mich am Strand mit einem Nordinder, nachdem ich ein Foto von ihm und seiner Frau gemacht hatte. Er sagte, er wäre hier im Süden genau so fremd wie ich, auch er kann sich hier nur auf Englisch verständigen. Als ich fragte, was denn sonst die Charakterunterschiede zwischen Norden und Süden seien, meinte er: *"The South is regarded as more friendly, and that is true. They might not help you, but they won't harm you. In the North people are either very cooperative or criminals. So take care"*. Mit diesen Vorinformationen bewege ich mich also auf neue Abenteuer zu.

28. Februar 2003

Es geht mir wirklich gut, es ist nicht nur das Vergnügen am Schreiben, das diesen Klang hervorbringt. Allerdings ist das Lebensgefühl hier wirklich ein ganz anderes. Und darauf kann ich mich in meiner Lebenssituation, losgelöst wie sie gerade ist, genau jetzt wohl am besten einlassen.

Einer von vielen, aber ein wesentlicher Unterschied zu dem, was ich kenne, ist, dass Veränderung, Bewegung, Öffnung hier nicht erträumtes Ziel, sondern Basis des allgemeinen Flusses ist. Das klingt wunderbar, ist es natürlich auch. ABER: das hat zunächst einmal überhaupt keine Konsequenzen. Ich kann einen wunderbar offenen Blickkontakt erleben, der mir das Herz öffnet, eine gemeinsame Schwingung in einem kurzen Gespräch, die neue Ideen in mir weckt – und die Offenheit kann völlig unpersönlich und reflexmäßig sein, die Schwingung getragen von Verkaufsinteresse. Und doch fühlt es sich völlig echt an.

Während man sich bei uns den „intimeren" Themen wie Gott oder Liebe erst annähert, wenn man sich völlig sicher in einem Gespräch fühlt, wenn die tragenden Strukturen der Beziehung sicher geklärt sind, ergeben sich hier täglich manchmal mehrere Gespräche über Gott und das Leben, auch gar nicht als zwei Welten, sondern als selbstverständlich verflochtene Stränge unserer Existenz.

Völlig begeistert, sich mit dem Mann auf der Straße über solche Themen so natürlich unterhalten zu können (naja, dem Mann auf der Straße, der englisch spricht), hat man – habe ich – dann aber möglicherweise plötzlich etwas gekauft, das ich nicht wirklich brauche. Wo wir also erst Strukturen bauen, in denen wir uns sicher fühlen, um uns ein bisschen Offenheit und Veränderung leisten zu können, IST man hier sehr häufig offen im Moment, geht dann aber weiter, und es gibt keine Struktur, die einen in einen nächsten Moment hineinträgt.

Ist das nachvollziehbar? Ich müsste natürlich eigentlich lauter Geschichten erzählen, die meinen philosophischen Spekulationen ein bisschen „Fleisch" geben. Aber dafür bin ich jetzt zu müde

Delhi

4. März 2003

Die Gefühlskapriolen dieser Indienzeit kann ich aus Platzgründen gar nicht alle erzählen. Ich bin hier einem Charme begegnet und einer Warmherzigkeit, auf die ich nicht vorbereitet war und die offenbar tiefen Sehnsüchten entspricht: so möchte ich wahrgenommen, angesprochen werden. Dass da auch Eigeninteressen hinter standen, war mir sehr schnell klar, Interesse an Geschäften, an Sex – und doch wirkte es einfach. Ich bin einfach so empfänglich für Geschichten, für ein bisschen Zauber – und wenn ich mich dann innerlich erwärmt habe, wirken selbst Worte wie: *"You are a very special woman, I can see that. You know who to trust and who not. "* Das kann auf der einen Seite billigste Anmache sein – welche Frau möchte diese Dinge nicht hören? – und gleichzeitig sind das Dinge, von denen ich sage: es stimmt. Nur sagt mir das niemand, und ich sehne mich offenbar danach, das gesagt zu bekommen. Indien vergrößert die Realität und die Illusion – *but which is which?*

Der erste kaschmirische Händler, dem ich begegnete, hatte mich an meinem zweiten Tag in Delhi in seinen Laden hereingebeten, mir einen Tee angeboten und ein Gespräch über das Leben begonnen.

Das ist ganz üblicher Verkaufsstil – aber das wusste ich noch nicht und freute mich über die Zeit, die Zuwendung, diese Art des Gesprächs, das in Kürze ein Gespräch über Gott und die Liebe ist – über diese Begegnung in der fernen, chaotischen Fremde.

Gulam fragte mich, ob ich mehr von seinen Waren sehen wollte. Sie wären in seinem Lagerraum. Auf dem Weg sagte er, dass er dort auch wohnte. So ging ich also mit einem jungen Mann, Anfang 30, durch enge Gassen Delhis, in meinen Ohren überschlugen sich die Stimmen aus dem Reiseführer, die mir zuriefen: DAS meinen wir mit „Abschleppen". Doch mein Gefühl sagte mir, dass ich mich mit diesem Mann sicher fühlte.

Es war hellichter Tag, ich ging weiter mit, begleitet vom inneren Chor warnender Stimmen. In seinem Zimmer setzten wir uns, tranken Tee, ich kaufte aus purem Wohlbefinden einen Schal, schaute mir Schmuck und *energy sticks* an, Stäbe aus Holz, Kristall und Halbedelsteinen. Gulam schlug vor: *"I can give you some energy with it"* Keine Ahnung, was er damit meinte, aber ich fühlte mich weiterhin wohl, also: *Why not.* *"Just lie down. Relax. You have got to trust me, so just relax. It is better, if you undress."* UNDRESS???? *"Relax, I won't do anything to you, it will do you good."*

So, in Etappen habe ich wirklich meine Kleider abgelegt, konnte mich nach und nach auf eine Massage einlassen, in der ich mich absolut wohlfühlte, als Frau wahrgenommen und erspürt, während in meinem Kopf – je wohler ich mich fühlte, desto schriller – die Stimmen kamen: genial! Erst werde ich hormonell flachgelegt, lege mit meiner Kleidung alle Wertsachen ab und bin in einem Zustand, in dem ich keinem Dieb hinterherlaufen kann. Doch am Ende stieg ich unausgeraubt, innerlich weich und stark wieder in meine Kleider.

Vorgestern habe ich nach fünf Wochen Gulam wiedergesehen, viel Zauber ist abgefallen – und etwas ist noch da. Die Spanne der Kulturen ist gewaltig. Etwas zieht mich dahin, in dieser losgelösten Zwischenphase meines Lebens einfach einzutauchen in Erfahrungswelten, auch wenn die Gefühle nicht klar sind und die Realität illusionsvermischt. Bisher hatten alle „Irrtümer" auf diesem Weg eine hohe Lebendigkeit und ich bin niemals wirklich in irgendeiner Gefahr gewesen.

Varanasi / Uttar Pradesh

5. März 2003

Ich bin mit dem Nachtzug in Varanasi (Benares) eingetroffen. Dies ist wirklich tiefstes Zauberland. Neben Touristen laufen hier die merkwürdigsten Heiligen herum, ständig läutet irgendeine Glocke, klingt irgendein Gesang mit vielen "Ommms". Dass man hier überhaupt ans Internet denkt, ist schon ein riesiger kultureller Spagat.

(Dies hier ist auch das einzige im Moment funktionierende Café – es ist, wie ständig in Indien, Stromausfall. Sie haben hier nur einen Generator, der mit Höllenlärm dieses kleine Gespräch ermöglicht.)

Dass mir in meinem Hotelzimmer als erstes die Aussicht auf den Ganges auffiel, zeigt, dass ich schon einige indische Hotelzimmer erlebt haben. Aber wenn man viele Abstriche macht, ist es im Prinzip sauber. Ich habe mir ein paar Kerzen gekauft, um bei Stromausfall gewappnet zu sein.

Diese bunte Welt am Ganges ist schon sehr faszinierend. Während ich aus einer benachbarten Schule die Kinder irgendwelchen Lernstoff rezitieren hörte, in der Pause auf dem Schulhof Cricket gespielt wurde, habe ich lange den Verbrennungszeremonien zugeschaut.

In bunte Tücher verpackte Leichen werden unter Gesängen gebracht, im Ganges gebadet, dann wird das Feuerholz aufgestapelt. Die Leiche wird aus den bunten Tüchern ausgepackt bis nur noch eine weiße Baumwollumhüllung übrig bleibt und dann auf einen Holzstapel gelegt (verschiedene Orte für verschiedene Kasten). Ein junges männliches Familienmitglied holt Feuer von einer „ewigen Feuerstelle" und zündet das Ganze an. Mitglieder einer niederen

Kaste sorgen dafür, dass z.B. runterfallende Füße wieder ins Feuer geschoben werden (habe ich gesehen).

Die Abwesenheit von Frauen wird damit begründet, dass man die Selbstverbrennung von Witwen verhindern will. Aber ich glaube, das ist nur ein vorgeschobener Grund – man will uns einfach nicht dabei haben.

6. März 2003

Da das Stromnetz in Varanasi (Benares) gerade einmal nicht zusammengebrochen ist, werde ich die Gelegenheit zum Emailschreiben nutzen. Obwohl der Gedanke, gerade erst Leichenverbrennungen gesehen zu haben, in einer Stadt voller Kühe, voller sonderbarer Heiliger – und sich dann an den Computer zu setzen und eben mal ins *web* zu springen, schon an die Grenzen selbst meiner blühenden Fantasie stößt. Nach sechs Wochen Indien ist diese Stadt (gerade läuft eine dicke Kuh am Fenster vorbei) noch mal Indien hoch drei:

Der von Mythologie und Dreck getränkte Ganges, der jeden Abend mit großem religiösen Zeremoniell um Segen und Kooperation angerufen wird, auf dem Touristen in Booten herumgefahren werden *("You want boat madam? Good time now, very cheap")*, in den gepisst und geschissen wird (falls mann (!) das nicht schon, kaum verhüllt, am Ufer getan hat) und in dem alles gewaschen wird – Körper, Sünden und Wäsche.

Der Verbrennungsort selbst, an den rund um die Uhr Tote gebracht, dort gewaschen und verbrannt werden. Die Öffentlichkeit und Selbstverständlichkeit dieses Geschehens hat etwas sehr Schönes – allerdings: noch kurz vor der letzten Auflösung werden die Toten nach Kasten getrennt sortiert...

Die Altstadt mit unglaublich engen, verwinkelten Gassen voller winziger Geschäfte, alles sehr düster. Die modernere Innenstadt, die den chaotischsten Verkehr aufzubieten hat, der mir bisher begegnet ist. Vor allem, weil er überwiegend aus Fahrradrikschas besteht. Nachdem mir einmal eine solche Rikscha über die Füße gefahren ist, habe ich beschlossen, dann doch lieber in der Rikscha zu sein als darunter. Es ließe sich sicher noch viel mehr aufzählen.

Dazu kommt, dass diese Stadt eine Menge Geld von Touristen einnimmt, ihnen aber außer der eigenen Wichtigkeit nicht viel anbietet. Der Stadtplan, den ich in der sogenannten Touristeninformation bekam, war die mindestens dritte Generation einer Fotokopie. Straßennamen waren kaum zu erkennen, wären auch keine große Hilfe, denn die Straßen sind nur in Hindi bezeichnet. Den Rikschafahrern wiederum würden auch lesbare Namen nichts nützen, da ihnen der in unserer Schrift geschriebene Name nichts sagt ... Naja, das sind kleine *drawbacks* – der Ganges und seine Atmosphäre, vor allem bei Sonnenauf- und Untergang, bleiben das Haupterlebnis.

9. März 2003

Gerade habe ich meine dritte Tabla-Stunde gehabt – macht Spaß. Wie über die meisten meiner Aktivitäten bin ich auch über diese gestolpert. In einer schmalen Gasse (kommt eine Kuh entgegen, wird es eng) hörte ich Trommelklänge aus einem Raum, schaute hinein und schon: *"Wait a minute, I can teach you"*. Naja, warum nicht. Da ich nur noch drei Tage in Varanasi (Benares) war, haben wir jeweils zwei Stunden am Tag ausgemacht, gestern habe ich aber abgesagt, weil ich stark erkältet war.

Diese Stadt Varanasi ist unglaublich beeindruckend. Und auch noch nach sechs Wochen Indien hat mich die Fülle der Eindrücke hier fast überschwemmt. Es ist das Zentrum des hinduistischen Indien, so eine Art Vatikan, nur nicht so vornehm. Gestern habe ich Sarnath besucht, 10 km von hier entfernt. Dort hat Buddha seine erste Predigt gehalten, und dort war zur ersten Blütezeit des Buddhismus ein buddhistisches Zentrum mit großen Tempelanlagen. All das fiel den einfallenden Muslimen zum Opfer. Das war dann das Ende von Sarnath. Varanasi, dem es ebenso erging, ist aber wieder und wieder aufgestanden, hat die Muslime zurückgeschlagen, hat sich mit ihnen arrangiert, hat sich die verschiedensten einander widersprechenden

Lehren einverleibt, hat auf jeden Fall immer eine pulsierende Vitalität bewahrt.

Was allein am Ufer des Ganges alles geschieht, ist kaum fassbar. Da werden rund um die Uhr Leichen verbrannt, da werden rituelle Bäder genommen – oder man wäscht einfach sich oder seine Kleidung. Es wird hemmungslos gepisst und geschissen, von Menschen (Männern), Kühen und Hunden. Unzählige Sadhus laufen oder sitzen herum, betteln, predigen oder segnen einen (gegen Geld!). Überall spielen große und kleine Jungen Cricket – es ist gerade World Cup, das bewegt die Nation wie bei uns die Fußball-WM. Und es wird verkauft: Bootsfahrten, Haarschnitte, Massagen, Tee, Gebäck, Postkarten, Gebetslichter – alles natürlich *"very cheap"*.

Jeden Abend wird der Ganges mit viel liturgischem Zeremoniell eine Stunde lang beschworen – das ist schon sehr beeindruckend. Der Ort ist Karneval, Kommunion, Kirmes, Klo und noch vieles andere gleichzeitig.

Khajuraho / Madhya Pradesh

11. März 2003

Inzwischen bin ich im Norden Indiens angekommen, erhole mich in Khajuraho von vier Tagen Varanasi und der Fahrt hierhin: sieben Stunden Zugfahrt, eine Stunde verspätete Abfahrt, eine Stunde zusätzliche Verspätung, fünf Stunden Busfahrt in dem klapprigsten Bus (noch nicht einmal die Hupe funktionierte richtig!) auf der schlechtesten Straße, die mir bisher begegnet sind.

Varanasi ist das Chaotischste, Lauteste, Dreckigste, was ich bisher erlebt habe, und das Leben am Gangesufer hat eine verwirrende, faszinierende, bewegende und abschreckende Vielfalt sondergleichen. Es wird gebetet und gepisst, verkauft – von der Postkarte über die Bootsfahrt und Drogen bis zum Segen – massiert, bestattet und Cricket gespielt (Worldcup!).

Mehrere Stunden habe ich bei der Leichenverbrennung zugesehen, berührt von der Sachlichkeit des Geschehens – und verwirrt von der Kastentrennung noch über den Tod hinaus. Jeden Abend habe ich das einstündige Arati – Ritual am Ganges besucht. Immer da, wo der Hinduismus durch all seine Gesetze und Ordnungen hindurch tiefer greift und zu seinen ursprünglichen Wurzeln in den Naturkräften und den Muttergottheiten reicht, da entfaltet er für mich seine wirkliche Kraft. Alles andere ist Vatikan und katholische Kirche in anderen Farben.

Am Nachmittag meines letzten Tages in Varanasi begegnete mir einer der Bramahnen, die das Ritual ausführen. Er baute, in Shorts und Zigarette rauchend, die Altäre für den Abend auf. Er erkannte mich – die treue Gottesdienstbesucherin! – und wir haben uns ein bisschen unterhalten. Dabei gab es einen Moment, wo ich mit leiser Trauer bemerkte, dass mein *honeymoon* mit Indien wohl zu Ende ist. Der Mann erzählte erst, wie gerne er dieses Ritual ausführte, ich sagte, dass es mir gefallen habe, wie innerlich still die Priester wirkten, bei aller touristischen Unruhe ringsherum. Und in diesem Austausch von Freundlichkeiten erzählte er mir, dass er angefangen habe zu rauchen, nachdem vor zwei Jahren sein sechsjähriger Sohn von einem Laster überfahren und getötet worden sei. Mein Herz ging auf vor Mitgefühl – und nur wenig später kam der Gedanke: ob diese Geschichte wohl stimmt? Das Land ist voller Geschichtenerzähler, und ich bin so empfänglich für Geschichten. Doch oft hat sich später herausgestellt, dass ich Dinge geglaubt habe, die nicht wahr waren. Das macht es möglich, dass ich mir nun vorstellen kann, dass jemand den Tod seines Kindes erfindet.

Mein Mitgefühl hat etwas von seiner Spontaneität, seiner Unschuld verloren. Ich bin sicher, dass nach dem reflexmäßigen Mitgefühl, dann dem verunsicherten, noch etwas Neues kommt. Doch für den Moment kann ich nicht mehr so frisch auf indische Offenherzigkeit und Freundlichkeit reagieren. Gut dass ich noch einige Wochen im Land habe.

Die Tempel von Khajuraho sind ja bekannt für ihre erotischen Skulpturen, was von Postkarten- und Buchverkäufern völlig übertrieben wird. *"Kamasutra-postcards, madam?"* Die Skulpturen sind Teil dieser schwingenden, lebendigen Steinfiguren aus allen

Lebensbereichen. Ich war heute kurz nach Sonnenaufgang da, bevor die Touristenbusse kommen. Es war eine wunderbare Stimmung: Morgenlicht auf den Steinen und der Parkanlage drumherum, Vogelgezwitscher, nur entferntes Motorengeräusch.

Für mein Gefühl ist im Laufe der Jahrhunderte genau die richtige Anzahl der Tempel verfallen – so ist viel Zwischenraum entstanden und das rhythmische Zusammenspiel von Architektur, Natur und Licht sagt so viel mehr als geballte religiöse Macht. Als Ausdruck meiner Zufriedenheit habe ich mir eine Blüte von einem Strauch gestohlen und ins Haar gesteckt.

11. März 2003

Meine Erkältung hat sich verzogen. Die Fahrt war zwar höllenmäßig – der Zug zwei Stunden verspätet, der Bus das dreckigste und klapprigste Gefährt, in dem ich hier bisher gesessen habe, die Straße mehr Loch als Asphalt.

Doch Khajuraho ist wirklich eine Erholung. Die Tempel liegen wunderschön, vor allem in der Morgen- und Abendsonne ist es eine vollendete Mischung aus Architektur, Natur und Licht. Und das Schöne an den erotischen Skulpturen ist, dass sie Teil einer schwungvollen, vitalen Darstellung vieler Lebensäußerungen ist. Die Fixierung auf die „Kamasutra-Bilder" haben die Touristen, die gerade mal für eine Stunde vorbeikommen, um auch das „abzuhaken".

Ein Bild, das mir heute sehr gut gefiel: an der Außenseite eines Tempels wurden Restaurierungsarbeiten vorgenommen. Rund um den Turm waren Gerüste aufgebaut, auf denen von ca. neun Arbeitern immer sechs saßen (die anderen machten Pause) und die Skulpturen mit irgendeiner Flüssigkeit einpinselten. Diese zusätzliche Dimension: im Hintergrund das Band der – überwiegend weiblichen – Skulpturen in verschiedensten Haltungen, im Vordergrund das Band der Männer in ihrer alltäglichen Arbeit, schlug eine Brücke über tausend Jahre, holte die Tempelbilder ins Jetzt, verband die Arbeit der Handwerker jetzt mit der ihrer Vorväter.

Gestern, als ich dieses Bild schon einmal gesehen habe, kam dann noch als *soundtrack* die Radioübertragung des Cricketspiels Indien – (ich glaube) Sri Lanka dazu.

Doch für solche Eindrücke braucht man Zeit. Die nehme ich mir dann morgen noch einmal, bevor ich mich nach Agra zum Taj Mahal aufmache.

12. März 2003

Die tägliche Stromsperre von 8 bis 12 Uhr ist gerade zu Ende, man kann jetzt also wieder duschen, mailen etc. Und möglicherweise ist inzwischen auch das Flugzeug gelandet, das die aktuelle Tageszeitung bringt. Dieses Khajuraho ist wirklich ein verschlafener Ort, bei aller Munterkeit seiner Tempelskulpturen.

Doch sehr angenehm nach dem chaotischen Varanasi. Auch das war faszinierend, beeindruckend. Aber Lärm, Dreck, Enge waren von einer Dichte, die mich auch noch nach sechs Wochen Indien geschockt hat.

Hier kann ich etwas aufatmen, in aller Ruhe die Tempel genießen, die ja viel mehr sind als nur „Kamasutra". Langsam fange ich an, ihre Architektur zu spüren – sehr schön. Morgen fahre ich dann nach Agra, das wird wieder ein Reisetag. Aber es kann eigentlich nicht schlimmer werden als die Busreise auf der Hinfahrt. Die nächst schlimmere Stufe dieses Busses auf dieser Straße kann nur der völlige Zusammenbruch sein.

Mein morgiger Bus ist *Super Deluxe*, was, wenn man die indischen Steigerungsformen abzieht, doch ein halbwegs normaler Bus sein sollte. Jedenfalls freue ich mich aufs Taj Mahal.

12. März 2003

Im Ganzen geht es mir gut, aber im konkreten Moment bin ich genervt von indischer Bürokratie, von falschen Auskünften, die einem Leute in ihrem eigenen Interesse geben. Und als ich schließlich trotz allem meine Fahrt nach Agra zum Taj Mahal organisiert hatte (teurer als nötig), stellte ich fest, dass es Freitag, wo ich es besichtigen wollte, geschlossen ist. Das ist keine Katastrophe, es gibt anderes anzuschauen; aber doch fühlte ich heute die Welt nicht *in tune* mit mir.

Dabei fing der Tag sehr schön an. Kurz nach Sonnenaufgang habe ich mir zum zweiten Mal die berühmten Tempel von Khajurao angeschaut. Eine spezielle Berühmtheit haben sie wegen der heftigen erotischen Skulpturen, die Teil der Ornamentik sind. Aber eben nur Teil des Ganzen. Heute, beim zweiten Besuch, fing ich an, die Gesamtarchitektur zu begreifen und zu spüren. Ganz anders als unsere Dome, doch ähnlich atemberaubend. Und im Morgenlicht, mit wenig Leuten, ist das besonders schön.

Agra / Uttar Pradesh

14. März 2003

Mit einigem zeitlichen Abstand werde ich den Ausflug nach Mathura und Vrindavan wahrscheinlich als einen der Streiche Krishnas ansehen können – heute finde ich nur, dass so ziemlich alles schief gegangen ist und das auch noch Geld gekostet hat.

Erstmals in der ganzen Zeit hier habe ich mir für 600 Rupien ein Taxi gemietet. Statt einer Stunde brauchten wir drei – und kamen gerade rechtzeitig zur Schließung der Tempel in Mathura an. Wir sind dann gleich nach Vrindavan weiter gefahren, der historischen Stelle, an der Krishnas Windeln gewaschen worden sind... Unterwegs kam eine Gruppe Leute an uns vorbei, die offenbar ein verfrühtes Holifest feierten und unser Auto mit nicht auswaschbarer Farbe besprizten – die Fenster waren offen. Meine Kleidung hatte ich vor zwei Tagen gekauft und zum ersten Mal an – weitere 420 Rupien dahin.

In Vrindavan wurde ich dann zu einem Guide zwangsverpflichtet *("only 30 rupees")*. Dessen karges Englisch wurde weiter getrübt durch sein Betel-Kauen (an den blöden Gesichtsausdruck, die trübe Sprache, die roten Zähne und das ständige Spucken kann ich mich einfach nicht gewöhnen). Der eine Tempel war von Aurangazeb von sieben auf drei Stockwerke geschleift und ansonsten leer, der 19. Jh. Tempel im fröhlichen Stilgemisch zwischen südindischem Tempelbau und italienischer Renaissance war geschlossen und alles andere war praktizierte indische Volksfrömmigkeit, die irgendwie wieder rührend komisch ist. Doch ich stehe noch unter dem Eindruck der Tempel in Khajuraho – und da ist dieser bunte Kitsch schon ein Schock.

In einem Tempel sollte mir ein Priester einen besonderen Segen geben – die entsprechende Spende sollte das Elend aller armen Pilger dieser Stadt mildern. Als ich gleich sagte, dass ich nicht so viel spenden wollte, wurde ich zurechtgewiesen *"First listen, then decide"*. Also habe ich brav zugehört und für meine 20 Rupien einen strafenden Blick bekommen. Ich glaube, ich würde hier besser wegkommen, wenn ich einmal einen 100-Rupien-Schein hinlegte und allen anderen einen Fußtritt gäbe. Mein Versuch, allen ein wenig gerecht zu werden, bringt mir nur allgemeinen Undank ein.

Auch von meinem *guide*, der dann doch mindestens 50 Rupien haben wollte. Seine Begründung war, dass er schließlich Brahmane sei. Mein Einwand, dass das für uns Europäer nicht so wichtig ist, brachte mir wieder Minuspunkte. Als ich ihm dann 40 Rupien gab, war es, als hätte ich überhaupt nicht gezahlt.

Ich habe mich gefühlt wie ein ahnungsloser Tourist, der sich darauf gefreut hat, den schönen Kölner Dom zu besichtigen und dazu ausgerechnet den Rosenmontag gewählt hat. Nicht nur kommt er um seinen Kunstgenuss, wird mit Kamellen beschmissen und angepöbelt – er muss sich dann auch noch sagen lassen, dass er humorlos ist.

Im Schreiben fühle ich ganz im Hintergrund einen leisen Humor aufkommen, aber noch sehr leise.

Morgen schaue ich mir dann bei Sonnenaufgang das Taj Mahal an. Bisher habe ich es nur vom *roof top* meines Hotels aus gesehen.

Schon so ist beeindruckend, es wie ein Traumbild aus seiner schäbigen Umgebung auftauchen zu sehen...

15. März 2003

Ich habe heute Morgen die schlappen 750 Rupien (15 Euro) Eintritt bezahlt, um am Taj Mahal den Sonnenaufgang zu erleben. Es war aber zu diesig für die volle Wirkung. Beeindruckend ist dieses Bauwerk schon, so klar, so symmetrisch, so rein – und jenseits der Mauer, die es umgibt, Müll, Lärm, ein Geschäftssinn, der bis ins Verbrecherische geht. (Vor einigen Jahren haben wohl manche Restaurants bewusst Touristen vergiftet, um sie dann für teures Geld von „Vertragsärzten" behandeln zu lassen). Doch ich bin noch heil und gesund, werde aber heute diesen Ort Richtung Rishikesh, am Fuß des Himalaya, verlassen. Das ist seit Beatles-Zeiten eine Yoga-Hochburg, und ich hoffe auch, dort einmal keine Besichtigungen zu machen, sondern Yoga, Meditation – etwas Ruhe finden zum Verdauen der vielen, vielen Eindrücke.

15. März 2003

Ich bin in dieses überteuerte Internetcafé gegangen, um auf angenehme Weise die Zeit bis zur Weiterfahrt nach Rishikesh zu überbrücken. Agra, das ich verlasse, bietet zwar die Attraktion des Taj Mahal, das wirklich sehr beeindruckend ist – aber ansonsten geht es mir mit seinem Eifer, mir das Geld aus der Tasche zu ziehen, auf die Nerven. Hier ist man noch nicht einmal mehr charmant, um an mein Geld zu kommen.

Sinnlichkeit habe ich in den letzten Tagen eher betrachtend genossen. Meine Station vor Agra war Khajuraho, ein Ort, der so weit von allem ab liegt, dass ihn noch nicht einmal die bilderstürmenden muslimischen Eroberer aufgesucht haben. Deshalb sind einige Tempel, 1000 Jahre alt, erhalten geblieben, die mit sehr vielen Frauenfiguren geschmückt sind (das tut im geistlichen Bereich doch auch einfach gut) und darüber hinaus erotische Freuden zeigen, die den viktorianischen Archäologen des 19. Jahrhunderts die Schamesröte ins Gesicht getrieben haben. Heute muss man sich gegen die Flut der *"Kamasutra-postcards"* wehren, die kleine und große Jungs einem an jeder Straßenecke anbieten.

Dabei ist das Großartige an diesen Skulpturen nicht hauptsächlich ihre sexuelle Freiheit – das auch. Mich beeindruckt viel mehr, dass hier Sexualität nicht als Sünde dargestellt wird, sondern als lustvoller Teil des Lebens und dann architektonisch eingebunden wird in den Gesamtrhythmus des Tempels. Aus den spannenden Details aus der Nähe werden mit etwas Abstand schwingend bewegte Friese, die immer mehr zu Licht-Schatten-Spielen werden und in einem vibrierenden Wechsel von hell und dunkel in den Turm des Tempels eingehen. Alles schwingt mit, vom konkret Leiblichen bis zur Auflösung aller konkreten Form in lebendige Schwingung.

Ganz anders das Taj Mahal, das seine glatten, von allem Irdischen gereinigten Flächen dem Licht entgegenhält – perfekte, ungestörte Harmonie.

Es ist wunderschön – doch mir ist im Moment die Welt von Khajuraho näher. Nichts ausklammern, sich auf nichts fixieren – weder auf Gott noch auf Sex. Das ist doch ein guter Schlusssatz.

Rishikesh / Uttaranchal

16. März 2003

Ich sitze in Rishikesh, am Fuß des Himalaya, dort, wo schon die Beatles meditierten, in einem Cyber-Café, rechts von mir räuchert Weihrauch verschiedene farbenfroh kitschige Hindugottheiten ein, links von mir sitzt ein Sadhu im orangen Gewand und schreibt Emails. Und ich versuche zu begreifen, was ich in den letzten zwei Tagen an Chaos erlebt habe. Mein Indien – Kulturschock setzt wohl erst jetzt ein. Der freundliche Süden und die charmanten Kaschmiris waren nur eine sanfte Einstimmung.

Nachdem ich mit Mühe, behindert von den Ratschlägen vieler hilfreicher Inder (deren Bruder, Onkel, bester Freund eine *travel agency*, ein Taxiunternehmen hat), meine Fahrt nach Agra am Donnerstag organisiert hatte, stellte ich fest, dass das Taj Mahal freitags geschlossen ist. Okay, 50km entfernt liegt der Krishna-Ort Mathura, nicht weit davon sein Geburtsort Vrindavan. Dafür habe ich mir dann erstmals ein Taxi gemietet, das mich um 10 Uhr abholen sollte. Um 10 kam eine Rikscha, die mich zu dem Taxi bringen sollte, das aber nicht da war, es musste ein neues gefunden werden. Dafür sollte ich dann weitere 52 Rupien zahlen (eine der mysteriösen *taxes*, die in jeder Höhe auf alles erhoben – und natürlich auch frei erfunden – werden können), wogegen ich mich aber erfolgreich gewehrt habe.

Mit all dieser Verzögerung kamen wir pünktlich zur Schließung des Haupttempels in Mathura über Mittag an. Wir sind dann also erst einmal nach Vrindavan gefahren, wo ich zu einer Führung gezwungen wurde, in der mir ein Guide in kaum verständlichem Englisch, weiter getrübt durch die Betelnuss im Mund, Informationen über – ebenfalls geschlossene – Tempel gab, die ich schon im Reiseführer gelesen hatte. Auf dem Rückweg zum nach Mathura kamen wir dann noch an einem Umzug vorbei, der das Holifest schon einmal vorfeierte. Zum Vergnügen dieses Festes gehört es, Farbe (nicht wasserlöslich) zu verspritzen. Die bekam ich ab auf Sachen, die ich mir am Vortag gekauft und zum ersten Mal anhatte.

Gestern Vormittag habe ich mir dann das Taj Mahal angesehen, hatte aber danach von dem Touristen-Betrieb so die Nase voll, das ich möglichst schnell nach Rishikesh wollte. Da ich meinem Taxifahrer nicht traute, der mich zu einer guten Travel Agency fahren wollte *("only 50 rupees")*, der Laden um die Ecke, der auch *Train Tickets* auf seinem Angebotsschild hatte, mir einreden wollte, die Zugfahrt dauere 26 Stunden, ich solle doch den Bus nehmen (wahrscheinlich wieder ein Bruder), bin ich dann selbst mit der Fahrradriksha zum Bahnhof gefahren, habe dort ein Ticket von Delhi nach Rishikesh gekriegt. Von Agra nach Delhi konnte man mir nichts verkaufen, da ich von einem anderen Bahnhof in Agra abführe (so viel zu *computerized booking*).

Also bin ich eine Stunde vor Abfahrt des Zuges zum Bahnhof gefahren, habe, nachdem ich mich endlich unter Einsatz meiner Ellbogen zum Schalter durchgekämpft hatte, das Ticket gekauft *("Reservation not possible")*.

Zur Abfahrtzeit wurden alle möglichen Züge angezeigt, angesagt, nicht aber mein *Punjab Mail*. Niemand „Offizielles" war am Bahnsteig, die meisten Wartenden, die ich fragte, verstanden kein Englisch. Die besten Chancen hatte ich bei den sauber gekleideten, Brille tragenden, Zeitung lesenden Männern (das klingt überheblich, hat aber funktioniert). Einer beruhigte mich dann, der Zug habe Verspätung, ich könne in jedes 2. Klasse Abteil einsteigen.

Der Zug kam, ich stieg ein, fand sogar einen Platz für mich und meinen Rucksack. Die Bank, die ursprünglich für zwei Personen gedacht war, füllte sich dann, bis wir insgesamt zu viert waren.

Dann kam der Schaffner, sah mein Ticket und sagte *"102 rupees". "Why, I've got a ticket!" "Wrong, no reservation". "I asked for reservation, they said it wasn't possible". "102 rupees"*.

Der Kreis unserer Diskussion hatte sich geschlossen, so schaute ich mich Hilfe suchend um und sah, dass ein Mann eine englische Zeitung las. *"Do you speak English?" "Yes"*, und auch noch ein anderer konnte Englisch. Sie hatten alles mit angehört, und keiner war auf die Idee gekommen, mir zu helfen. Sie sagten mir, der Schaffner habe das Recht mir mehr Geld abzunehmen. *"Wait"*, sagte der Schaffner zu mir und verschwand. Brav blieb ich dann für den Rest der dreieinhalbstündigen Strecke da sitzen. Zwischendurch kam ein Oberschaffner, der von einem Mitreisenden mit Blick auf mich angesprochen wurde (ob zu meiner Unterstützung oder um mich zu „verpfeifen", weiß ich nicht). Jedenfalls schaute auch dieser Funktionsträger sich mein Ticket an, sagte *"This your place"*, schrieb 23 auf das Ticket (ich saß auf Platz 32), nahm mir kein Geld ab und gab mir die Möglichkeit, mich für den Rest der Fahrt nach Delhi zu entspannen (in Grenzen, denn in dem Abteil, das für acht Leute konzipiert ist, saßen oder lagen vierzehn Leute, außer mir alles Männer).

In Delhi stieg ich dann in dem selbstbewussten Gefühl aus, diesen Bahnhof schon zu kennen. Ich entdeckte sogar die einzige

Zuganzeigetafel, die nicht in Hindi geschrieben war, fand aber meinen Zug nicht. Die *Tourist Information* hatte schon geschlossen, irgendeinen anderen Informationsschalter gab es nicht. An einem Fahrkartenschalter hatte ich dann Glück, der Mann dahinter konnte etwas Englisch, setzte sich die Brille auf, um meine Fahrkarte anzuschauen – das machte mir Hoffnung – und sagte dann, mein Zug führe nicht in Neu- sondern in Alt-Delhi ab. (Auf der Fahrkarte stand nur Delhi). Ich fand eine *prepaid* Autorikscha, die mich zum richtigen Bahnhof schüttelte. Eine halbe Stunde vor Abfahrt kam ich an, mein Zug stand schon da, ich fand meinen Wagen, meinen Platz und entspannte.

Um 6.30 morgens standen plötzlich alle Mitreisenden auf, packten ihre Sachen und verließen in Haridwar den Zug. Eine Frau, die noch saß, fragte ich *"Rishikesh?"* – und sie lächelte. Dann kam ein Mann rein, dem Aussehen nach ein Kofferträger, und fragte mich *"Rishikesh?"*. Ich bejahte. Er sagte *"Train no Rishikesh, autoriksha"*. Ich war so verwirrt, wusste nicht, was ich tun sollte, es war niemand da zum Fragen, der Mann griff bereits meinen Rucksack, ich packte meinen noch offen liegenden Schlafsack und andere Sachen und stieg mit dummem Gefühl aus, der Zug fuhr schon an. Das einzige, was ich wusste war, dass Haridwar in der Nähe von Rishikesh liegt.

Als der Mann mir meine Sachen zu seiner Riksha schleppen wollte, habe ich ihm klar gemacht, ich würde jetzt erst mal meine Sachen packen, sie dann selber tragen, und ganz bestimmt nicht in sein Taxi. Er zog ab, ich wusste aber nicht, wo ich mit meiner Entschlusskraft hin sollte. Der Bahnhof war voll frischer Kuhscheiße, noch kein Schalter geöffnet, und draußen warteten weitere hungrige Rikschafahrer auf ihre Beute. 150 Rupien, darunter kam ich nicht nach Rishikesh. Das sind 3,75 Euro, kein Vermögen – nur so viel hatte die komplette Fahrt von Delhi nach Rishikesh (oder im aktuellen Fall Haridwar) gekostet. Möglicherweise hat dieser Typ im Zug mich dreistest belogen, ich hätte bequem mit dem Zug weiterfahren können – ich weiß es nicht.

Es blieb mir aber nichts anderes übrig, als das Taxi zu nehmen. Am Ortseingang sagte der Fahrer dann, er könne mich nicht zu meinem Hotel bringen, da Rikschas dort nicht erlaubt wären, es wären 2km zu Fuß. Sofort erbot sich ein freundlicher Karrenzieher, mich für *"only 60"* zu begleiten, ich habe ihn nur angepflaumt, ich könne meinen Rucksack selber tragen.

Zu dem Hotel, das mir eine Mitreisende empfohlen hat, bin ich dann heute doch nicht gekommen, da mich jemand zu einem anderen Hotel abschleppte. Ich hatte das empfohlene Hotel nicht reservieren können, da Indien vor einiger Zeit alle Telefonnummern geändert hat und die Informationen im Reiseführer oft nicht stimmen. Also bin ich mitgegangen, sieht ganz okay aus, hier habe ich immerhin den Preis von 150 auf 120 Rupien runter gehandelt. Ich werde mir gleich mal das andere Hotel anschauen und eventuell morgen umziehen.

Bis dahin werde ich versuchen, mich über das vielfältige Yoga- und Meditationsangebot hier schlau zu machen, um mich dann auch irgendwo einzuklinken.

16. März 2003

an Fabian, Judith und David

Heute, nachdem ich eure Mail gelesen hatte, ging ich noch etwas im Ort spazieren und fand einen kleinen Laden, der VOLLKORN-BRÖTCHEN verkaufte. So etwas habe ich seit fast zwei Monaten nicht mehr gegessen. Ich habe mir eins gekauft und mit Genuss verspeist. Als ich gerade zubeißen wollte, kam von hinten ein Schatten, und um Haaresbreite hätte mir ein AFFE das Brötchen geklaut! DAS IST MEIN BRÖTCHEN, habe ich ihn angeschnauzt, und er ist dann auch verschwunden.

In dem Wald hinter dem Hotel, wo ich wohne, soll es auch wilde Elefanten geben. Aber ob ich die zu sehen kriege?

Ihr habt euch für mein Frühstück interessiert: wenn ich indisch frühstücken würde, dann wäre das Masala Dosa oder Idli, so eine Art Pfannkuchen oder Reisklöße mit Currysoße. Ich muss aber zugeben, dass mir das morgens um acht Uhr noch nicht schmeckt. So esse ich meist Toast, frisches Obst, wenn es das gibt, oder frisch gepressten Obstsaft. Auch an ein paar andere indische Sachen kann ich mich nicht so richtig gewöhnen: ich esse nicht gerne mit den Fingern, jedenfalls keine Soße. Und ich wische mir auch nicht gern auf dem Klo den Po mit den Fingern und Wasser ab. Deshalb habe ich immer eine Klorolle bei mir.

Zu dem Buddha kann ich euch etwas erzählen, wenn er ankommt. Wir packen ihn dann zusammen aus, darauf freue ich mich schon.

Ansonsten sind hier alle im Cricket-Fieber. Es ist World-Cup, also so etwas wie Fußballweltmeisterschaft, und stundenlang schauen sich die Leute Spiele an, von denen ich nichts verstehe. Auf jeder freien Fläche spielen große und kleine Jungen Cricket und feuern so ihre Nationalmannschaft an, die – glaube ich – jetzt im Halbfinale steht.

In den nächsten Tagen wird hier das Holifest gefeiert, eine Art Karneval, bei dem Leute sich mit Farbe vollspritzen. Etwas davon habe ich schon abgekriegt – die rosa Flecken, die durch die Hose auf meine Beine gekommen sind, sind beim Waschen bisher noch nicht abgegangen. Mal sehen, ob ich mich zum Holifest wirklich aus dem Haus wage...

19. März 2003

an Fabian, Judith und David

Gestern habe ich das Holifest mitgemacht, eine Art Karneval. Das „Vergnügen" liegt darin, andere Leute mit Farbe zu bestreuen oder zu bespritzen. Meine Güte, hat mich das erwischt. Ich hatte die Sachen angezogen, die sowieso schon farbig waren und war schließlich von Kopf bis Fuß eingesaut. Haare, Gesicht, Hals – alles. Kurz vor der Haustür, die von innen verriegelt war, bin ich dann noch von einigen Jungen mit mehreren Flaschen blauer Farbe überschüttet worden. Das war dann doch ein bisschen viel. Ich habe etwa eine Stunde gebraucht, um mich zu waschen und habe das

Hotelgelände nicht mehr verlassen. Aber vom Nachmittag an war Ruhe, und heute ist alles wieder normal. Nur die Wege und manche Kühe haben noch Farbflecken.

20. März 2003

Die Kraft des Ganges, der hier aus dem Himalaya in die Ebene fließt, zieht viele Pilger an, hat Ashrams entstehen lassen, die wiederum Touristen anziehen. Die Ashrams selbst sind mir bisher fremd geblieben, aber ich habe einen sehr netten Yoga-Lehrer gefunden, einen alten, bärtigen Swami, unglaublich gelenkig, energie- und humorvoll. Bei dem habe ich jetzt schon zweimal „geturnt" und einmal meditiert, das werde ich wohl, solange ich hier bin weiter machen.

Gestern Abend hatte ich ein Erlebnis, bei dem ich mich sehr europäisch und fremd hier fühlte. Ich kam zurück von der Meditationsklasse und sah ein Pferd quer auf der schmalen Straße stehen. Das ist an sich nichts Besonderes, ständig stehen hier irgendwelche Tiere herum. Aber das Pferd stand so still, und als ich näher kam, sah ich, dass es eine große, offene Wunde auf dem Rücken hatte, die Seiten waren voll von getrocknetem Blut. Ich blieb erschrocken stehen, zeigte auf das Pferd – doch wenn die Passanten überhaupt auf irgendetwas achteten, dann auf mich: was steht diese Frau da und zeigt auf ein Pferd? Das verwundete Tier fand keine Beachtung. Die Nichteinmischung in das Karma anderer Lebewesen geht hier doch sehr weit. Es tröstete mich, als mir beim Frühstück ein Engländer erzählte, dass er beim Trekking mal einen fast verendeten Esel gesehen hat, neben den sich ein Yogi gesetzt hatte, der dem Tier etwas Wasser gab, es streichelte und einfach bei ihm blieb. Es gibt hier halt einfach alles.

21. März 2003

Ich weiß nicht genau, mit wie viel Geduld ich diese Mail schreiben kann. Gerade hatte ich mich am Computer niedergelassen und mit viel Geduld auf die Verbindung gewartet, da meldeten sich *bowel movements*, wie der Drang zum Klo hier in einem viktorianischen Englisch genannt wird. Ich bin zum nächsten, dann zum übernächsten Restaurant gegangen – doch die hatten keine Toiletten.

Das Kastenwesen herrscht auch hier. Manche Orte sind da fürs Essen, andere fürs Scheißen. Nur wir Europäer wollen immer alles an einem Ort finden. Der kleine Spaziergang hat meine *bowels* aber ein bisschen umgeschichtet, sodass ich noch etwas warten kann.

23. März 2003

Es ist Sonntagnachmittag und halb Indien sitzt vor den Fernsehschirmen und Radios, weil gerade das World Cup Endspiel Australien – Indien in Südafrika übertragen wird. Es ist ein Spiel, dessen Regeln oder auch nur der allgemeine Spielverlauf mir beim Zuschauen verschlossen bleiben. Da Indien wirklich cricketverrückt ist, habe ich mir dann aus unterstützender Anteilnahme die Nationalhymnen und den Spielbeginn angesehen. Dann bin ich etwas am Ganges spazieren gegangen und fand dort eine Gruppe von ca. 30 Männern, die sich um einen am Ufer installierten Fernseher scharten. Ladenbesitzer, die gerade nichts zu tun hatten, gelb gekleidete Jungs, die zu einer Art hinduistischen Klosterschule gehören und abends andächtig die Gangeszeremonie mitzelebrieren, Bettler, Heilige (ich kann das nie wirklich unterscheiden) – und ich.

Vom Spielverlauf verstand ich weiterhin nichts, fand aber die Atmosphäre herrlich, das Ganze mit Blick auf den Ganges, in dem sich die Spätnachmittagssonne spiegelte. Die Australier waren wohl besser, und ein *batsman* hatte gerade ein *century* gespielt.

Mir fiel Lord Peter ein in *"Murder must advertise"*, wo er gegen seinen Willen zu Höchstform aufläuft. Das Verständnis für diese emotionale Situation ist dann auch die größte Annäherung, die ich zum Cricketspiel finden kann. Aber so kann ich, dank Dorothy Sayers, wenigstens ein bisschen die Gefühle meines Gastlandes teilen.

28. März 2003

Nachdem ich mich durch endlich einmal richtig tiefen Schlaf ein wenig von den Strapazen des Delhi-Trips erholt habe, merke ich, wie begegnungsintensiv in all diesem Chaos diese wenigen Stunden doch waren. Im Laden von Gulam kamen alle möglichen Leute vorbei, kaschmirische Freunde auf der Durchreise, „spirituelle" Frauen aus Europa und Amerika – eine Mischung, die mich ziemlich anstrengte.

Auf der einen Seite genieße ich, dass hier ein Gespräch mit größter Selbstverständlichkeit Gott einbezieht, dass man nicht den Alltag verlässt, um religiös zu werden. Doch diese perlenbehängte, in wallende Spiegelkleider gewandete westlich-weibliche Spiritualität weckt ganz massiv meine nüchterne Rationalität.

Und auch die rationale Frage: wie viel von dem, was die Inder spirituell von sich geben, ist wiederum geschicktes Verkaufsverhalten? Sie spüren natürlich, wie ausgehungert wir Westler auf diesem Gebiet sind.

Eine Begegnung aber tat mir sehr gut: ein Kaschmiri, der mit einer Amerikanerin verheiratet ist und jetzt auf Heimatbesuch war. Er war ursprünglich (Kunst)Schreiner, machte jetzt eine Massageausbildung. Die meiste Zeit redete er gar nicht, hörte nur zu, erzählte aber irgendwann beiläufig, dass er hellsichtige Träume hat. Und sprach dann wieder über Anderes. Er hat mich in seiner ganzen Ausstrahlung sehr beeindruckt: mit seinen Händen erdverbunden, der Geist nach oben geöffnet und im Herzen offen für seine Mitmenschen.

Dann gab es noch weitere Begegnungen. Auf dem Weg, mir eine Fahrkarte für die Rückfahrt zu kaufen, sprach mich jemand an: *"Haven't we met before?"* Ein alter Trick – doch in diesem Fall stimmte es wirklich. Es war mein allererster „indischer Freund", der mir am ersten Tag in Delhi die Stadt gezeigt hat. Ich musste natürlich einen Tee mit ihm trinken, er empfahl mir dann die Busfahrt anstelle der Zugfahrt *(zufällig hat er eine travel agency ...).* Ein Mitarbeiter – *"my cousin"* – kam herein, und die beiden hatten eine kurze Auseinandersetzung auf kaschmirisch. Als der *cousin* weg war, fragte ich *"Problems?"* (dabei wieder alle Empfehlungen der *travel guides* verletzend, keine persönlichen Gespräche einzugehen). Mein „alter Freund" schilderte mir dann seine Version des Konfliktes, sein Vetter habe eine überhöhte Vorstellung von Ehrlichkeit. Weil er damit auf hartem Delhi-Pflaster nicht durchkomme, sehe er sich von Feinden umgeben, sei aber auch taub gegenüber Ratschlägen, sich vielleicht etwas anders zu verhalten – *"moderately honest".*

Der *cousin* kam zurück und erzählte mir, während sein Vetter irgendetwas mit dem Busticket regelte, seine Sorgen – er wolle mit überhaupt niemandem mehr zusammen arbeiten, wolle seinen eigenen Laden aufmachen. Ich mochte ihn, er war so unindisch: introvertiert, ein Grübler, sensibel, etwas weltverloren – aber in der Tat mit einer leicht paranoiden Weltsicht.

Schließlich wurde es ein Dreiergespräch: ich sollte etwas zu ihrer Situation sagen. Ich fragte den *cousin*, ob es ihm denn Recht wäre, dass ich als völlig Fremde über ihn sprechen würde, doch er meinte: *"Better a friendly tourist than only the two of us"*. So habe ich denn eine spontane „Lebensberatung" gemacht, die beiden hörten mir sehr interessiert zu.

Es fühlte sich wirklich an, wie ein gutes, echtes Gespräch – und doch habe ich mich anschließend gefragt: in welchem Stück habe ich da gerade gespielt? War dies eine dieser indischen Begegnungen, die lebt, solange man zusammen ist, und sich in nichts auflöst im Moment des Auseinandergehens? Oder wollten die beiden von mir wirklich etwas wissen, was ein Tun zur Folge hat? Konsequenzen? So viel Begegnung und so viele Fragen in wenigen Stunden.

In dieser Wellenbewegung zwischen Momenten intensiver Begegnung und dann dem Gefühl, dass sie nicht wirklich tragen, dass ich nicht wirklich gemeint bin, der Unsicherheit, was mein

Fühlen denn bedeutet, wieweit es „alt" wieweit „jetzt", im Moment ist, hatte ich zwischendurch mal die Ahnung, dass dies vielleicht das Rütteln an der Tür zu einer wirklichen Verbundenheit mit Allen und Allem ist. Dass es nicht darum geht, trügerische Begegnungen zu meiden und auch nicht darum irgendeinen Lebenssinn, eine Daseinsbestätigung aus einer „Antwort" für mich daraus zu erhoffen. Auch wenn ich verschiedene *flashes* von Verbindung erlebe, die mir die Illusion geben, eine Trennung sei überwunden worden – die Fülle und Dichte der Begegnungen möchte mir vielleicht sagen: es sind gar nicht viele Einzelbegegnungen, es ist der Geschmack einer Verbundenheit, die nie getrennt war.

Dieser Gedanke tut mir gut, ist erleichternd. Doch es ist noch ganz eine Ahnung diesseits der Grenze zwischen Trennung und Verbundenheit. *"Total surrender"*, der Ausdruck taucht immer wieder im Yoga auf und spricht mich sehr an. Noch ist es eine Sehnsucht...

29. März 2003

Ich war heute in weltlicher Mission unterwegs. Gestern hat man mir vor einem Tempel die Sandalen geklaut, so musste ich nach der abendlichen Gangeszeremonie barfuß nach Hause laufen und heute in Turnschuhen losziehen, um Ersatz zu beschaffen. Dabei war ich gerade gestern zum ersten Mal in meinem Leben zur Pediküre gegangen. Doch zwei Monate barfuß Laufen in Sandalen bringen so viel Reibung und Dreck an den Fuß, dass mir die Hornhaut schmerzhaft gerissen ist.

Zuerst habe ich in Selbsttherapie zweimal täglich die Füße eingeweicht und mit *foot lotion* eingeschmiert. Doch als ich dann das Schild *"padicure"* las (Rechtschreibung hat hier viel Spielraum), das Ganze 100 Rupien kostete (so viel wie eine preiswerte Nacht im Hotel, eine Tablastunde, drei Stunden Yoga und Meditation, 3,3333 Rollen Klopapier, 2/3 Zugfahrt von Delhi nach Rishikesh, 33,3333 Tee, d.h. ca. 2,50 Euro), habe ich mich dann mal auf dieses neue Gebiet vorgewagt. Die *lady*, die mich in ihrem etwas schmuddeligen Raum behandelte, war zwar ziemlich ruppig, doch die Füße sind wie neu.

Mit etwas Suchen habe ich dann heute zwischen den Devotionalienläden, *Spiritual Bookshops* und Kleiderläden mit den Batik- und Spiegelklamotten, die wir aus den 70er Jahren kennen, ein paar Schuhläden entdeckt, wo ich Plastik-Trekking-Sandalen für 250 Rupien erstanden habe.

31. März 2003

Gerade ziehen ein paar „Hare Krishnas" am Cybercafé vorbei – das finde ich selbst in Indien abstrus. Ob es mir die "Hinduistische Spiritualität" angetan hat – welche? Meiner Erfahrung nach gibt es weder den Hinduismus, die hinduistische Spiritualität - und eigentlich gibt es auch nicht „Indien".

Alles hat so viele Facetten. Hier in Rishikesh, einem „spirituellen Ort", sammelt sich so Vieles. Die rastagelockten *traveller* kann ich langsam nicht mehr sehen, ebenso fällt es mir oft schwer, an die Heiligkeit der vielen orangen Bettel-Sadhus zu glauben. Doch ich habe einen alten Swami als Yoga-Lehrer, von dem wirklich ein sehr guter Geist ausgeht. Er verbindet Basis-Yoga mit Basis-Spiritualität (die in jede Religion passen würde, oder wahrscheinlich noch eher: jede Religion überflüssig machen könnte). Dass hier in diesem Land die Gottesfrage immer wieder gestellt wird, aus welch obskuren Winkel auch immer, ist sicher gut – sie ist nicht ins *theology department* abgeschoben wie bei uns.

Der Krieg ist natürlich auch hier Thema. Ich lese täglich die Zeitung, die kluge Analysen bringt, anfangs leicht anti-Bush, jetzt immer deutlicher, aber differenziert. Die BBC-Nachrichten, die an manchen Orten laufen, halte ich immer nur für wenige Minuten aus. Diese aus-der-Hand-in-den-Mund Berichterstattung ist schlicht zum Kotzen. Natürlich gibt es auch immer wieder Gespräche – aber ich will mich auch nicht in den Sog der Paranoia hereinziehen lassen. Yoga machen, Tabla üben (ich habe hier ein paar Stunden genommen), wach bleiben, das scheint mir das Heilsamste, was ich zurzeit tun kann.

4. April 2003

Hier in Rishikesh, am Ganges und am Fuß des Himalaya, bin ich jetzt schon drei Wochen und werde morgen fahren. Das war so eine Art „Urlaub im Urlaub" hier – keine neuen Besichtigungen, Unternehmungen, sondern regelmäßig Yoga und Meditation, dazu etwas Tabla-Unterricht. Das tut der Seele auch einmal gut. Auch mein Hotel ist so, dass man sich da drei Wochen wohl fühlen kann. Leider teile ich es die letzte Woche mit einer Gruppe von ca. 20 Schulabgängern aus England. Sie sind sehr nett, freundlich – aber genießen natürlich die warmen Abende im Innenhof, der eine wunderbare Akustik hat. Ich kann sie sehr gut verstehen, habe mir aber doch einfach das Recht herausgenommen, eine Generation älter zu sein, mit einem gewissen Anspruch auf Ruhe. Allabendlich gegen zehn trete ich im Nachtgewand auf den Hof und erinnere sie, dass sie nicht allein in diesem Hotel sind. Ich hoffe, es fällt nicht zu „Tantenmäßig" aus.

Ich muss schließlich früh aufstehen, um die halbe Stunde zu meiner *yoga class* um acht Uhr zu laufen. Der Yogalehrer ist ein alter Swami, sieht aus wie ein Prophet aus dem Alten Testament und ist fit und beweglich wie der junge David. Dazu ist er weise, voller Warmherzigkeit und Humor. Es wird mir schwer fallen, von ihm wegzugehen.

Delhi

6. April 2003

Im Moment bin ich noch ganz gesund und versuche auch, mich nicht von einer Virenhysterie anstecken zu lassen. Die Presse berichtet jeden Tag darüber, wie ineffektiv das *"SARS-Screening"* an den Flughäfen abläuft - die *Immigration Service People* schauen zwischen dem Abstempeln der Pässe mal eben, ob jemand hustet oder sonst wie krank aussieht.

Zu genaueren Kontrollen werden sie schon dadurch nicht ermutigt, dass sie weder Handschuhe noch Mundschutz bekommen. Aber wie in vielen Bereichen gibt es hier sehr kluge Presseartikel mit sehr wenig praktischen Konsequenzen. Da ich aber selber überhaupt nichts an der Lage ändern kann, hoffe ich einfach, dass ich auch meine letzten drei Wochen in Indien noch heil überstehe.

Gestern habe ich an verschiedene Freunde einen kleinen Erlebnisbericht geschickt, der mir selbst viel Spaß gemacht hat:

Ich habe gerade meine letzte Tabla-Stunde in Rishikesh gehabt, und es war *Indian Style* vom Feinsten. Schon in den vorigen Stunden hatte ich mich daran gewöhnt, dass mein Lehrer, während ich neue Muster übte *(dha dha te te / dha dha tu na)*, zwischendurch SMS schrieb und empfing, telefonierte oder rausging und eine Viertelstunde später wieder kam. Die Stunden fanden im Yoga-Raum eines Hotels statt, wo ich auch üben konnte.

Gestern Abend nun hatte ich ihn an sein Angebot erinnert, einmal mit mir zusammen Tabla und Sithar zu spielen. Ich sollte um acht Uhr abends in sein Zimmer in einem Ashram kommen. Als ich ankam, fand ich zwar vier indische Jungs, bzw. junge Männer vor, nicht aber Bhuwan, meinen Lehrer (er ist vielleicht Anfang zwanzig). Die beiden jüngeren übten gleichzeitig, der eine Tabla, der andere Sithar, nach meinem Gehör zwei verschiedene Stücke. Die beiden älteren spielten mit einem Handy. Bhuwan wäre beim Essen, sagten sie mir.

Ich setzte mich, und als ich hörte, dass der Tablaschüler eines der Muster spielte, die ich auch geübt hatte, habe ich mir eine weitere Tabla genommen und zu seinem Erstaunen mit ihm zusammen gespielt. Dann kam Bhuwan. Er hat den Schülern gegenüber ein bisschen angegeben, dass ich aus Deutschland komme, Orgel spiele, mit Händen und Füßen usw. Das Zusammenspiel war dann eine kurze Aktion, während das Handy piepste, bzw. die Anderen sich unterhielten.

Die heutige Stunde nun sollte auch in Bhuwans Raum sein. Es war wieder ein Freund da, ein junger Mann um die zwanzig, der halbbekleidet auf einem Bett lag und keine Anstalten machte, daran etwas zu ändern. Ich baute meine Tabla auf der einzigen ebenen

Fläche auf, die der Raum zu bieten hatte, und die war direkt vor dem Bett. Ich setzte mich auf die Erde, übte meine Rhythmen mit diesem Jungmännerleib in Augenhöhe einen Meter vor mir. Ich war aber die einzige, die irgendetwas Absurdes an diesem Arrangement fand. Die beiden Männer – mein Lehrer saß auf einem Stuhl am Kopfende des Bettes – hielten Händchen (was hier unter Männern völlig alltäglich ist), unterhielten sich oder piepten mit dem Handy herum, während ich brav meine Rhythmen übte. Auf der einen Seite fand ich es zwar unmöglich, dass ich für diese Art „Unterricht" auch noch bezahlen sollte, auf der anderen Seite – was für eine Geschichte!

Auf irgendeinen Hinweis hin verließ der Freund seine Liegestatt, zog sich auf eine Matratze in meinem Rücken zurück und war kurze Zeit später selig eingeschlafen.

Inzwischen ist ein Tag vergangen, und eine nächtliche Zugfahrt hat noch weitere Erlebnisse *which are very strange, indeed*, gebracht. Mit einer Reservierung im 2. Klasse *Sleeper* fühlte ich mich relativ sicher, kann mich inzwischen auch schon ganz gut in den Zug hineinboxen, und habe durch kräftiges Füßerütteln einen unautorisierten Schläfer von meiner Liege im *upper berth* vertrieben. Dorthin habe ich mich erst mal zurückgezogen bis die Kämpfe um Plätze und Gepäck sich gelegt hatten.

In die Entspannung hinein kotzte ein Teenagermädchen den Abteilboden voll. Die Mutter schnappte sich aber pragmatisch eine Zeitung, wischte den Matsch weg, und nachdem sie mit Mineralwasser nachgespült hatte, war es möglicherweise sauberer als vorher.

Alles zog sich auf seine Liegen zurück, hüllte sich in Tücher oder Decken und versuchte zu schlafen. Das ist mir auf einigen Fahrten auch schon gelungen, nur diesmal hatte ich einen Nachbarn im gegenüberliegenden oberen Bett, der der sonoreste Schnarcher war, der mich je um den Schlaf gebracht hat. Es klang wie das Muhen einer Kuh. (Da hatte ich gerade den direkten Vergleich – mein voriges Hotelzimmer lag „Souterrain" zu einem Pfad, auf dem, wie auf den meisten Pfaden Indiens, ständig Kühe vorbei marschierten).

Als ich mich irgendwann einmal umsah, um in den Gesichtern anderer wachgehaltener Reisender Sympathie und Solidarität zu finden, traf sich mein Blick mit dem eines jungen Mannes, der unten stand und mich wortlos fragte, ob er mit auf mein Bett klettern dürfte. Ich hielt das für einen Scherz, schüttelte den Kopf und drehte mich zur Seite. Als ich einige Zeit später versuchte, mich zur anderen Seite zu drehen, stieß ich irgendwo an – der Mann war leise und heimlich auf meine Liege geklettert, saß zu meinen Füßen, mit seinen Füßen auf dem Bett des Schnarchers (den das leider nicht störte). Als ich ihm empört bedeutete zu verschwinden, sah er mich so flehentlich an, dass ich mir dachte: was soll's – tun kann er mir sowieso nichts. Sobald er sich aber zu breit machte, habe ich ihn durch ein paar „zufällige" Fußtritte in seine Schranken gewiesen. Daran, dass es irgendwann um meine Füße herum kühler wurde, merkte ich, dass mein Gast sich verzogen hatte. Er hatte sich auf dem – ehemals bekotzten – Fußboden ausgestreckt.

Nicht alle Tage und Nächte sind hier so memoirenreif – aber doch geschieht immer wieder etwas, bei dem ich mich frage – bin wirklich ich es, die das alles erlebt?

9. April 2003

Mir fällt eine Begegnung ein, die mir in den letzten Wochen viel Kraft gegeben hat. In Rishikesh war mir ein Yogalehrer empfohlen worden, den ich dann auch schon in der ersten Begegnung tief ins Herz geschlossen habe.

Es war ein alter Swami, weißgraue Haare und Bart, dabei beweglich und springlebendig wie ein Kind. Sein Ehrgeiz ging nicht dahin, uns in komplizierte Haltungen zu zwingen. Er machte in aller Ruhe vor, was möglich ist – *looking yoga* nannte er das – und in Resonanz mit der unangestrengten Freiheit seines Leibes konnte ich eine Idee davon auch in mir spüren.

Dann ließ er uns erst unsere jeweiligen individuellen Grenzen herausfinden, um sie spürend und spielerisch – *slowly, slowly* – langsam auszuweiten. Dabei schuf er eine Atmosphäre im Raum, die den Stress aus dem Erfahren eigener Grenzen herausnahm. Wir neigen ja dazu, anzunehmen, die Welt höre da auf, wo wir nicht mehr weiter können. Er fing das auf, indem er einmal viel Wärme und Humor, ein echtes Interesse an jedem, jeder Einzelnen von uns ausstrahlte – und indem er Geschichten aus der Bhagavad Gita erzählte. Es war, als würde jemand gleichzeitig mit einem turnen und Geschichten von David und Goliath, Jesus oder Salomo erzählen – warum tut das eigentlich niemand?

Die Begegnung einer konkreten Auseinandersetzung im eigenen Körper mit diesen von Erfahrung gesättigten Geschichten ließ mich noch einmal von Kopf bis Fuß neu spüren, in wie großen Zusammenhängen wir uns bewegen, aus denen wir gar nicht herausfallen können.

Srinagar / Kaschmir

14. April 2003

Ich bin also jetzt tatsächlich in Kaschmir. Das ist eine Region im Himalaya, von deren Besuch alle Reiseführer abraten, weil ein seit der Unabhängigkeit schwelender, seit 1989 offener Konflikt mit Terrorismus und Militärpräsenz Teile des Landes beherrscht. Der Tourismus, der vorher Haupteinnahmequelle gewesen ist, ist dadurch natürlich drastisch zurückgegangen – daher die vielen kaschmirischen Händler in den Touristenzentren im übrigen Indien, die neben dem Verkauf von Schals und Teppichen ihre Kunden zum Urlaub auf einem Hausboot zu überreden versuchen. Noch am Abend vor der Abreise nach Kaschmir bekam ich zwei weitere Angebote. Aber ich bin nun hier mit Gulam, fühle mich nicht bedroht, das Militär versucht, freundlich zu sein – und die Landschaft ist einfach wunderschön. Ein bisschen wie am Lago Maggiore, und der kleine Anfang des Himalaya, den ich gesehen habe (ich war auf ca. 3000m im Schnee) ist sehr beeindruckend – wenn man sich dann vorstellt, dass die Berge noch mehr als doppelt so hoch werden... Wie dumm dieses irrwitzige Totschießen unendlich kleiner Menschen vor dieser gewaltigen Schönheit wirkt.

Delhi

24. April 2003

Ich bin wirklich schon halb im Absprung. Nach zwei Wochen in Kaschmir, wo herrliches Frühlingswetter war – wenn es nicht gerade regnete – Osterglocken blühten und abgesehen vom Blick auf den schneebedeckten Himalaya sogar ein bisschen deutsche Atmosphäre in der Natur war, bin ich jetzt im über 40 Grad heißen, stickigen Delhi, Zwischenstation für die Heimkehr am Samstag.

Das liturgische Gefühl ist mir hier wirklich etwas verloren gegangen, aber am Karfreitag, als ich bei Dauerregen vor dem Holzfeuer saß, fiel mir plötzlich die Johannespassion ein, und ich habe sie mir innerlich vorgesungen und dankbar meine tiefen Wurzeln in der europäischen Kultur gespürt.

Zurück aus Indien merkte ich, dass meine ursprüngliche Idee: kündigen, reisen, umziehen und freiberuflich arbeiten, ein Konzept meines „alten" Lebens war. Es funktionierte nicht. Der Schritt, den ich gemacht hatte, war viel größer als geahnt. Es folgten Wochen und Monate des „Schwimmens": Wo will ich überhaupt leben? Was tun?

Ich habe Freunde in unterschiedlichen Gegenden Deutschlands besucht – ich konnte mich für keinen Ort entscheiden. Verwirrung und Angst. Außerdem war mein Gefühlsleben ja immer noch mit Gulam verwickelt. Was war das? Und wo führte es hin?

So landete ich erneut in Indien.

Zweite Indienreise

Einstimmung

Köln

12. August 2003

Heute habe ich einen Flug nach Indien gebucht: am 29. August. Als ich das Geld vom Sparbuch aufs Girokonto überwies, merkte ich mit leisem Erschrecken, dass das erste Sparbuch jetzt leer ist. Es gibt noch Reserven, ich muss mir noch nicht wirklich Sorgen machen – und doch fühlt es sich sehr merkwürdig an. Bisher lag mein gespartes Geld einfach leblos auf der Seite. Jetzt beginnt es zu leben und zu fließen – aber immer von mir weg... Und doch sorge ich mich nicht wirklich. Nur die Fragen anderer Leute, was ich denn eigentlich tue und später tun werde, nehmen zu und treiben mich, wenn ich nicht aufpasse, in blöde Verteidigungshaltungen. In all dem tut mir der Nachklang der Ferientage in Portugal weiter gut. Da saßen wir nach langem Schlaf zu ausführlichem Frühstück im Café – dolce vita, wie man es sich vorstellt – und doch war es gut. Nicht nur für uns, ich sage es mal ganz vermessen, auch für die Welt.

16. August 2003

Inzwischen habe ich mein Visum bekommen, warte noch aufs Ticket, habe heute schon mal ein paar Klamotten aus Mettmann geholt – und bin ansonsten ganz merkwürdiger Stimmung. Wieder habe ich seit fast einer Woche nichts von Gulam gehört, habe zweimal angerufen, aber die Verbindung war so schlecht, dass wir nicht wirklich sprechen konnten. Auch atmosphärisch war die Stimmung nicht so gut, nicht „verbunden", so jedenfalls mein Gefühl. Ich habe da ja schon so viel auf und ab erlebt, dass ich keine

Idee habe, wo alles hin führt. Heute, nach dem frustrierenden nicht-Kontakt am Telefon, dachte ich: vielleicht ist er ja so ein absoluter Träumer im nicht-Jetzt, dass er gar keine Realität will. *The pleasure lies in the desire, not in the having.* Ich habe schon so oft innerlich Abschied genommen von Gulam, und am Ende war er doch immer wieder da, ich weiß einfach nicht, ob der heutige Abschied wirklicher ist als die anderen. Worüber ich aber sehr froh war: ich bereue nicht – egal was mit Gulam ist – den Entschluss zur Reise nach Indien. Gar kein Gefühl von: dann hätte ich das ja auch lassen können. Ich bin neugierig, wo mich so ein „leeres Konzept" hin führt.

In meinem heutigen Gefühl mit Gulam fiel mir immer wieder Ken Wilbers Begriff der *pre/trans fallacy* ein, die Verwechslung des prärationalen mit dem des transrationalen Zustandes. Ich glaube, das gilt nicht nur für Spiritualität, sondern auch für Emotionen. Was mich mit Gulam verbindet, sind schon die starken Emotionen, die direkt aus dem Sein, direkt aus Fleisch und Blut kommen und die so viel Wärme mitführen. Dieser Bereich ist bei mir nicht gut genährt, und es tut mir so gut, meine eigene Basisvitalität und -lust dort zuerst mitschwingen und dann immer mehr selbst schwingen zu lassen. Und dem, was bei mir an Rationalität und Transrationalität ja viel weiter entwickelt und „genährter" ist, tut diese Wellenbewegung aus der Tiefe so gut.

Doch ich möchte natürlich, dass alle Ebenen von dieser Schwingung erfasst werden. Nur, das ist mir mit Ken Wilber noch einmal deutlich geworden, kann man die Vernunft, das Denken, das Bewusstsein nicht auslassen und von den tiefen kreatürlichen Gefühlen (prä) gleich zur spirituellen Verbundenheit (trans) springen. Der Verstand holt die Bewegungen aus der Tiefe ins Bewusstsein, gibt ihnen Worte und Strukturen, die es dann wieder zu überwinden gilt. Aber die Welt der Worte und der Strukturen ist eben auch die der Vereinbarungen und des Gesprächs, ebenso wie die der Missverständnisse, Konflikte und Projektionen.

Und ich weiß nicht, ob Gulam das wirklich will: sich selber durch Verabredungen in seiner spontanen Lust oder Unlust auch binden. (Ich kann das nicht besser ausdrücken). Und so gut mir all das getan hat, was ich mit Gulam an einfachen, direkten Gefühlen erlebt habe, das allein ist nicht mein „persönliches Wachstum".

Wenn ich an die Gefühle denke, die er, wenn er denn in Kontakt mit mir ist, „direkt aus dem Herzen" ausspricht dann freue ich mich auf das Wiedersehen, und ich wünsche mir, dass wir eine schöne Zeit haben, wenigstens ein paar Tage. Es ist eben alles, alles offen.

Indien

29. August bis 18. Oktober 2003

Delhi

1. September 2003

Es ist gut, in Indien zu sein, auch wenn es hier sehr schwülwarm ist. Gulam hat mich am Flughafen abgeholt, es war Nähe, Wärme und Stille im Wiedersehen. Doch nach der ersten nahen Nacht verschwand er morgens zum *shop*, und ich habe ihn bis zum nächsten Morgen nicht gesehen. Habe versucht, nicht zu warten, Sehnsucht zu nähren. Habe alte Bekannte getroffen, viel Tee getrunken und verschiedene Lebensphilosophien angehört. Irgendwie liebe ich doch dieses teils hohle, teils gehaltvolle Geschichtenerzählen.

Dann am Nachmittag zwei schöne Stunden mit Gulam in einem ruhigen Park, viel Wärme, Nähe und auch Klarheit. Doch dann greift der Wahnsinn wieder: ihn, weil ihm die Zeit durch die Hände rinnt, er plötzlich Ängste entwickelt, die Polizei könnte ihn in meinem Zimmer verhaften, so typische Angstgeburten des nicht-Jetzt. Dann ist auch Nähe zu nah. Und mein Wahnsinn ist, dass mich das so verletzt. Nicht ganz unverständlich: wenn man mal eben so von Köln nach Delhi fliegt, wächst eben die Erwartung, dort nicht nur

Liebe zu finden, die ist da, sondern auch ein Stück geteiltes Leben. Intensive Berührung mit dem „Schmerzkörper".

Rishikesh/Uttaranchal

4. September 2003

Nach drei Tagen mit Gulam in Delhi bin ich erst mal nach Rishikesh gefahren, um hier Yoga zu machen. Ich bekomme hier wohl das Ende der Regenzeit mit. Heute bin ich schon einmal klatschnass geworden, aber in der warmen Luft auch schnell wieder getrocknet. Wenn Gulam sich und sein Geld in Delhi sortiert hat, haben wir vor, zwei Wochen am Stück zusammen verbringen – mal schauen. Jedenfalls ist es gut, wieder hier zu sein.

Vorhin bin ich zufällig in eine Art Gottesdienst hereingeraten: ich hörte Musik, schaute herein, wurde hinein gewinkt und setzte mich zu den Anderen auf die Erde. Auf einem rot-golden geschmückten Thron saß jemand, der abwechselnd sprach und sang, Hindi nehme ich an, hin und wieder klatschten die Leute im Takt und einige tanzten. Ein paar Jungs um die fünfzehn zogen mich hoch, damit ich mittanze. Keine Ahnung, was ich da feierte – jedenfalls hat es Spaß gemacht. Als ich dann noch für zwei kleine Kinder in der Nachbarschaft Papierschiffchen gefaltet habe, waren alle begeistert.

7. September 2003

Ich bin seit einer Woche in Rishikesh. Zu meiner großen Enttäuschung war mein alter Swami nicht da. Aber ich habe einen neuen Lehrer gefunden, der mich zwar bis an meine Grenzen fordert, den ich aber mehr und mehr schätze und lieb gewinne. Scheinbar macht er ein ganz körperorientiertes Yoga: Genauigkeit der Asanas, Hilfestellung darin. *No meditation, no spirituality* – scheinbar. Aber ich erlebe es ganz anders. Er versteht und vermittelt den Körper nicht von außen sondern von innen, und das ist Weisheit, Meditation und lässt spirituellen Raum. Während mir alle antagonistischen Muskelübungen zuwider und mit hohem Frust verbunden sind, macht es mir das erste Mal Spaß, auch in meiner Muskulatur gefordert zu sein, weil sie sich dann zu EINER Kraft verbindet. Das setzt, wenn ich den Punkt erreiche, so viel Freude frei. Langsam stellt sich mein Körper auch auf die Anforderungen der Stunden ein. Der jungenhafte Humor von Pankaj hilft dabei sehr. Doch noch vor zwei Tagen habe ich mich so bis an die Grenzen vor allem meiner inneren Kraft eingelassen, *that I was drained of energy for the rest of the day*. In diesem Zustand habe ich etwas aufgeschrieben:

5. September: Yogageburt

Es ist 16 Uhr, und ich bin noch immer ganz erschöpft von der morgendlichen *yoga class*, der vierten bei dem jungen Lehrer im *Green Hotel*. Ständig habe ich Assoziationen, die mit Gebären, Geburtsvorbereitung zu tun haben. Kräfte spüren, mitgehen, sich hinein geben.

Meine Erschöpfung ist zum Teil muskuläre Müdigkeit, weil ich eben nicht so balanciert und verbunden bin und dann zwischen Druck und Angst arbeite. Aber auch energetische Erschöpfung, weil diese Arbeit sehr tief geht und in der Tiefe bewegt. Nach jeder Morgensession habe ich erst einmal geschlafen, wie manchmal nach einer BMC-Behandlung. Ich würde das alles nicht tun, wenn es nur „Mühe und Arbeit" wäre. Es ist eine Freude, in dem jungen Yogalehrer, wenn er uns die Haltungen vormacht, zu sehen, worum es eigentlich geht. Wie Bewegung in Bewegung fließt, Kräfte sich verbinden, wie jede Haltung erst einmal *"rooted"* ist und sich aus dieser Verwurzelung heraus aufrichtet und ausbalanciert, begleitet von Körperbewusstsein. *"This asana, palm of the hand is the brain"*. Und er sieht und zeigt Verbindung und – häufiger – Unterbrechung im Bewegungs- und Energiefluss bei den Teilnehmern. Nimmt jeden einzeln heraus, fasst jeden überall an – klar und unschuldig. *Natural*. Ich bin bei den Ungeübtesten dieser Klasse, rund zwanzig Jahre älter als die meisten. Die Männer sind überwiegend gut trainiert, muskulös vor allem im Oberkörper. Sie können viel leichter als ich in Handstand, Kopfstand etc. hineingehen, doch sind sie so verwirrt wie ich, wenn sie nach ihrer Körperwahrnehmung gefragt werden. Sie fragen, welchen Muskel sie denn anspannen sollen, in welchem Gelenk wohin rotieren. Das haben sie gelernt: sich in einzelnen Körpersegmenten kraftvoll anzuspannen oder zu dehnen. Vor der Stunde wird noch mal eben ein Handstand geübt oder die Schulterpartie gedehnt. Testen, ob der Apparat noch funktioniert.

Als einer dieser jungen Männer, ein Armee-trainierter Israeli, heute völlig verwirrt war und nicht mehr wusste, was und wie er anspannen und rotieren sollte – der Lehrer hatte schon längst gesagt: *"Forget about rotation, just ask your body"* – sollte er an der Wand und mit Hilfestellung des Lehrers die so verwirrende Haltung einnehmen. Geerdet in der Wand und dem unterstützenden Gewicht der Hilfestellung konnte er nicht mehr in dem segmentierten Bewegungsmuster bleiben, ließ in das Ganze hinein los – *"yielding"*, dieses Wort liebe ich so – stöhnte einmal erleichtert und blieb dann mit einem weich erschöpften Gesicht auf dem Boden liegen – als hätte er gerade ein Kind zur Welt gebracht. Berührend.

Ich nehme an, dass kaum jemand diese Stunden so intensiv erlebt wie ich – innerlich. Dabei könnte ich es belassen, wenn ich all das in einem Film gesehen hätte. Ich hätte viel gelernt und auch in körperlicher Resonanz geteilt. Doch jetzt ist es kein Film und ich habe die Chance, aus dem energetischen Mitschwingen heraus auch in die gröbere körperliche Manifestation zu gehen. Da treffe ich auf Widerstand über Widerstand, der nicht nur durch Schwäche der Armmuskulatur oder Spannungen im Rücken zu erklären ist. Ich habe Angst.

Angst vor allen bei Haltungen, in denen ich mich kopfunter auf den Armen halten muss (eigentlich ja nicht, aber die Beine sind zu schwach, my *"buttocks too dull"*, so dass die Balance in den Oberkörper rutscht), Angst vor Sprüngen – aus der Hocke in den Handstand. Angst den Halt am Boden zu verlieren, den ich ja gar nicht so sicher habe – drum.

Wenn ich nur einen Hauch von Druck, von Ego in dem Lehrer bemerken würde, würde ich mich sofort sperren, nicht wieder hingehen. Aber er ist herrlich uninteressiert und frisch in sich ruhend. Er hilft einem auf dreierlei Weise. Er macht wunderbar vor, fließend, freudig, kraftvoll weich. Er unterstützt sehr klar durch Art und Richtung seiner Berührungen und Griffe. (Als er mich im Handstand „längte", entstand ein Raum in meinem Brustkorb und Oberbauch, der mich beinahe zum Heulen gebracht hat). Und dann geht er mit seiner Stimme energievoll mit: *"Keep your inner thigh down, keep it down, inner thigh down, down"*. Eine Resonanz, die einen immer wieder aus dem Druck in den Fluss holt. Wie eine gute Hebamme bei einer Frau in den Wehen. (Diese kraftvoll resonante Verbindung habe ich neulich im Fernsehen in einer dieser unsäglichen „Wir bekommen ein Baby"-Sendungen gesehen und in einer anderen Szene zwischen einer völlig verängstigten Frau und dem Arzt schmerzlich vermisst).

Diese Yogadoppelstunden sind für mich das nächste an einem Geburtserlebnis, das mir begegnet ist (nicht in den Schmerzen, sondern den wirkenden Kräften). Immer die Frage: mit welchen Kräften gehe ich mit, welche Widerstände unterstützen mich – und nicht: wogegen muss ich an arbeiten. Nicht nur einmal, wieder und wieder. Und all das unter hoher Spannung. Ich weiß, dass reiferes Yoga weder anstrengend noch schweißtreibend ist sondern erfrischend und Energie spendend. Aber bis der Körper wirklich wach ist, stöhnt und schwitzt er.

Ich lese ja gerade zum dritten Mal *"The Life of Pi"* (Schiffbruch mit Tiger). Bin wieder inspiriert von dem aus der Verzweiflung geborenen Realitätssinn des Jungen, dem nichts übrigbleibt als, schiffbrüchig im Pazifik, einen Tiger zu zähmen und der an dieser lebensrettenden Idee mit aller Kraft und Hingabe dran bleibt und dran bleibt. Das liest sich gut, weise und inspirierend. Aber ich möchte es nicht erleben müssen.

9. September 2003

Ich genieße die Yogastunden – wenn auch schwitzend und stöhnend – und erlebe die neue Erfahrung von Verbindung in mir selbst mitten in hoher Anspannung. Ein Loslassen in die Anspannung hinein. Das tut Leib und Seele gut und zwingt mich in den Moment.

Ein Amerikaner aus der Yogagruppe, mit dem ich mich einmal länger beim Frühstück unterhalten habe, erzählte, dass er Tarotkarten liest. Da er sehr *down to earth*, humorvoll und ein klarer Denker ist, nicht esoterisch schwebend, habe ich mir also gestern erstmals im Leben die Karten lesen lassen (mit schmunzelnden Gedanken an Professor Trelawney aus Harry Potter). Es war eine spezielle Erfahrung. Von allen Spiegeln, die ich von mir gezeichnet hätte, sicher nicht den meiner ersten Karte: ein dickbäuchiger Mann, der mit verschränkten Armen zufrieden einfach dasitzt und leise lächelt *(IX of cups)*. *Abundance, joy of life, contentment*, Genuss bis hin zu *laziness* – ich musste an das Faultier in *"Pi"* denken. Dies meine *Shakti*-Karte. Die *Shiva*-Karte für das Bewusstsein war das *Wheel of Change* - auf dem Kopf stehend. *„There is deep change, but the mind is confused about it"*. Zusammen mit den anderen Karten sah ich ein Bild großer Kräfte und Reichtümer, die nur noch nicht die richtige Verbindung aufgenommen haben. *"You are such a happy person"*.

Kurz kam der Impuls zu sagen: *"But I work so hard for it. There has been so much pain"*. Doch das ging zum Glück schnell vorüber, und ich konnte mich in *"just deeply happy"* für einige starke Momente ganz wiedererkennen.

9. September 2003

Meinen geliebten alten Swami habe ich leider hier nicht angetroffen. Ein jüngerer „Ersatzswami" erschien mir zu „professionell erleuchtet", außerdem hat er bei mir verschissen, als er sagte: *"Western music makes you sick, Indian music heals you"*. Mit einem: *"There is so much healing power in Western music"*, habe ich mich freundlich von ihm verabschiedet und habe nun einen ganz wunderbaren jungen Lehrer gefunden, der scheinbar rein körperlich arbeitet, doch nicht gymnastisch abgespalten. Das volle Einlassen auf die Kräfte des Körpers zieht Geist und Seele mit hinein und tut total gut.

Ansonsten mache ich im Moment keine besonderen Unternehmungen, die großen Bewegungen sind innen. Ich bin froh, dass ich hier bin.

Delhi

13. September 2003

Ich wäre ja nicht so lang bei Gulam geblieben, wenn da nicht eine tiefe, warme Verbindung wäre, das Gefühl der Begegnung mit einer starken Seele. Doch dieser Seele fehlt irgendwie das Skelett, die Struktur – reines Gefühl zerfließt so leicht in alle Richtungen, und am liebsten *the easy way*. An der Quelle, in Momenten wirklicher Nähe, ist es warm, bewegend und stark – doch solche Momente sind in einem so getriebenen Leben selten. Und ich kann nicht die Struktur einer anderen Seele sein.

Aus den vier Wochen, die wir zusammen verbringen sollten, sind ja schon zwei geworden, und auch die sind in Gefahr, wenn nicht morgen irgendwelches Geld kommt. Ich werde ihm dieses Geld nicht geben – ich habe ihm schon einen großen Betrag für seinen Shop geliehen – und wenn er das Geld nicht bekommt, fahre ich ohne ihn. Schade, wenn's so kommt.

So bin ich innerlich leise wehmütig, zwischen ein wenig Hoffnung und vorweggefühltem Abschied – und doch ist in meiner inneren Mitte immer noch der dicke, leise lächelnde Mann. In einem meiner Lieblingsfilme, *"Shadowlands"*, kommt der Satz vor: *"The pain then is part of the happiness now"*. Ich würde sagen: *The pain now is part of the happiness now*.

14. September 2003

Meine Seele wird arg strapaziert von der Beziehung mit Gulam. Etwas in mir zieht mich zu diesem verrückten Mann, alle Reibungen und Missverständnisse eingeschlossen. Er hat meinem Leben Gewicht und Wärme gegeben (diese Worte fielen mir gerade ein), und auch ich habe reichlich gegeben. Doch ebenso wie ich irgendwann einsehen musste, dass ich die Verwicklungen meiner Familie nicht lösen kann und muss, komme ich auch hier langsam an diesen Punkt. Ich mache mir keine Sorgen, dass ich nicht am Ende die richtigen „Herzensentscheidungen" treffe. Doch Gefühle, Sexualität, die außer Kraft gesetzten Spielregeln in einem fremden Land nähren, wenn er denn berührt wird, den „Schmerzkörper" und setzen im Gegenzug die Gedanken in Bewegung. Ich frage mich immer wieder: wo bin ich, was fühle ich in diesem Moment, doch das einzige, was ich dann erkenne, ist genau diese Verwirrung.

Gut getan hat jedenfalls die Yogawoche. Am Ende meiner Zeit in Rishikesh bin ich auf der Straße meinem alten Swami begegnet. Ich sah ihn, erkannte ihn, strahlte ihn an, und auch er erkannte mich. *"You experience a lot at the moment"* sagte er, *"don't forget your aim"*. Was immer das genau heißt, diese Begegnung hat mich sehr froh gemacht.

Und in aller Durchwirbelung spüre ich gleichzeitig in der Tiefe Ruhe, Freude und Verbindung.

Haldwani/Uttaranchal

16. September 2003

Ich bin gerade wieder einmal am Fuß des Himalaya angekommen. Morgen werde ich dann doch einmal den Schritt in einen Ashram wagen, der liegt in den Bergen auf 2000 m Höhe – mal schauen wie es ist, dort für eine Zeit am Tagesrhythmus teilzunehmen. Sowohl der Ashram als auch der Ort, in den mich heute früh eine 10stündige Busfahrt gebracht hat, ist nicht im *Lonely Planet*, der Bibel der Reisenden, verzeichnet. Jetzt bin ich einmal einfach in Indien. Keine *backpacker*, keine Touristen, alles noch ein bisschen schmuddeliger. Als ich bei der Ankunft mein Hotelzimmer bezog, fragte der Manager: *"Do you want your bed sheets changed?"* Ich hatte schon befürchtet, das, was da in stockigem Hellblau aufgezogen war, sei „sauber". Aber siehe da, der Sonderwunsch nach frischer Bettwäsche brachte doch noch ganz andere Perspektiven.

16. September 2003

Gestern hatte ich ein lustiges Erlebnis. Ich musste sieben Stunden auf einen Bus warten und fragte im Busterminal, ob es irgendwo einen Internetplatz gebe. Gab es offiziell nicht, aber ein Reisebüromann bot mir seinen Büro-PC an. Als ich ihn fragte, was das koste, sagte er: *"Nothing, I am a social."* Und kam dann ausführlich auf sein Herzensanliegen, seine *social activity*, zu sprechen: ein *"shelter house"* für 500 *"stray cows"*, also für eigentümerlose, vernachlässigte Straßenkühe in den Städten. Das Ganze wird unter anderem finanziert durch den Verkauf von Regenwurmdünger. Ich bekam Fotos von Kühen und Regenwürmern zu sehen. Da konnte ich natürlich nicht anders, als für dieses wunderbare Projekt zu spenden (auch als Zeichen der Dankbarkeit für die Internetnutzung). Das funktionierte dann aber leider nicht, und als ich später noch einmal wieder kam, musste ich erst eineinhalb Stunden Büroschlaf des freundlichen Tierfreundes abwarten, bis ich dann beim zweiten Versuch ins Netz kam.

Ranikhet/Uttaranchal

17. September 2003

Beinahe hätte ich's ja diesmal in einen Ashram geschafft – aber ich bin geflohen... Aus dem Gefühl, mal eine „Gulam-Pause" machen zu müssen, bin ich nach Haldwani und von dort weiter in die Berge nach Chilianaula gefahren.

Die Fahrt war sehr schön. Ich bezog ein Dreierzimmer im Ashram, ließ mir den Tagesablauf erklären. Weder schreckte mich das Karmayoga noch das frühe Aufstehen. Aber jeden Tag zwei Stunden

Gottesdienst – das Pensum habe ich für mein Gefühl in diesem Leben schon abgearbeitet.

Doch immer noch war ich bereit, es auszuprobieren. Ich sah mir das Gelände an, fragte jemanden, der aus dem Tempel kam nach dem Weg ins nächste Dorf, um von da nach Ranikhet zu fahren. Er sagte, er habe ein Taxi dorthin unten warten. Da merkte ich: das ist meine Chance. Holte mein Gepäck und verließ den Ashram. Erst einmal habe ich ein Zimmer in Ranikhet bezogen, und jetzt schaue ich mal. Hier ist es wieder laut und indisch, doch für mich überwiegt die Erleichterung, wieder „in der Welt" zu sein.

Als ich oben am Ashram auf die Berge schaute (die wirklich hohen Berge lagen hinter Wolken), ging es mir wie am Arunachala – ein wunderschöner Ort, aber ich möchte dort allein sein, Stille genießen oder in der Natur unterwegs sein. Sei das nun Herz, Kopf oder Bauch – ich habe mich entschieden, schmunzle etwas über mich und schau einfach mal weiter.

20. September 2003

an Fabian

Von meinem Hotel und von vielen anderen Stellen aus kann ich die Berge des Himalaya sehen, und zwar die richtig hohen. Alle sind so um die 7000 m hoch, der höchste, der Nanda Devi, sogar 7800 m. Ein toller Anblick, ich kann mich gar nicht satt sehen. Dass ich in meiner ersten Nacht hier, in einem anderen Hotel, nachts zwei Flöhe in meinem Bett fand, habe ich schon fast vergessen...

20. September 2003

So bin ich jetzt also am Fuß des Himalaya gelandet und sehe erstmals in meinem Leben Siebentausender. Mann, das ist beeindruckend. Den ersten Tag hier war das Himalayapanorama hier wie manchmal das Alpenpanorama am Bodensee – theoretisch. Ich habe versucht, mir auszumalen, wie die Berge hinter den Bergen, hinter den sichtbaren Zweitausendern, wohl aussähen. Aber als die Wolken dann wirklich den Blick freigaben, hab' ich den Atem angehalten – so hoch, so groß, so schön.

Außer diesem Blick hat Ranikhet wenig zu bieten. Es ist eine *hill station*, wo die Kolonialherren sich Kühlung holten und wo heute indisches Militär stationiert ist. Auf einem Spazierweg entlang der Kasernen entdeckte ich ein Hotel in verlottertem Kolonialcharme, das auch an *not residents* Kaffee ausschenkte: Filterkaffee im Silberkännchen, vorgewärmte Milch, ebenfalls silbern serviert, dazu Kaffeewärmer und ein Baumwolltopflappen, mit dem man die Kännchen anfassen konnte...

Diesen verschlafenen Ort wollte ich eigentlich gar nicht besuchen. In einem hier in der Nähe gelegenen Ashram, der mir empfohlen worden war – und den, wie ich herausbekam, auch Nina Hagen besucht! – wollte ich doch einmal diese Form indischen Lebens ausprobieren. Nach nur einer halben Stunde bin ich „geflohen" als mir, als „rettender Engel", ein Durchreisender begegnete, der ein Taxi nach Ranikhet warten hatte – da habe ich schnell meinen Rucksack geholt und bin wieder „in die Welt" geflüchtet. Die paar wenigen Worte mit deutschen Ashramgästen – mit indischen Namen wie: Vishivashi, Fudjikarma – lösten bei mir eine allergische Frömmigkeitsreaktion aus. Das kenne ich schon und muss es nicht in Indien in anderen Farben noch einmal erleben. Als kleinen Bußgang habe ich gestern den Tempel des Ashrams noch einmal in einem 5km Marsch besucht, habe mich ganz allein in den stillen Tempel gesetzt – mit dem Rücken zum Bild des Gurus – und den Blick aufs Bergpanorama genossen. Das war schön. Soweit mein Klosterleben.

Nainital

26. September 2003

Ich glaube, ich brauche gar keinen Ashram, um feste Strukturen aufzulösen. Jedenfalls bin ich im Moment ziemlich aufgelöst. Um das zu unterstreichen, ist auch noch das Licht im Café ausgefallen – und geht gerade wieder an, na wenigstens etwas. Von Ranikhet bin ich auf Anraten des Internetcafé-Besitzers, mit dem ich mich in den vielen Stromausfällen häufiger unterhalten habe, nach Kausani gefahren, noch näher an die herrliche Himalaya-Bergkette heran. Schon von Ranikhet aus hatte mir ja die Größe und Schönheit dieser Berge, wenn sie sich denn enthüllte, den Atem genommen und mich glücklich und still gemacht.

Also bin ich in vier verschiedenen *shared taxis* irgendwie nach Kausani gekommen (diese Fahrt ließe sich noch mit vielen Details ausgeschmückt beschreiben...) Die Berge lagen in den Wolken, aber ich hatte ein nettes Hotel, der Ort war klein und für indische Verhältnisse ruhig. Am nächsten Morgen regnete es, ich brachte zwei Briefe zur Post und war nach dem Treppensteigen so müde, dass ich mich erst mal wieder hinlegte. Mir wurde kalt, ich kriegte Schüttelfrost, und als das Fieber dann kam, waren es über 39°. Frieren, Fieber, Schwitzen – so ging es mir dann über die nächsten dreieinhalb Tage. Ohne Husten, Schnupfen oder Bauchschmerzen. Dafür aber mit solchen Kopfschmerzen, dass ich nicht schlafen konnte. Erst war es „normaler" Fieberkopfschmerz, dann wurde es immer schlimmer.

Da auf dem Hotelprospekt *"doctor on call"* stand, habe ich schließlich den Hotelmanager gebeten, den Arzt zu rufen. Er sollte erst am Morgen, dann am Nachmittag und dann doch erst am nächsten Tag kommen. Während ich so mit immer aufgeschobener Hoffnung auf den Arzt wartete, habe ich eine einfache, aber wirkungsvolle Meditation erfunden, für die nur irgendwann meine Kräfte nicht mehr reichten. Da alles Denken, alles Bewegen, alles Verändern der Lage die Schmerzen und die Unruhe erhöhten, habe ich mich halbsitzend ins Bett gelegt und mir immer und immer wieder innerlich gesagt: „Ich liege im Bett – da ist ein Schmerz – ich bin nicht der Schmerz. Ich liege im Bett ..."

Und es half, linderte zumindest. Nach vier, fünf Wiederholungen dieses „Mantras" verlor ich nie ganz das körperliche Gefühl, im Bett zu liegen, wurde nicht mehr ganz in den Schmerz und seine Unruhe hineingezogen. Mehr als eine knappe Stunde konnte ich das aber pro „Einheit" nicht durchhalten, ging aufs Klo oder trank etwas, um dann immer wieder voll vom Elend weggezogen zu werden. Ein bisschen Jammern und Leiden – und wieder „an die Arbeit": „Ich liege..."

Einige Stunden habe ich das durchgehalten, dann ging es nicht mehr. Ich konnte der Nervenqual nichts mehr entgegenhalten. Ich ging zu den Hotelleuten, die mich die letzten Tage fürsorglich betreut hatten, und bat sie, entweder den Arzt zu rufen oder mich zu einem Arzt zu bringen. Ich wusste nicht mehr, wie ich die Nacht durchhalten sollte. Der Manager besorgte dann ein Taxi, und brachte mich zu einem Arzt, zwei Männer aus der Küche fuhren auch mit. Sie blieben dann auch bei der Untersuchung mit dabei, schauten zu, wie ich zwei Spritzen bekam, abgehört wurde. In all meinem Elend fand ich das komisch und anrührend zugleich. Warum ich anhaltend hohes Fieber hatte, wusste wohl auch dieser Arzt nicht, aber die zwei Spritzen und sechs Medikamente für insgesamt 77 Rupien brachten doch schnell eine deutliche Erleichterung – meine Eskorte brachte mich wieder nach Hause. Eine erste Nacht mit Schlaf tat gut, ich bin nach dem Frühstück wieder etwas herum gelaufen, habe Gulam angerufen, mit dem ich mich ja eigentlich treffen wollte – und gegen Mittag gingen Fieber, Schwitzen und Schmerzen wieder los.

Abends wurde es besser – und auf einmal klärte sich auch der Himmel, und ich sah die Berge von Kausani aus zum ersten Mal. Ein schöner Sonnenuntergang in der noch verregneten Landschaft. In der Nacht dann ein herrlicher Sternenhimmel und heute früh um 5.30 ein wunderschöner Sonnenaufgang. Im Tal lag ein dicker Wolkenteppich, die Berge fingen nach und nach das Licht in wechselnden Farben ein und wurden dreidimensional - und mein Lieblingsberg, der Trishul, direkt in meinem Blick vom Balkon vor meinem Zimmer. Ein Belgier, mit dem ich mich am Abend vorher lange unterhalten hatte, hat dieses Ereignis verschlafen, aber ich glaube, ich habe ihn mit meiner Beschreibung allein glücklich gemacht.

Und dieser erste klare Tag sollte doch mein Abreisetag sein. Ich wollte in zwei Etappen nach Delhi fahren. Mir eine Taxifahrt nach Nainital gönnen, dort eine Nacht bleiben, mit einem Tagbus die neun Stunden nach Delhi fahren, um dann mit Gulam eine Woche nach Kaschmir zu fliegen (auch diese Entscheidungsfindung könnte ich jetzt ausführlicher beschreiben...). Die Taxifahrt war auch schön, ohne Gespräch, ohne Musik, bergauf und bergab. In Nainital stellte ich dann fest, dass dies ein INDISCHER Touristenort ist, mit anderen Vorstellungen von Hotelzimmern und fast keiner Möglichkeit zum Tausch von Travellerschecks. Kein Bargeld. Stress. Erfolg in letzter Minute.

Dann habe ich Gulam angerufen, der mir sagte, dass er sich riesig freute, wenn ich nach Kaschmir nachkäme, er flöge schon morgen. „Kannst du denn nicht den einen Tag warten und mit mir zusammen fliegen?" „Nein, denn es kommen Touristen nach Kaschmir." „Haben wir dann zusammen denn überhaupt Zeit???" „Drei, vier Tage bestimmt." Und ich merkte, das tue ich nicht: neun Stunden Bus fahren, 200 Dollar für Hin- und Rückflug zahlen – für „drei, vier Tage".

Mein Verstand hätte tausendundzwei Gründe, die Brocken ganz hinzuschmeißen – doch in den kurzen, zwischendurch komplizierten, Zeiten mit Gulam habe ich auch eine Liebe, Öffnung, Kraft und Herzensberührung erfahren, die ich nicht kenne und die mir kostbar ist. Gulams Hoffnung auf eine bessere Zukunft teile ich nicht – meine Hoffnung ist, dass ich offenbar die Gegenwart noch nicht richtig verstehe. Bisher bin ich aus allen Missverständnissen und Krisen gut und letztlich klarer und kräftiger, sogar liebender herausgekommen. Doch das vorhin war dann einfach zu viel. Die Krankheit, die Schönheit des Himalaya, die ich aber verlassen habe, um in dieser hupenden Stadt zu landen, einem schmuddeligen Hotel – und alles für nichts! Ich konnte nur noch heulen.

Ich werde also morgen nach Rishikesh fahren, meinen alten Swami zur Seelenpflege durch Yoga aufsuchen und wenn ich wieder etwas bei Kräften bin, auch noch einmal zu dem jungen „Geburtshelfer" gehen. Im Moment ist mir nach Vertrautem zumute. Gerade fällt mir ein, dass eine der Tarotkarten, die, die sich auf Einflüsse aus der Zukunft bezog, umgekehrte Kelche zeigte: Verlust, Aufgabe von Träumen und Illusionen – fühlte sich sehr gut an und sehr heilsam.

Rishikesh

29. September 2003

In dem Hotel in Nainital, das mich anekelte – ich habe mich weder gewaschen noch ausgezogen – ich wollte weder im Bad noch im Bett irgendeine Stelle meines Körpers diesem Siff aussetzen – habe ich erstaunlicherweise doch ein paar Stunden Schlaf gefunden. Gegen 3 Uhr früh wachte ich aus einem intensiven, plastischen Traum auf, den ich sofort und ohne irgendeinen Zweifel als Hinweis annehmen konnte, dass ALLES GUT ist.

Nichts hatte ich an der äußeren Situation geändert, und doch erfüllte mich ein tiefes Gefühl von Glück und Zustimmung, das mich seitdem nicht verlassen hat. Nicht dass ich seitdem unangefochten durchs Leben gleite. Die Rückreise von Nainital nach Rishikesh, theoretisch 9 bis 10 Stunden, ging über 17 Stunden. Diesen Horrorreisetag habe ich aus dem Notstromaggregat gelebt – gestern war ich dann völlig platt. Doch heute habe ich immerhin schon wieder Yoga gemacht, die mildere Variante bei dem alten Swami.

29. September 2003

Der schneebedeckte Himalaya, eine Kette von Siebentausendern, war schon unheimlich beeindruckend. Meist gab es allerdings Wolken, auch Regen, doch wenn sich die Wolken dann lichteten, war ich immer wieder atemlos erstaunt über dieses Bild. Ich bin auch an vielen Tagen tapfer um 5.30 Uhr aufgestanden, um den Sonnenaufgang zu sehen.

Mein Hotel dort hatte zwar Blick auf die Berge – aber innen ... Völlig erschöpft hatte ich ohne weitere Vergleiche das erst beste Hotelzimmer bezogen – es war, gelinde gesagt, sehr einfach. Und am Abend sah ich dann einen Floh übers Bett hüpfen. *What to do?* Ich sah, dass es nicht viel mehr waren, dass ich nichts tun konnte und bin relativ gelassen eingeschlafen. Und hatte dann einige Tage später die typischen „Bisswunden". Bin natürlich am nächsten Tag gleich umgezogen und habe – zum Glück – den Floh zurückgelassen.

Auf etwas Insektenleben muss man sich hier immer einstellen. Heute Nacht hüpfte mir eine Heuschrecke ins Gesicht – sie ließ sich aber leicht fangen und vor die Tür setzen. Und Spinnen... In meinem Zimmer in Kausani, dort wo ich den dichtesten Blick auf die Berge hatte, saß eine ziemlich große siebenbeinige Spinne an der Wand. Ich fing sie (mit der Glasmethode), warf sie hinaus – aber als ich einige Zeit später zurückkam, waren zwei neue aufgetaucht. Ich begriff, dass sie hier wohnten und ich nur zu Besuch war. So habe ich sie und sie mich in Ruhe gelassen.

29. September 2003

an Fabian, Judith, David

Auf dem Rückweg aus dem Himalaya hatte ich vor zwei Tagen eine abenteuerliche Reise. Sie sollte 10 Stunden dauern – und dauerte 17 Stunden. Der Bus, der eigentlich durchfahren sollte, endete in irgendeinem Ort. Ich musste zuerst herausfinden, wo ich überhaupt war, ob es einen Zug gibt, wo der abfährt. All das, ohne Hindi zu können und ohne jemanden um mich herum, der Englisch spricht. Irgendwie gelang das dann am Ende, und ich bin zweieinhalb Stunden auf Holzbänken mit der Eisenbahn in der einfachsten Reiseklasse gereist. Auf eigentlich acht Plätzen saßen immer 12 bis 16 Leute. Wirklich einfache Leute.

An einer Station kam ein ganzer Schwall von Kindern und füllte das Abteil. Doch es waren gar nicht alles Kinder – die „größeren

Kinder" waren die Eltern der Babys! Die Babys wurden herumgereicht, die kleinen Kinder wuselten herum, die Eltern beobachteten das Gewusel – und mich. Ich sah, dass sie über mich sprachen, eine Frau fragte mich auch etwas, aber ich konnte sie natürlich nicht verstehen. Ich fragte den Mann, der mit mir aus dem Bus gekommen war, was sie mich gefragt hätte (ein bisschen Englisch konnte er nämlich doch) – sie wollte wissen, wo ich hinfahre. „Haridwar", habe ich gesagt – aber dann hatten wir keine Worte mehr.

Wenn nicht mit Worten, wie kann man sich dann unterhalten? Da kam mir eine Idee: ich hatte ein Foto eingepackt, ihr drei, letzten Sommer, auf der Kiste vor dem Haus. Ich zeigte es und sagte *"Sister Babies"* (ihr seid natürlich keine Babys, aber das Wort *"children"*, Kinder, hätten sie wahrscheinlich nicht gekannt). Alle wollten euch sehen, drei blonde Kinder aus einer anderen Welt.

Ich habe dann noch ein paar Schiffe und Flugzeuge gefaltet, dann zeigte der Vater einen kleinen Zaubertrick. Er bewegte ein gefaltetes Handtuch über seinen Arm, sodass es aussah wie ein hüpfendes Eichhörnchen. So hatten wir eine gute Zeit – und alles ohne Worte. Zum Abschied haben wir uns herzlich zugewinkt.

11. Oktober 2003

Das Sympathische an indischen Internetcafés ist, dass man beim meditativen Tempo der Verbindung immer noch ein kleines Gespräch mit den ebenfalls wartenden Nachbarn führen kann. Auch das werde ich vermissen, wenn ich wieder nach Deutschland komme. Und doch werde ich ziemlich sicher mein Rückflugdatum nicht verschieben. Ich habe kein Heimweh nach deutschem Herbst und Winter – doch das „reale Leben" hier hat seine Spuren hinterlassen, und ich bin einfach ziemlich erschöpft und abgefüllt mit Eindrücken.

Doch mit aller Erschöpfung – ich bin froh, dass ich diese zweite Reise gemacht habe. Soviel ist bis tief in Seele und Körper hinein angestoßen und in Bewegung gebracht worden. Keine Ahnung, wo mich das als nächstes hinführt – es muss wohl erst einmal verdaut werden.

12. Oktober 2003

Heute habe ich mir das verlassene Gelände des Maharishi Yogi Ashrams angeschaut, wo in den *Swinging Sixties* auch die Beatles meditiert haben. Heute ist es ein friedlicher Hügel mit halbzerfallenen Bungalows, in denen ein paar indische Familien, ein Swami, Kühe und unzählige Affen leben. Ich habe mich auf eine schattige Bank gesetzt und mir vorgestellt, welche Hoffnungen und Illusionen, neben dichten Haschwolken, wohl durch dieses Gelände geweht sind. Ich habe dabei festgestellt, dass mir von allen Ashrams einer ohne Guru und ohne Jünger eigentlich am besten gefällt.

Delhi

17. Oktober 2003

Ich bin tatsächlich noch in Indien – aber nur noch wenige Stunden. Nach vielem Abwägen – sogar Tarotkarten habe mich mir legen lassen! – habe ich mich entschieden, dem ins Blaue festgelegten Datum meines Rückflugtickets doch zu folgen.

Es waren sehr bewegte, bewegende, intensive Wochen in diesem Land, das ich noch mehr lieben gelernt habe – meist nach dem Motto einer Liedzeile von John Lennon: *" Life is just what happens, while you're busy making other plans..."*

Was mich in Deutschland erwartet, bzw. was Deutschland von mir zu erwarten hat – keine Ahnung. Einzig das klare Gefühl, dass ich aus der Stadt meiner Kindheit und Jugend heraus möchte. Trotzdem werde ich da erst einmal landen und hoffen, dass sich dann, *step by step*, mein Weg vor mir aufrollt.

Nach der Rückkehr – unerwartete Hindernisse.

Ein anderes Indien - Krebs und Heilung

Dezember 2003 bis Februar 2004

Köln

3. Dezember 2003

Voriges Wochenende war ich zu einem Massagekurs in Berlin und hatte auch noch das Glück, eine Session bei Broder einrichten zu können. Es war eine schöne Stunde – leicht, heiter, liebevoll. Grundlos hell. Dort habe ich auch beschlossen, im neuen Jahr nach Berlin zu ziehen. Also alles war heiter und licht.

Heute nun war ich bei einer radiologischen Untersuchung in Köln – in Indien hatte ich eine Schwellung am Oberschenkel entdeckt, bin gleich nach der Rückkehr zum Arzt gegangen, der ein Lipom (gutartig) vermutete, mich aber zur Sicherheit zum MRT, d.h. „in die Röhre", geschickt hat.

Der Arzt dort war sich nicht sicher. Kein Lipom – möglicherweise eine unerkannte Verletzung, die nach innen geblutet hat, möglicherweise auch ein Liposarkom. Mit ziemlicher Sicherheit muss ich ins Krankenhaus – erst mal zu umfangreicher Diagnostik, dann wohl in jedem Fall auch zur Operation. Morgen gehe ich mit dem Arztbericht zum Hausarzt, und dann wird entschieden.

Wieder ein JETZT, das erfahren werden möchte. Mein ganzes inneres Gefühl in Körper und Seele sagt mir, dass ich gesund bin. Folge dem also einmal auf jeden Fall bis morgen. Auch in meiner momentanen Spannung ist meine Stimmung immer noch „hell".

4. Dezember 2003

Heute habe ich noch einen Arzttermin, aber ich gehe davon aus, dass ich auf jeden Fall nächste Woche ins Krankenhaus muss. Mehrfach habe ich ja gesagt, dass mit der Fastenkur und dem Massagekurs auch das letzte „Projekt" meiner Sabbatzeit abgeschlossen, danach alles ganz offen ist. Mit der Stunde bei Broder in Berlin hatte ich dann noch das Gefühl, alles Gewicht, alles scheinbar Problematische an diesem Zustand löste sich auf in Leichtigkeit und Licht. Schließlich kam dann mit dem Entschluss nach Berlin zu gehen ein erster neuer Schritt.

Und jetzt ist auf einmal meine Gesundheit sehr bedroht. Meine ersten Gefühlsreaktionen waren das Bedauern, jetzt für einige Zeit kein Yoga machen zu können, gerade wo es angefangen hat, mir richtig Spaß zu machen und gut zu tun – und das Bedauern, nun nicht gleich im Januar nach Berlin ziehen zu können. Die existenzielleren Gefühle halten sich noch im Hintergrund, solange noch keine definitive Diagnose vorliegt.

Ich habe gestern aber mal in meine neu erworbenen Tarotkarten geschaut – und es war schon erstaunlich, an zentraler Stelle den Teufel, das Gericht (Heilung), den Tod und das Rad des Schicksals zu finden, etwas peripherer, zukunftsorientierter und mehr im Bereich meines Einflusses Karten des einfachen und wachen menschlichen Miteinanders.

Gut ist, was wirkt. Weder kann ich mir anmaßen, diese Karten zu deuten, noch weiß ich, wie „wahr" sie überhaupt sind. Doch wahr ist eben, was wirkt. Und was bei mir ankam, war nicht Erschrecken oder Angst, sondern Wachheit und Herausforderung. Möglicherweise wird das jetzt eine Zeit großer Herausforderung, doch es war auch ein Gefühl da: ich bin BEREIT.

Das hinzuschreiben, erschreckt mich fast noch am meisten, denn ich weiß nicht, was ich damit meine. Das Unbekannte.

6. Dezember 2003

Nachdem ich direkt nach der Untersuchung schon anfing, von einer möglichen Krebserkrankung zu sprechen, habe ich die Dramatik mal erst wieder runtergeschraubt nach dem Motto: ein Verdacht ist keine Diagnose. Aber etwas unruhig bin ich schon.

Erstaunlich auch, dass diese „dunkle Wolke" mich in großem subjektiven Wohlbefinden trifft, glücklich über das, was ich im vergangenem Jahr erlebt habe, heiter offen für das, was kommt. Wie schon so oft in Indien kann ich also jetzt wieder nur wach einen Schritt nach dem anderen machen, möglichst ohne Pläne...

10. Dezember 2003

Eben der neueste Stand: nach einem Telefongespräch mit dem Chirurgen gestern soll jetzt doch erst einmal in der nächsten Woche eine Gewebeprobe „entnommen" werden. Die zu untersuchen dauert dann wahrscheinlich mindestens noch eine Woche. Sollte der Befund bösartig sein, wird möglicherweise erst eine Bestrahlung gemacht und dann operiert. Ich sage mir immer wieder, dass die Bösartigkeit bisher nur ein Verdacht ist, jedoch klingt der Tonfall der Ärzte nach starkem Verdacht. Fast habe ich mich schon an den Gedanken „gewöhnt" (geht das?).

Was mir erst nach dem Termin in der Uniklinik so richtig aufging: bei Krebs schneiden sie großzügig um den Tumor herum, d.h. in gesundem Gewebe, d.h. in meiner Muskulatur. Je nachdem kann das sehr weit gehen...

Das Warten strengt mich wirklich an, doch ansonsten ist meine Stimmung erstaunlich gut, annehmend.

16. Dezember 2003

Ich habe jetzt endlich schon mal einen ersten Termin: kommenden Freitag entnehmen sie eine Gewebeprobe. Ich muss Donnerstag kommen und bis Samstag oder Sonntag im Krankenhaus bleiben. Bis das dann untersucht und bestimmt ist, soll mindestens eine Woche vergehen. Und mit all den Feiertagen wird die eigentliche Operation wohl erst im Januar sein.

Was mich trotzdem erstaunlich heiter sein lässt, ist die immer wiederholte Information, dass diese Art Bindegewebsgeschwulste, auch wenn sie bösartig sind, normalerweise nicht so schnell streuen. Das ist vorweg schon einmal sehr entlastend. Denn das ist es, was Krebs für mich eigentlich so bedrohlich macht: dass er überall sein kann und dann auch mit Chemo behandelt werden muss.

22. Dezember 2003

In Indien hatte ich eine Schwellung am linken Oberschenkel entdeckt, einen „Knubbel", der, obwohl er ziemlich groß ist, bisher auch mit Ultraschall und Kernspintomographie noch nicht wirklich bestimmbar ist. Vor drei Tagen hatte ich eine erste Operation in der Uniklinik in Köln, wo eine ordentliche Portion des Tumors entnommen wurde. Ende Dezember bekomme ich dann das Ergebnis der histologischen Untersuchung.

Das Warten von Termin zu Termin, ob der Tumor gut- oder bösartig ist, ist schon nervenaufreibend, doch meine Stimmung ist erstaunlich gelassen, bereit und manchmal sogar heiter. Und im Moment genieße ich erst einmal, dass ich gestern, nur zwei Tage nach der OP, schon wieder aus der Klinik entlassen wurde und schon wieder einigermaßen gut laufen kann, wenn auch langsam.

29. Dezember 2003

Noch ein Tag – bis ich mehr weiß. Doch die Weihnachtstage gingen gut und nicht übervoll vorbei. Ich habe den ersten Heiligabend seit Urzeiten ohne Gottesdienst verbracht – allein im Haus meiner Schwester, während die Familie in der Kirche war. Kerzen, Weihnachtsoratorium, ein Glas Sekt – ich habe diese zwei Stunden für mich sehr genossen.

Überhaupt gibt es viele Momente einer stillen Heiterkeit von innen, eine Verbindung mit all dem, was über Familie, Körper und alles Menschliche hinausgeht – und es doch liebevoll einschließt. Weihnachten habe ich indische Kleidung getragen und mich darin weihnachtlich und auch da wieder über das feste Bild des Weihnachtsfestes hinaus festlich gefühlt, zuhause in diesem Festlichen. (Das sind so Formulierungen, wie sie mir im Moment einfallen. Ich schreibe sie auf, bevor ich anfange, sie zu „verstehen".)

Für morgen wünsche ich mir die Klarheit, aus mir selbst heraus als ebenbürtige Partnerin des vielköpfigen Ärztesystems aufzutreten, das zu fragen und zu sagen das für mein Vertrauen wichtig ist. Klar, liebevoll, ohne Angst.

2. Januar 2004

Ich habe hier keine Schreibruhe. Nur eben der aktuelle Stand: ich habe noch kein Ergebnis. Die haben mich am vergangenen Dienstag antanzen lassen, um dann festzustellen, dass das Labor noch nicht fertig war. Also noch eine Woche warten bis zum 6. Januar...

Um nicht nur bang zu warten, fahre ich morgen für drei Tage nach Berlin.

Notizen aus Berlin

4. Januar 2004

Sonntag in Berlin. Viele Eindrücke, viel Stille.

Gestern Indisches Museum, Sonderausstellung „Anmut und Askese" – frühe indische Skulpturen. Ein Raum, darin Sammlung, Frieden, Stille.

Heute: Alte Nationalgalerie. Große klassizistische Flure, darin Marmorstatuen des 18. und 19. Jahrhunderts – weich, androgyn, zart und voll Sehnsucht. In den Gemälden z.T. die harte „wirkliche" Gegenwelt: zugeknöpfte Männer im Lesesalon, alkoholisch aufgeweicht bei der Weinprobe, im Etappenraum der Soldaten.

Schade, dass diese Welten so aufgespalten werden. Die Sehnsucht verströmt sich im Blick nach außen, in die „unreal" gewertete Traum- und Kunstwelt. Sie kann nicht befruchten, sammeln, wie in den indischen Skulpturen.

Intensivster Moment: eine noch halb „im Stein steckende" Skulptur von Rodin: „Der Mensch und sein Gedanke". Ein kräftiger Mann, denkend gebeugt zum Stein, sein Gesicht, sein Mund berühren eine zarte Kindergestalt, geschlechtslos, mit ganz kindlich unschuldigem Gesicht, die ihm aus dem Stein entgegen kommt. In meiner Blickrichtung saß hinter der Skulptur an der Wand eine Frau, die ihren Säugling stillte. Dieselbe „Gestalt", in der verfremdeten Verdopplung besonders berührend.

Ich sprach ein in der Nähe sitzendes Paar an, wies sie auf diese wunderschöne Szene hin, bat sie hinzuschauen. Doch sie blickten mich nur verständnislos an...

Zum Schluss noch Kaffee im Museumsshop – viele schöne Karten und Bücher. Auch da bezauberten mich der Ausschnitt und die Verfremdung weit mehr als der Versuch, das Ganze bildlich oder textlich zu erfassen. Das funktioniert so nicht und verkleinert letztlich. Während der Ausschnitt, belebt durch eigene Resonanz, öffnet, der Kunst ihren Raum lässt.

Leicht „trunken von Kunst" fuhr ich dann zu Broder.

ICH BIN GESUND

ICH BIN IN BALANCE

Wie auch immer auf der äußeren Ebene meine Gesundheit und das Empfinden dazu verstört ist – der „umfassende Leib" ist unversehrt. Friede, Ruhe, Ausatmen. Einige Tränen der Lösung, des Glücks.

Ausatmen, Gelassenheit, Freude.

5. Januar 2004

Im ICE Berlin – Köln.

13h: Anruf in der Klinik, ob der histologische Befund jetzt da ist – der Mann am Telefon fand meine Akte nicht. Wollte mich zurückrufen – nichts. Um 14.30h rief ich wieder an – er hatte den Arzt noch nicht erreicht. Bis jetzt, 18h, ist nichts gekommen. Habe dann um 16.30h das Handy ausgeschaltet, schaue nur noch hin und wieder nach. Habe beschlossen, nichts weiter zu unternehmen, nicht irgendwelchen Ärzten hinterher zu telefonieren, nicht hilflos aktionistisch zu kompensieren, was am anderen Ende nicht funktioniert. Ich gehe morgen einfach hin – offener denn je.

Mit diesem Entschluss fühle ich mich viel besser, verbundener mit meinem Lebensgefühl gestern: gesund und in Balance. Hilflosigkeit, Gefühl des Ausgeliefertseins kommt nur, wenn ich mir VORSTELLE, wie die Situation morgen aussehen KÖNNTE, wie ich mich dann fühlen, wie reagieren KÖNNTE.

Vielleicht ist ja in einem ganz umfassenden Sinn tatsächlich noch nichts entschieden, ALLES OFFEN mit mir?

Dieser Gedanke zumindest stärkt mich. Dann sind die Ärzte nicht die achtlosen, lieblosen Rädchen in einer anonymen Maschinerie, der ich hilflos ausgeliefert bin.

Vielleicht haben sie sich ja unbewusst zur Verfügung gestellt beim „Casting" für meine Situation, die ich kreiere, um umfassend erleben zu können: es ist alles offen, ich kann – und muss! – nichts tun. Ich verstehe nicht wirklich, was ich da schreibe, doch es geht mir gut damit.

Eine kleine Angst kam dann hoch: wie soll ich ohne ärztlichen „Partner" Entscheidungen bedenken, besprechen, treffen zu Elementen der Therapie, zu alternativen Konzepten? Doch auch diese einengenden Gedanken konnte ich loslassen. Je mehr ich mich auf die Ungewissheit einlasse, nicht gegen irgendetwas ankämpfe, desto offener wird mein Blick für Alternativen sein, DIE ZU MIR KOMMEN.

Noch eine Einsicht: in die morgige Begegnung mit den Ärzten schon jetzt LIEBEND herein zu gehen, bedeutet nicht: „lieb" auf der „menschlichen Ebene". Es ist eine Verbundenheit auf einer ganz anderen Ebene. In Verbindung mit dieser Ebene wirklicher Resonanz brauche ich dann nicht mehr „lieb" zu sein, auch kein „lieb-Sein" zu erwarten, sondern kann liebend klar und frei sein.

Köln

6. Januar 2004

Immer noch kein Ergebnis, bzw. das Ergebnis, dass die Histologie des Unilabors unklar ist. Weichteiltumore sind wohl selten und dieser ist noch speziell unter den seltenen. Wie ich....

Das wunderschöne Wochenende in Berlin hat sicher dazu beigetragen, dass meine von dort mitgebrachte Gelassenheit und Heiterkeit nicht wirklich von dieser bescheuerten Situation berührt wird. Auf die „Referenzpathologie" (schöne Worte haben sie ja...) muss ich jetzt noch weitere zwei Wochen(!) warten, wie mir der inzwischen siebte(!) Chirurg in der heutigen Erst(!)begegnung mitteilte. Irgendwie ist hier im Moment mehr Indien als es in Indien jemals war. Es ist eben alles wie in der Geschichte von Alan Watts „eine Katze", nicht ein Schwanz, „verursacht" durch einen Kopf.

Da fällt mir ein Traum aus Berlin ein:

Ich bin in einer englischen Kathedrale, die voll ist mit Gemeinde, Klerus, Chor. Man reiht sich gerade ein in die Prozession zum Auszug. Sechs schwarze Katzen, die auch im Altarraum sind, reihen sich mit ein. Aus der Nähe sehe ich, dass es sehr junge Kätzchen sind, ganz süß und tapsig. Und doch schaffen sie es, eine nach der anderen mitzulaufen mit tapsigen Babyschritten, aber hochgestreckten Schwänzen und aufgeregt wippender Schwanzspitze.

Der Anblick der Katzenkinder berührt mich weich: ihre unbeholfenen Schritte und die stolze Leistung, im Spiel dieser Prozession mitzuspielen. Ihre weiche Stille ist auch der Klang des Traumes für mich. Musik, Worte oder Schritte im steinernen Hall der Kirche kommen nicht vor.

Auch jetzt im Schreiben fühle ich so etwas wie ein stilles Vergnügen und dass alles ein Spiel ist.

7. Januar 2004

Es entwickelt sich jetzt doch alles ein bisschen anders – wie sollte es anders sein. Gestern Abend rief mich Arzt Nr.7 der Uniklinik an. Nach Gespräch mit dem Pathologen, gehen sie nun doch davon aus, dass der Grundtendenz des Befundes zu trauen ist. Mit ziemlicher Sicherheit ist es also ein Fibrosarkom. Das ist wohl sehr selten. Da es eine niedrige Zellteilungsrate hat, macht es keinen Sinn, mit Chemo und Bestrahlung vorzubehandeln, was mich erst einmal sehr erleichtert. Am 14. Januar muss ich ins Krankenhaus, wo zunächst eine weitere Kernspintomographie gemacht wird. Wenn dann die Referenzpathologie da ist und den jetzigen Befund bestätigt, wird operiert. Das, wie ich heute nachgelesen habe, kann dann sehr weitgehend sein... Ich bin mental vorbereitet und muss dann im Gespräch Genaueres erfahren.

So habe ich also wirklich Krebs. Erstaunlicherweise bedrückt mich das aber gar nicht. Ich bin wach, und fühle mich im Kern und in einem tieferen Sinn gesund, *whatever that means*.

10. Januar 2004

Die letzten Tage waren voll von Gegensatzspannungen. Am vergangenen Dienstag erst die Mitteilung: noch zwei Wochen warten, aber wahrscheinlich onkologischer Befund. Gedanken, wie diese Zeit sinnvoll zu füllen, zu leben ist. Dann abends am Telefon(!) die Mitteilung: bösartig, eine Woche später ins Krankenhaus, keine Chemo, bald Operation. Zunächst einmal war ich hauptsächlich erleichtert über das: „keine Chemo".

Da die onkologischen Bücher, in denen ich mich, so gut es geht, kundig gemacht hatte, keine genaueren Informationen zu Fibrosarkomen gaben, weil sie wohl so selten sind, habe ich dann Donnerstag den Fehler begangen, im Internet nachzuschauen. Das hätte ich nicht tun sollen. Die ersten zwei Einträge gingen über Katzen, das war ja noch irgendwie komisch, doch der erste Eintrag zu Menschen lautete: „hoch bösartig, schnell metastasierend". Mir war zwar sofort klar, dass eine isolierte Information aus dem Internet erst einmal nichts besagt. Und doch traf mich diese dunkle Welle heftig und warf mich in nackte Angst. Sie erfasste mich nie völlig – ich erinnerte mich, dass ich selbst im Befund etwas von „geringer Malignität" gelesen hatte und auch die Info „keine Chemo wegen niedriger Zellteilungsrate" interpretiere ich so.

Ich habe dann in der Uniklinik angerufen und um ein Gespräch gebeten. Mir wurde signalisiert, dass das „sehr schwierig einzurichten" sei.

Dann habe ich Broder angerufen und Maria, beides mediale Menschen, die bei mir zunächst mal den HEILUNGSWEG in der Erkrankung auf körperlicher Ebene sehen. Beide riefen im Lauf des Tages zurück. Das tat einmal schon einfach als Gespräch gut, wo sofort wieder die Verbindung in der Stärke und im Licht spürbar wurde.

Und dann besorgte mir Broder die Adresse eines Heilpraktikers, der viel mit Krebspatienten arbeitet (dort habe ich Montag einen Termin) und Maria ist genau an diesem Wochenende in Köln, hat hier eine ebenfalls „mediale" Freundin und will da etwas arrangieren.

In all dem habe ich gestern selbst zwei Massagen gegeben – und fühlte mich vollkommen heil und gesund, sogar Heilsein vermittelnd. Später rief dann noch ein Freund an, mit dem ich mich gleich zu einem Kaffee treffe. Ich spürte, wie im Laufe des Tages die Angst verebbte, dass sie etwas Äußeres ist, das abfließen kann, wenn die eigene Mitte wieder spürbar wird.

13. Januar 2004

Gestern Morgen war ich beim Heilpraktiker – und er hat mir sehr gut gefallen. Ich hatte ihn Donnerstag angerufen, ihm auf Band gesprochen, er rief sofort am Freitag zurück, gab mir den Termin für Montag – hier klappte die Kommunikation.

Er ist der erste „reife Mensch" aus der heilenden Zunft, der mir in den letzten Wochen begegnet ist. DAS gibt Vertrauen. Dass ihm noch nie ein Fibrosarkom in seiner Praxis begegnet ist, änderte daran nichts. Ich habe mir auch sein Buch gekauft. Mir gefällt seine Sichtweise, dass Krebszellen zwar „Terroristen" sind, aber nur aus ihrer Umgebung heraus verstanden werden können, wie andere Terroristen auch. Sie lassen sich nicht durch eine „Achse des Bösartigen" vom gesunden Körper trennen und isoliert „besiegen" mit einem „Hau-drauf" à la George Bush. Warum sollten die Dinge auf Zellniveau anders funktionieren als sonst in der Welt?

So kann ich mich also einigermaßen gelassen operieren lassen und dann „den Rest", Körper und Seele, langsam und sanfter nachkommen lassen.

Noch einmal zurück zu meinem „dunklen Donnerstag". Maria, der ich ja in einem meiner SOS-Anrufe auf Band gesprochen hatte, rief abends zurück und sagte, dass sie am Wochenende in Köln sei. Wir könnten uns bei einer ebenfalls medialen Freundin von ihr treffen, eventuell eine Sitzung machen. Mir war alles recht. Ich habe mich total gefreut, Maria zu sprechen, zu sehen – und auch auf eine dicke Portion „geistige Welt".

Das war dann was...

Maria hatte mich vorgewarnt, Ninas Wohnung wäre sehr klein. Das war mir so egal – und doch war die Vorwarnung gut. Es war eine richtige Hexenhöhle. Eine Einraumwohnung mit dunkler Schrankwand, auf der keine Abstellfläche mehr frei war. Bücherregale bis unter die Decke, mehrreihig zugestellt mit Büchern über Astrologie, Engel, Bestellungen beim Universum, Chinesisches, Indisches, Christliches usw. usw. Und an den Wänden hing eine bunte Mischung von Engeln, Buddhas, esoterisch aussehenden Bildern und nicht näher einzuordnenden Fotos. Und genauso voll, wie die Wände von außen auf mich zukamen, füllte Nina den Raum mit ihrer kleinen, dicken und runden Figur und ihrem direkten bis grenzüberschreitenden Temperament aus. Wäre ich ihr allein begegnet, wäre ich sofort weggelaufen, so ein Antityp zu mir ist sie. Aber schon daran, dass ich die ganze Zeit beim Schreiben grinse, merke ich, dass sie ein wichtiges Element in der Mischung dieses Sonntags war.

Und auch in der Nina-aufgequirlten Atmosphäre war es einfach schön, Maria zu begegnen – und wir haben am Ende überhaupt keine „Sitzung" gemacht, was immer das gewesen wäre. Bei Kaffee und Kuchen sagte Maria plötzlich, welche „Wesen" im Raum wären. Und atmosphärisch konnte ich zustimmen.

Rückblickend, nachdem ich wieder ich selbst bin, war sogar die Erfahrung dieser dunklen Angstwellen gar nicht so schlecht. Noch nie habe ich so deutlich, so körperlich, ihr Kommen und Gehen, das weggezogen-Werden und wieder Landen erfahren. So funktioniert das also...

Nach all diesen Wehen, nachdem ich vom Heilpraktiker zurück war, habe ich übrigens dann doch endlich einen Arzt in der Uniklinik ans Telefon gekriegt und dringend um einen Gesprächstermin mit einem Oberarzt gebeten.

16. Januar 2004

Nach zwei Tagen Krankenhaus mit vielen Untersuchungen bin ich jetzt erst einmal wieder „zuhause", ziemlich platt von einer

Computer- und zwei Kernspintomographien. Die Diagnose hat sich auch noch geändert: vom Fibro- zum Liposarkom, was wohl günstiger ist.

Die OP ist nun – wie in Indien sage ich: voraussichtlich – nächsten Freitag. Dafür möchte ich jetzt erst noch einmal neu Kräfte sammeln. Die Untersuchungen und das Kämpfen und immer wieder Klarsein im Chaos der Großklinik haben mich müde gemacht. Ich will jetzt nicht anfangen, die vielen Ärgernisse aufzuzählen, stattdessen erwähnen, dass ich eine überflüssige Röntgenaufnahme verhindert habe und schließlich ein Gespräch mit einem Oberarzt hatte – nicht am Bett, sondern im Ärztezimmer. Immerhin.

19. Januar 2004

Nur ganz kurz: habe gerade mit der Klinik telefoniert: die OP ist schon am Donnerstag. Ich bin schon etwas nervös, aber doch im Ganzen und von innen zuversichtlich.

2. Februar 2004

Erst einmal nur in aller Kürze das Neueste: am 22. Januar wurde ich drei Stunden lang operiert, ein ca. zwei Fäuste großer Tumor mit einem Muskel wurden entfernt. Der Laborbefund ergab, dass die Tumorränder „sauber" sind – ich habe also keinen Krebs mehr. Der fehlende Muskel (Sartorius) ist mehr für Feinsteuerung und Führung zuständig, alle Grundfunktionen sind also noch da. Langsam und leicht schmerzhaft laufe ich auch schon wieder. Heute wurde ich entlassen. Um diese nackten Fakten gibt es noch viel, viel Erleben...

7. Februar 2004

Seit Montag bin ich wieder aus dem Krankenhaus raus – und fast nur müde und erschöpft. Am Dienstag bin ich in der ersten Euphorie gleich gelaufen, Straßenbahn und Auto gefahren – alles nur kurze Strecken normalerweise, aber für mich absolut zu viel. Abends hatte ich Kopfschmerzen und habe den nächsten Tag fast nur geschlafen. Auch Arzt- und Heilpraktikerbesuch habe ich abgesagt – ich wusste gar nicht, wie ich da hinkommen sollte. Ich merke erst jetzt, wie heilsam das Krankenhaus einen doch aus der gewichtigen Alltagsenergie heraushält – so fragwürdig es auch in so vielem ist.

Ich weiß gar nicht, ob das jetzt körperliche Erschöpfung ist, nach einer Operation, oder seelische, nach all der Anspannung und Ungewissheit vorher, oder energetische, bei all dem, was sich da in mir in dieser Situation transformiert und geklärt hat. Irgendeine Kombination wahrscheinlich.

Richtige Schmerzen habe ich nicht, nur es zieht und zwickt, ist überempfindlich oder taub in einer mir fremden Weise. Mein ansonsten ja geübtes Körperbewusstsein hilft mir da nicht sehr viel. Nur so viel habe ich herausgespürt: weiche, sanft-kräftige, langsam rhythmische Berührung durch beide Hände tut gut, nie auf den Punkt, sondern immer auf das, was zwischen den Händen liegt gerichtet.

Für nächste Woche organisiere ich mir einen Fahrdienst zu den Arztbesuchen, vielleicht beginnt ja dann auch schon vorsichtige Physiotherapie. Ich selbst habe da keinen Aktivitätstrieb, möchte meinem verwirrten Bein erst einmal hauptsächlich Ruhe gönnen. Nicht Bettruhe – ich mache die nötigen Gänge im Haus, steige Treppen und gehe jeden Tag mindestens eine halbe Stunde draußen. Heute treffe ich mich mit Freunden in einem Café – das ist ein echtes Ausflugs-Highlight.

9. Februar 2004

Es war eben doch Krebs – ein Liposarkom, aber trotz seiner Größe (ca. zwei Fäuste dick) glücklicherweise erst im Anfangsstadium. Keine Infiltration des Nachbargewebes, keine Metastasen.

Vom ersten Verdacht bis zur Diagnosestellung vergingen fünf angespannte Wochen, in denen ich aber auch erfahren habe, dass langes Training in Spürbewusstsein im Ernstfall wirklich hilft. Am 21. Januar, dem Jahrestag meines ersten Abfluges nach Indien, ging ich dann wieder ins Krankenhaus, am 22. wurde ich drei Stunden lang operiert, neben dem Tumor wurde mir ein kompletter Muskel entfernt. Es sind aber noch genügend übrig geblieben, die mit Physiotherapie wohl lernen, die fehlenden Funktionen mit zu übernehmen. Immerhin laufe ich schon wieder – *adagio molto!*

Ich war schon etwas nervös, als ich nach der OP das erste Mal mein Bein anschaute – niemand konnte mir ja vorher sagen, wie viel genau man wegnehmen musste – und ich war doch sehr erleichtert. Schönheitskönigin werde ich mit der ca. 22cm langen Narbe nicht mehr werden – aber sie könnte ja wie bei Harry Potter ein Zeichen werden, dass ich aus einer großen Bedrohung gestärkt hervorgegangen bin? Der histologische Befund nach der OP sagte jedenfalls, dass die Ränder des Tumors alle gesund sind. So kann ich mich also als geheilt betrachten, muss mich jetzt „nur noch" von den Folgen der Therapie erholen. Aber ich bin so HEILFROH, dass die Worte Bestrahlung und Chemotherapie im Vorfeld zwar hin und wieder fielen, aber selbst von der Schulmedizin als nicht nötig angesehen wurden.

Weitere Zukunftsplanung stelle ich jetzt noch zurück, muss erst einmal wieder zu Kräften, auf die Beine und in Bewegung kommen. Bis dahin bleibe ich erst mal noch in Köln.

10. Februar 2004

Das hat sich ja sicher schon lange im Verborgenen vorbereitet, doch für mich waren es vier Monate, seit ich die Schwellung das erste Mal bemerkt habe, zwei Monate, die ich mit dem Verdacht und dann mit der Diagnose Krebs gelebt habe. Es war eine sehr intensive - und auch eine GUTE Zeit. Erstaunlicherweise. Ich habe die Zeit der Ungewissheit überwiegend mit einer wachen Gelassenheit, oft sogar Heiterkeit durchlebt. Indien, wo auch immer alles anders kommt als man es plant, war da ein gutes Training.

Und ich war so froh, dass ich nicht sozusagen auf der Orgelbank erkrankt bin, sondern dass ich aus der Fülle von Erlebnissen, aus der Freiheit der Reisezeit mit dieser neuen Herausforderung konfrontiert war.

Wirkliche Zukunftsplanung mache ich im Moment noch nicht. Im Dezember, kurz bevor der Krebsverdacht aufkam, hatte ich beschlossen, Anfang 2004 nach Berlin zu ziehen. Das möchte ich immer noch, doch im Moment ist daran nicht zu denken. Und so genieße ich weiterhin dankbar die großzügige Gastfreundschaft einer Freundin, nicht weit von meiner Schwester – ich habe in Köln ein ganz gutes Beziehungsnetz. Und doch möchte ich nicht ganz hier bleiben, denn es ist die Stadt von Kindheit und Jugend, und ich möchte nirgendwohin „zurück" kehren.

Sobald ich wieder einigermaßen laufen konnte, habe ich mich in Berlin auf Wohnungssuche begeben und bin im Mai nach Schöneberg gezogen. Als Balance in meiner völlig offenen Lebenssituation (kein Einkommen, keine Erfahrung im Aufbau einer freiberuflichen Existenz aus dem Nichts) habe ich mir eine Yogaschule gesucht, um die in Indien liebgewonnene Praxis von Körperübungen, Meditation und Philosophie fortzusetzen.

Dritte Indienreise

Einstimmung

Berlin

5. September 2004

Ein Traum – ungefähr eine Woche alt:

Ich bin zu Besuch in einem Krankenzimmer. Ein Mädchen, ca. acht, neun Jahre alt, liegt im Bett, der Vater sitzt daneben, ich bin gerade dabei, mich zu verabschieden. Der Vater sagt zu mir: „Dann sehen wir uns wohl in anderthalb Jahren in der Kardiologie in Essen" – schaut mir dann ganz direkt in die Augen – „denn so weit sind wir jetzt". Ich weiß, dass damit gemeint ist, dass das Mädchen unheilbar krank ist, sterben muss, dass ihm aber jetzt, solange es noch lebt, in einer Operation das Herz entnommen wird, das dann einem anderen Menschen eingesetzt wird. Der Termin „in anderthalb Jahren" ist dann die Begegnung mit dem Menschen, der das neue Herz bekommen hat. Im Traum ist mir klar, dass das Mädchen durch diese Herzentnahme getötet wird, das ist eine ernste Entscheidung – doch sie hat nichts moralisch Verwerfliches. Ich schaue mir das Mädchen noch einmal an: wohl liegt es flach, hat aber ein rundes, volles, rosiges Gesicht, einen klaren Blick – am Hinterkopf sehe ich eine Eindellung, vielleicht die Spur einer früheren Operation. Ein Tumor?

Ich war ja schon bei der Verabschiedung, gehe nun wirklich und frage das Mädchen, ob sie das „Namaste", die indische Begrüßungsgeste, kennt. Sie lächelt und führt, da sie ja liegt, die aneinander gelegten Hände zum Gesicht. Auch der Vater macht mit, und so verabschieden wir uns im Kreis voneinander.

Jetzt, während ich schreibe, erinnere ich mich natürlich schon, dass ich vor einem guten halben Jahr mit einem Tumor im Krankenhaus lag – doch das ist mehr eine Assoziation an der Oberfläche. Als ich wach wurde aus dem Traum war ich durch anderes berührt. Es war weniger, dass „jemand" starb, eher starb „etwas", das reif war zu sterben. Das Gefühl war eher „endlich kann das sterben", Erleichterung. Und das gesunde Herz wird frei.

Schön war auch die Verbindung, der wissende und wirklich sehende Augenkontakt zwischen uns, die Verbindung zu zweit und zu dritt.

24. September 2004

Synchron zu meinem Entschluss, mich von der Kirche zu trennen, genieße ich eine erste zarte „Promiskuität" in verschiedene spirituelle Richtungen: Dienstag war ich auf einem Info-Abend über energetisches Feng Shui – nicht weil ich mich so brennend für Feng Shui interessiere, ich war einfach neugierig. So saß ich dort und meditierte mit Blick auf Sai Baba, Babaji, Jesus, und einen „hausinternen" Guru. Es wurde von Herzen, aber etwas falsch gesungen.

Am Mittwoch bin ich nach meiner Yogastunde noch zum Satsang im Yogazentrum gegangen: hier zu Ehren der Gurus Sivananda und Vishnudevananda, nebst einiger indischer Götter, aber auch Buddha, Jesus, Moses, Mohammed und Guru Nanak, der Guru der Sikhs, kamen vor. Hier hörte ich mich zu meinem eigenen Erstaunen „Hare Krishna" singen, während der Harmoniumspieler etwas in den Tonarten herumsuchte...

Und gestern habe ich einen Satsang von Samarpan besucht – ein Amerikaner, über den ich gelesen hatte. Dort gab es richtig gute Musikbegleitung, und ich habe mit wirklichem Vergnügen in unzähligen Wiederholungen „Hare Rama, Hare Krishna" gesungen – unter den Fotos von Osho, Ramana Maharshi, Ganagaji, Jesus und einem mir unbekannten Guru. Dann konnte man sich mit Fragen zu Samarpan setzen, der in verschiedenen Facetten immer wieder sinngemäß sagte: Achtsamkeit, dieser Moment jetzt, Liebe. Mehr gibt es nicht. Manches in mir wehrt sich ein bisschen – ist das nicht zu einfach? Doch etwas sagt auch: es ist vielleicht wirklich so einfach.

Ich nehme diese religiösen Exkursionen nicht zu ernst, sie geben mir aber ein belebendes Gefühl, das mir Vergnügen macht. Und ich spüre, dass es eine gute Übung ist, meinen Humor in der Schwebe zu halten. Ihn mitzunehmen ins Geschehen, aber mich nicht in den Beobachterabstand herauszulachen, ihn warm und flüssig zu halten. *"Humid"*, wie der Name ja schon sagt. Denn natürlich gibt es, wie in allen therapeutischen und spirituellen Gruppen, tatsächlich immer wieder Amüsantes: z.B. eine Frau, die ihr Sitzkissen zurechtrückt, um auf einem guten Platz aus der Ego-Fixierung in liebevolle Allverbundenheit übergehen zu können, dabei aber, während sie noch steht, der hinter ihr sitzenden Frau ihren Hintern direkt vor die Nase hält. Ihre Achtsamkeit reicht wohl noch nicht bis zur Körperrückseite...

Dann möchte ich noch von einem Abend im Yogazentrum erzählen. Ich fühlte mich körperlich wohl nach den Übungen, fand die Ruhe und Stille bei der anschließenden Meditation sehr selbstverständlich und natürlich, und dann sprach, als Teil des Satsangs, der Leiter des Zentrums über Indien. Ich fand es so schön, wie er humorvoll, liebevoll ein Bild dieses Landes malte, das ich sehr wiedererkannte. Als ich hörte dass eine Gruppe von Yogaleuten aus ganz Europa im November für zwei Wochen nach Nordindien fliegt, bekam ich plötzlich so eine Lust, mitzukommen. Es ist natürlich Wahnsinn und kostet wieder viel Geld – aber der Gedanke, das wirklich zu tun, weckte so eine Freude in mir, dass ich geneigt bin, dieser Freude zu folgen.

Es ist noch nichts entschieden, die Gruppe ist schon ziemlich voll, ich muss dann noch nach Flügen schauen – aber ich glaube, wenn es von daher geht, dann tu ich's. Ich denke mal, dass ich dann noch zwei Wochen davor oder danach anhänge, um noch mal in Ruhe nach Rishikesh zu kommen, oder in den warmen Süden, whatever. Möglicherweise werde ich ja auch Gulam noch einmal sehen – das kann eine Freude sein, oder auch nicht – jedenfalls kommt die tiefe Freude, vielleicht bald wieder in Indien zu sein, aus anderen Schichten.

14. Oktober 2004

Vom vergangenen Wochenende an hatte meine Yogaschule einen indischen Musiker-Swami für fünf Tage zu Gast, der Sonntag ein Konzert gab und an den folgenden Abenden aus den Narada Bhakti Sutren las, diese erläuterte, dazwischen immer wieder sang. Das hat mich sehr beeindruckt und berührt. Bhakti Yoga ist ja das Yoga der Hingabe. Hingabe an Gott, an das eigene Göttliche, an Natur und andere Lebewesen, weil sie vom eigenen Wesen ungetrennt sind, Hingabe im Klang und an den Klang. Der Mann selbst sah aus wie ein Verwaltungsbeamter, der, etwas mollig und gelbgewandet, im Schneidersitz auf dem vom Yogazentrum in indischer Weise aufgebauten Thron saß. Zu Beginn jedes Abends wickelte er zwei Fotos aus Tüchern aus und stellte sie vor sich auf – seine Gurus wahrscheinlich. Dann nahm er die Brille ab und begann, begleitet von einigen Musikern, seine Ragas und Chants zu singen. Äußerlich verwandelte sein Ausdruck sich kaum. Doch es gab so viel von innen kommende Bewegung in der musikalischen, rhythmischen Energie. Und irgendwie strahlte das auch durch seinen scheinbar völlig unberührten Körper hindurch. Er wirkte in all seiner Fülle leicht, weich, sich einfach zur Verfügung stellend. Schön.

Hätte ich mich nur ein bisschen außerhalb dieses Geschehens gestellt, hätte ich ziemlich vieles komisch finden können. Auch in dem, was er sagte. Denn wenn es z.B. um Hingabe an den Guru geht, wird's ja für uns immer ein bisschen anstrengend. Doch es ist mir gelungen, mich im Zuhören in einem halb schwebenden Zustand zu halten, nicht aus der Berührung durch die Musik auszusteigen, die Worte darin mitschwingen zu lassen. Und dann war das, was am intensivsten schwang, immer wieder HINGABE und LIEBE. Und indem ich mich selbst darin mitschwingen ließ, spürte ich, dass die Hingabe, zu der ich eingeladen bin, eine mir entsprechende Hingabe sein wird. Keine Imitation anderer, z.B. indischer Hingabe.

Das war schön, dieser Zustand zwischen Kopf und Herz. Erleichtert durch das für den Verstand unverständliche Sanskrit, durch die fremde Art des Singens, schleifend zwischen den für uns üblichen

Tönen. Und doch auch hörbar unsere Musik, nicht nur exotisch fremd. Ich hab danach einen sehr schönen Traum gehabt:

In diesem Traum hatte ich auch so ein Konzert gehört, daran anschließend habe ich einen Stimmkurs gegeben, mit den üblichen deutschen Teilnehmern. Einige der indischen Musiker schauten zu, erstaunt und fasziniert durch unsere so ganz andere Unterrichtsweise: vom Individuum aus. Ich fragte einen der Musiker, ob er das auch einmal ausprobieren wollte. Neugierig und etwas schüchtern sagte er ja. Sofort merkte ich, wie anders die Unterrichtsbeziehung mit ihm war. Eingebunden in die Ordnungen von Familie, Guru, Kaste etc. hatte er viel weniger Ego-Probleme als die Europäer, keine Profilierungs- und Versagensängste. Doch für die individuelle Ansprache war er dadurch auch sehr ungeschützt, sehr unschuldig und offen. So wie er da war, verstärkte er in mir noch einmal die sowieso noch nachschwingende schwebende Stimmung aus dem Konzert, und ich spürte, dass ich ihm nur so begegnen konnte. Doch dann ging ich in dieser Stimmung vor wie sonst, ließ ihn ganz frei singen, losgelöst von Ragas, seinen festgefügten Ordnungen, berührte ihn auch, legte ihm die Hand auf den Rücken, um seinen persönlichen Klang zu unterstützen. Es war wunderschön – und er staunte, wie berührend auch dieses Neuland des Individuellen sein kann.

Seltsam, wenn ich das so aufschreibe, ist es fast, als hätte ich all das wirklich erlebt, als hätte dieser Unterricht stattgefunden.

10. November 2004

Es geht mir wieder besser, das Antibiotikum hat angeschlagen, die Mandelentzündung klingt ab, und der Gedanke, in wenigen Tagen ins Chaos von Delhi einzutauchen, versetzt mich nicht mehr in blanke Panik. Und doch ist alles noch unwirklich. Die Erinnerung an die zurückliegenden Indienerlebnisse ist noch so lebendig, dass scheinbar noch gar kein Raum für Neues ist. Doch das wird sich alles schon von selbst ergeben. Im Moment freue ich mich mit am meisten darauf, hoffentlich meinem alten Swami - Yogalehrer noch einmal zu begegnen.

Und Gulam? Mal sehen. Doch, ich freue mich auch auf ihn. Bin einfach gespannt, wie es mir in der persönlichen Begegnung gehen wird. Im Moment bin ich mir keiner Erwartungen bewusst – ich lasse mich überraschen.

Indien

14. November bis 14. Dezember 2004

Rishikesh

17. November 2004

Im Moment bewegen mich *very mixed feelings*. Gulam war natürlich nicht in Delhi, in der Zeitung las ich, dass am Tag vor meiner Ankunft das Ende des Ramadan war, ein großes Fest, das Kaschmiris am liebsten in Kaschmir feiern. Aber das hätte er mir natürlich sagen können...

Inzwischen habe ich ihn am Telefon gesprochen, die nächste Verabredung ist kommende Woche in Delhi, und ich merke einfach, dass ich diese Begegnung möchte und nicht vorher endgültig loslassen will.

18. November 2004

Das Gulam-lose Delhi habe ich noch am Abend meiner frühmorgendlichen Ankunft verlassen und bin jetzt in Rishikesh. Ich habe drei Vormittage Yoga beim alten Swami gemacht – es war schön, ihn wiederzusehen, und doch passt es nicht mehr richtig. Ich bin einfach nicht dafür gemacht, widerspruchslos Lehrer zu verehren...

So liegen viele Abschiede in der Luft, was mich etwas wehmütig stimmt. Doch welcher Ort ist besser für solche Gefühle als Indien, wo ich das, was in mir hin und her fließt, in allem, was um mich herum ist, wiederfinde.

Vorgestern habe ich in wunderbarer Nachmittagssonne eine Stunde lang am Ganges gesessen – nicht da, wo es ruhig ist, sondern mitten im Menschenstrudel: vor mir floss der Ganges, der bunte Strom der Saris und Saddhus bewegte sich in beiden Richtungen über die *Ramjhula Bridge*, alle möglichen Kleinunternehmer kamen an mir vorbei und boten mir Waren aus ihren Bauchläden an – ich habe schließlich ein Stempelset für meine Nichte gekauft und irgendwelche Teigkügelchen, um die Gangesfische zu füttern und damit wahrscheinlich mein Karma aufzubessern. Im Hintergrund hörte ich die musikalische Mischung von Konservenmusik aus einem Musikladen und den live-Gesängen aus einem Tempel. Irgendwann musste ich eine Kuh durchlassen und zwischen mir und dem Ganges schaute ich dem Ritual des Pilger-Familienfotos vor dem Hintergrund des heiligen Flusses zu. Reich oder arm, alle machten in genau der gleichen Haltung mit gleichem Gesichtsausdruck die gleichen Fotos.

Je besser ich Indien kenne, desto rätselhafter wird es mir gleichzeitig. Was geht in diesen Köpfen eigentlich vor? Die fraglose Einbindung in Religion und Familie ist so sichtbar, so tief. Eine Idee, wie aus der Kirche (oder aus der Familie) austreten, ist in dieser Welt undenkbar.

Und was sind denn eigentlich diese wunderbaren Begegnungen in Indien? Während ich da am Ganges saß, wurde ich verschiedentlich mit ins Bild genommen. Einmal sollte ich ein knapp zweijähriges Kind auf dem Schoß halten, das das widerspruchslos, wenn auch nicht gerade begeistert, mit sich machen ließ. Fast jedes Kind zuhause wäre schon Individuum genug, um sich dagegen zu wehren. Dann machten drei Teenager-Jungen umschichtig ein Foto mit mir, dabei wurde ein brandneuer Reebokgürtel rumgereicht, der als Fotomotiv ebenso wichtig war wie ich. *So strange...* Auf allen Fotos habe ich meine Sonnenbrille aufbehalten und hatte auch das Gefühl, dass mein unbedecktes Gesicht nicht wirklich wichtig war. Was sehen all diese freundlichen, immer wieder Kontakt suchenden Leute wohl in mir?

In der Endentspannung beim Yoga heute Morgen, wo meine Gedanken leider wieder fleißig spazieren gingen, kam dann aber ein Bild, das mir gefiel. Ich habe das Gefühl, dass ich beim Blick auf Menschen hier nicht so sehr die äußere Hülle sehe – Haus, Auto, Kleidung, Haut, Gesichtsausdruck – es ist eher so wie bei Filmaufnahmen aus dem lebenden menschlichen Körper: man sieht den Herzschlag, den Fluss des Blutes, die Bewegungen des Darms, der Zunge, die Arbeit der Muskeln oder noch tiefer innen das Leben in der Zelle. Alles sehr bunt, warm, dynamisch. Und auf dieser Ebene kann ich überhaupt nicht unterscheiden, ob jemand indisch ist oder deutsch, Mann oder Frau, gut oder böse. Es ist alles schön. Auch ich mache da keinen Unterschied. In mir sind die gleichen Farben, Temperaturen, Bewegungen. Das ist für mich eine der besonderen Qualitäten Indiens: es ist so durchscheinend für alles, was sich bewegt. Und es hört ja nicht auf bei der äußeren Begrenzung des einzelnen Menschen. Die Bewegung geht durch Familien, Pilgergruppen, den Ganges, Jahres- und Festzeiten, den Straßenverkehr – und der Touristenstrom ist auch eine kleine Teilströmung des Ganzen. Das wieder zu erfahren tut sehr, sehr gut.

20. November 2004

Nach drei Tagen eher gemütlichem Yoga bei dem alten Swami, habe ich heute Vormittag die dritte Stunde bei Pankaj, dem jungen, wunderbaren Lehrer, gehabt – aber auf einem Niveau, das für mich *pretty advanced* ist. Ich tröste mich etwas damit, dass ich fünfzehn bis zwanzig Jahre älter bin als der Rest der Gruppe. Es ist jedenfalls enorm wohltuend für Körper und Geist (zumindest anschließend), und mein kleines Ego-Seelchen kann sich darin üben, damit zu leben, nicht wirklich gut in etwas zu sein und sich doch nicht davon runterziehen zu lassen.

Es wäre sicher gut, einen vollen Zehntageskurs zu machen, aber da ich diesmal nicht nur bekannte Plätze besuchen wollte, auch etwas Neues sehen, bleibt dafür keine Zeit. So fahre ich morgen Nacht nach Amritsar in Punjab, nördlich von Delhi, um den *Golden Temple* der Sikhs zu sehen. Auch darauf freue ich mich – doch habe ich auf dieser Reise erstmals das Gefühl, einen Terminkalender zu haben. Ich habe nicht so viel Zeit, und die muss ich vorausschauend einteilen. Sehr unindisch. Aber auch wieder eine Erfahrung.

Hier in Rishikesh ist gerade Pilgersaison. Hunderte oder Tausende von Menschen kommen Tag für Tag an den Ganges und zu einigen Tempeln. Wenn sie ihre Erinnerungsfotos machen, ist es schon vielen ein besonderes Vergnügen gewesen, mich mit aufs Bild zu nehmen. Und wieder und wieder berührt mich die strahlende Herzlichkeit, in der das geschieht.

21. November 2004

Jetzt ist schon die erste meiner vier Indienwochen um – die Zeit rast nur so. Ich genieße es, hier am Totensonntag im T-Shirt und barfuß in Sandalen herum zu laufen, genieße wieder die Farben, das bunte Bild der Saris, Kühe, des Ganges, der Teehändler mit ihren fahrbaren Küchen – alles fließt weich umeinander herum, wenn auch oft laut und stinkend.

Die Absurditäten Indiens konnte ich bisher mit Heiterkeit nehmen, z.B. die Lust an den eigenen Körpergeräuschen. Mitten im Gespräch wird manchmal herzhaft gerülpst, und im Hof des Hotels, wo ich Yoga gemacht habe, überließ sich jeden Morgen und Abend ein Mann mit ganzer Hingabe einer Kombination aus Husten, Rotzen und Kotzen. Unter voller Klangentfaltung.

Ein kleines Unwohlsein bereitet mir das Gefühl des Zeitdrucks, weil ich diesmal nicht nach spontanem Gefühl bleiben oder weiterziehen kann (oder mir das zumindest einbilde). So verlasse ich heute schon wieder einen Yogalehrer, zu dem ich für zweieinhalb Tage zurückgekehrt bin und bedaure das sehr. Im Moment habe ich auch gar nicht so große Lust auf das Reisen mit einer Gruppe in einer Woche – und doch hat mich ja genau dieses Angebot überhaupt erst nach Indien gebracht. So spüre ich also in den äußeren Falten meiner Großhirnrinde immer wieder eine gewisse Ambivalenz: was ist jetzt richtig, oder wäre richtiger gewesen? Doch darunter trägt dann doch das Gefühl, dass alles richtig ist, dass irgendetwas hier mir durch und durch gut tut, dass eine Saite in mir zum Klingen kommt, in deren Klang ich mich sehr zuhause fühle.

Amritsar/Punjab

22. November 2004

Nach einer zwölfstündigen Zugfahrt bin ich heute Morgen in Amritsar angekommen, wo der berühmte Goldene Tempel der Sikhs steht (dort fand 1919 das Massaker statt, das auch im Gandhi-Film vorkommt). Die Stadt selbst ist entsetzlich (bzw. ganz normal) dreckig, laut, chaotisch. Der Tempelbezirk dann sehr ruhig, sauber, wirklich schön. Aber man bekommt hier eben das Schöne nicht ohne den Müll. Gleich werde ich wieder zum Tempel gehen, den Tausenden von Indern in Turbanen und Saris zuschauen, die sich um den Zentraltempel bewegen, sich verbeugen, im Tempelsee baden. Dann werde ich wohl noch mal an der Gratisspeisung für Pilger teilnehmen: man holt sich einen Metallteller, Löffel, setzt sich in einem großen Raum auf lange Bastläufer und wartet, dass jemand einem Chapatis gibt oder hinwirft und anschließend aus einem Eimer eine Kelle Dal auf den Teller schöpft. Dann steht man auf, gibt das schmutzige Geschirr ab – fertig.

So wie ich die Religion der Sikhs bisher verstanden habe, begann sie mit Guru Nanak, der um 1500 herum (Reformationszeit) einen Versuch unternahm, wenigstens zwei Religionen zu entschlacken und zu versöhnen. *"There is no Hindu and no Musalman"*, hat er wohl in einem Erleuchtungsmoment gesagt, hat Kleidung aus beiden Traditionen getragen, was eine Einordnung schwierig machte – und hat sich nicht nur Freunde damit gemacht. Heute sind die Sikhs die, die man als erstes am Äußeren erkennt – der typische Turban eben.

Delhi

25. November 2004

an Fabian, Judith und David

Ich werde euch mal meine neuesten Abenteuer erzählen. Heute Morgen im Aufwachen sah ich doch tatsächlich eine kleine, daumengroße Maus über mein Bett laufen! Erst dachte ich ja, ich wäre noch halb im Traum und hätte aus einem Riss im Betttuch nicht einen Elefanten, sondern eine Maus gemacht – doch dann kam mir der „Riss" aus einer anderen Ecke entgegenspaziert. Ich habe einen zarten Mäuseschrei ausgestoßen, irgendwann lief die Maus unter der Tür durch in den Flur, und was soll ich tun? Das Hotelzimmer ist eigentlich „indisch sauber", ich habe warmes Wasser, kann ein Fenster öffnen – warum also das Hotel wechseln? Aber ein bisschen unheimlich ist mir schon...

Doch nun zu den Turbanen. Anfang der Woche war ich ja zwei Tage in Amritsar. Dort steht der *Golden Temple*, das Heiligtum der Sikh-Religion. Manchmal sieht man Sikhs auch in Deutschland. Die Männer tragen immer einen Turban und haben einen Bart, Jungen haben manchmal die langen Haare zu einem Knoten auf dem Kopf zusammengebunden und tragen darüber eine spezielle Mütze.

Der zentrale Tempel ist ein Haus, dessen Erdgeschoss aus verziertem Marmor gebaut ist, die beiden Obergeschosse sind vollkommen mit Gold überzogen. Das Haus liegt in der Mitte eines viereckigen Teiches und ist über einen Steg mit dem Ufer verbunden. Es sieht sehr schön aus, wie sich das Gold im Wasser spiegelt. Ich bin dann einfach mal dem Menschenstrom gefolgt. Auf dem Weg zu dieser goldenen Insel konnte man für ein paar Rupien eine süße Matsche in einem aus Blättern gepressten Schälchen kaufen. Davon wurde einem dann am Eingang gleich die Hälfte wieder abgenommen und auf eine große Schale geschaufelt. Drinnen verbeugten sich dann alle vor dem heiligen Buch der Sikhs, das habe ich auch gemacht. Dann konnte man einfach nur weitergehen oder sich hinsetzen und der Musik zuhören, die dort den ganzen Tag über von bärtigen Männern gemacht wird. Das habe ich dann getan. Am Ausgang bekam ich dann noch mal einer Portion süße Matsche aus der großen Schale. Die bekam ich aber nur, wenn ich dazu beide Hände aufhielt, wie mir der Verteiler in Zeichensprache zeigte.

Fast noch beeindruckender als der Tempelbesuch war aber die Pilgerspeisung. Der Gründer der Sikhs, Guru Nanak, fand es wichtig, dass alle Leute seine Tempel besuchen konnten – Männer und Frauen, Sikhs und nicht-Sikhs, Arme und Reiche. Nur ein Unterschied sollte nicht bestehen: Hungrige und Satte. Deshalb ließ er Küchen einrichten, wo freiwillige Helfer den ganzen Tag über kostenlose Mahlzeiten herstellen und verteilen. Da ich mit dem Nachtzug gekommen war und noch nicht gefrühstückt hatte, traf sich das für mich natürlich gut. Ich ließ mich wieder vom Strom der Pilger mittreiben, bekam einen Metallteller, ein Schälchen und einen Löffel in die Hand gedrückt. Der Weg führte dann in einen Saal, groß wie eine Turnhalle, wo in vielen Reihen Bastteppiche ausgelegt waren. Man setzt sich im Schneidersitz auf den nächsten freien Platz und wartet dann, bis das Essen verteilt wird. Auch da gibt es ein paar Spielregeln, die mir von meinen indischen Nachbarn gezeigt wurden. Man muss im Schneidersitz sitzen, darf kein Bein aufstellen, wie ich das einmal gemacht hatte. Als dann die Chapatis verteilt wurden – eine Art Fladenbrot – streckte ich meine Hand aus, um sie entgegenzunehmen. Aber nein – wieder musste ich beide Hände aufhalten, um dann die Chapatis aufzufangen, denn sie werden einem zugeworfen. Dazu gibt es dann Dal, eine Linsen-Gemüsesoße – sie wird aus Eimern geschöpft und hat jeden Tag einen etwas anderen Geschmack. Einmal gab es auch noch Reis, den bekam ich mit den Fingern serviert. Wenn man wollte, gab es auch Nachschlag. Wenn man fertig ist, steht man auf, nimmt sein Geschirr mit, gibt es am Ausgang ab und kann sehen und hören, wie unter großem Geklapper abgespült wird. Und es saßen auch schon wieder Leute da, die Gemüse für die nächste Mahlzeit schnitten. Das Ganze war nicht nur spannend und abenteuerlich – es hat mir auch sehr gut geschmeckt und mich wirklich die zwei Tage gut gesättigt.

Mit vollem Bauch – denn ich hatte ja auch noch die süße Matsche gegessen – habe ich mich, an eine Säule gelehnt, an den Rand des

Tempelteiches gesetzt und die vielen Turbane und Saris an mir vorbeiziehen lassen – viele dieser bunt und fremd gekleideten Leute haben mir freundlich zugewinkt. Man hört über Lautsprecher die Musik aus dem Tempel und kann zuschauen, wie alte und junge, dicke und dünne Männer sich bis auf die Unterhose ausziehen, ihre Schwerter ablegen – ach ja, das habe ich vergessen zu erzählen: ein echter Sikh trägt immer ein Schwert bei sich – in den Teich steigen und betend untertauchen. Tropfend kommen sie heraus und ziehen sich mit einer geschickten Handtuchtechnik sittsam wieder an.

Dann gab es da noch ein Museum – ich glaube, es hätte David gefallen. Die Sikhs sind ziemlich heftig verfolgt worden und es gab viele bunte Ölgemälde, in denen z.B. gezeigt wurde, wie ein Sikh – mit Turban – lebendig gekocht wurde. Ein anderer hielt seinen abgeschlagenen Kopf in der Hand, kämpfte aber weiter, ein dritter wurde in dem Moment gemalt, wo er, auf dem Pferd sitzend, von oben bis unten in eine rechte und eine linke Hälfte zersäbelt wurde. Das Pferd war noch heil. Naja, irgendwann waren es mir dann zu viele kaputte bärtige Männer, und ich bin gegangen.

26. November 2004

Heute Morgen wurde ich um halb sieben von einem Geburtstagsumzug für Guru Nanak, den Gründer der Sikhs (und Zeitgenosse Luthers) geweckt: ein Auto mit lautsprecherverstärkten frommen Gesängen, singende Männer in Turbanen oder mit Kopftüchern, Explosionen – oder eher Detonationen – von Feuerwerkskörpern. Da dieses Hotel hier in Delhi von Sikhs geführt wird, lag dann auch gleich die entsprechende Erbauungsliteratur aus, ich hab sie aber noch nicht gelesen.

Dieser Guru Nanak muss übrigens ein rechter Schelm gewesen sein. Als Hindu geboren, hat er sich geweigert, sich sozusagen als Hindu konfirmieren zu lassen, hat vielmehr das Gespräch mit den Sufis der muslimischen Kultur gesucht und hatte niemals vor, eine eigene Religion zu gründen. Mit einem muslimischen Begleiter ist er zu den Wallfahrtsstätten der Hindus und Moslems gereist und hat seine Botschaft der Versöhnung gesungen, was ihn den Theologen beider

Fraktionen verdächtig machte, hat sich so gekleidet, dass man nie genau wusste, zu welcher Partei er eigentlich gehörte. Als er starb, stritten sich die Anhänger, was man nun mit dem toten Leib machen solle: ihn muslimisch begraben oder hinduistisch verbrennen? Jemand schlug vor, den Leichnam mit Blumen zu bedecken, die eine Körperseite muslimische, die andere hinduistische Blumen (die Blumen stammten natürlich aus derselben Mutter Erde). Und dann wolle man am nächsten Morgen sehen, welche Blumen frischer seien. Nun, alle Blumen waren frisch, und als man sie ratlos vom Leichnam wegnahm, war da kein Körper mehr, sondern nur noch Blumen. Ein Schelm eben, noch im Tode.

Ich hab mich ein bisschen mit dieser Geschichte beschäftigt, weil ich Anfang der Woche für zwei Tage in Amritsar war, wo der *Golden Temple*, das Hauptheiligtum der Sikhs liegt. Dort haben auch 1919 die Briten und 1984 Indira Gandhi blutige Gemetzel veranstaltet, weshalb Indira Gandhi ja von ihrem Sikh Leibwächter ermordet wurde, was wieder zu blutigen Übergriffen von Hindus an Sikhs führte. Das hat alles so wenig mit der Figur des freundlich liebevoll anarchistischen Guru Nanak zu tun.

Dies ist mein letzter Tag des Alleinreisens, morgen treffe ich meine Yogagruppe – bin im Moment aber noch gar nicht so scharf auf Gruppenleben. Ansonsten geht es mir, trotz einer blöden Erkältung, gut.

Vrindavan

5. Dezember 2004

Ich und mein Ashramleben ...

Schon bevor ich die Yogagruppe traf, hatte ich mich etwas erkältet, das wurde dann so heftig, dass ich drei Tage im Bett gelegen habe und von einem indischen Arzt noch mal Antibiotika verschrieben bekommen habe. Ich wurde gut versorgt und hörte aus dem Bett die vielen OMs, Mantren, Chants der Yogagruppe und fühlte mich befremdlich an kirchliche Freizeiten mit ihren dauernden Kanons erinnert...

Ich hatte ja erwartet, eine Reise mit spirituell Interessierten zu machen – aber ich war unter lauter Gläubigen, darunter 14 Swamis und werdende Swamis. Da habe ich eine Kirche verlassen und stolpere gleich in die nächste.

So habe ich mich auch entschieden, den zweiten Teil der Gruppenreise nicht mitzumachen, sondern die verbleibende Woche allein für mich die vielen Eindrücke zu verarbeiten.

Denn wenn die fromme und hochzölibatäre Atmosphäre in der Yogagruppe auch etwas anstrengend war – toll, toll, toll waren die täglichen drei Stunden „Katha", Gesänge und Lesungen aus dem Srimat Bhagavatam, Bhakti-Yoga-Geschichten über Krishna. Das, was ich in gekürzter Form auch in Berlin gehört hatte. Doch hier hatten die Schwingungen energetisch noch drei Oktaven mehr Umfang nach oben und unten.

Für jeden Tag war die Halle anders dekoriert in einer Fülle und Liebe bis ins letzte Detail – unglaublich. Gestern Abend wurde ein symbolisches Holi-Fest gefeiert, und dabei wurden eine halbe Stunde lang Körbe und Körbe von Blütenblättern über den Altarfiguren von Krishna und Radha ausgeschüttet. Fülle, Fülle, Fülle.

Ein Paar in der Gruppe hatte ein ca. 15 Monate altes Kind dabei, das im Lauf des Abends eingeschlafen ist. Sie haben es dann nach Ende der Feier schlafend auf die Wolke von Blütenblättern gelegt, um es so zu fotografieren. Man kann sagen: total kitschig – doch ich fand diesen Anblick so schön. Liebe, Fülle, Einfachheit – das kam immer und immer wieder, umhüllt von reichem Klang und prächtiger Dekoration.

Delhi

6. Dezember 2004

Gestern habe ich meine Yogagruppe verlassen, bin nach Delhi gefahren und nehme heute von hier den Nachtzug nach Haridwar und Rishikesh. Dort möchte ich noch ein paar Tage die Eindrücke vor allem der letzten Woche in vertrauter und schöner Umgebung verdauen, bevor es dann wieder nach Deutschland zurückgeht.

Es war eine so vielschichtig intensive Woche im Ashram mit der Yogagruppe. Erst meine Krankheit (Bronchitis), die mich drei Tage ins Bett geworfen und gleichzeitig in eine besondere Position zur Gruppe gebracht hat. Ich wurde mit allem versorgt und hörte aus „sicherem Abstand" die vielen vielen OMs, Chants, Gebetsgesänge und was es alles war. Und aus meiner Bettruhe heraus konnte ich dann ebenso behutsam wie ins Yoga auch in die Gebets- und Andachtsrituale der Gruppe einsteigen.

Aber vor allem waren da diese traumhaften täglich drei Stunden mit Sri Venugopal Goswami, der uns in einem Gesamtkunstwerk aus Musik, Geschichten, Einsichten und Blumenschmuck in Überfülle in die Welt Krishnas zauberte und den „inneren Krishna", das Kind, den Schelm, den Liebenden, den Beschützer, das Absolute weckte. *"How can I decorate the present moment?",* war eine zentrale Frage im liebenden Blick auf Krishna.

Und diese *decoration* erhielt ganz wörtlich einen Raum an diesen Nachmittagen, wo das Schauen nicht ein Betrachten aus Abstand blieb, sondern das Erleben von außen nach innen holte. Wunderbar.

Ein Tag war der Geburt Krishnas gewidmet. Nach viel Musik und Geschichten gab es zum Schluss eine Puja, in der eine nur für diese drei Stunden hergestellte Schaukel enthüllt wurde – Sandelholz, mit Blumenschmuck überzogen. Darauf „saß" eine kleine Krishnastatue, und dann wurde die Schaukel an einem blumengeschmückten Seidenfaden leise geschwungen, dazu sang Venugopal ein Wiegenlied. Das war innig und im tiefsten Sinne süß – ein ganz ursprüngliches Weihnachten.

Und am letzten Abend wurde in der Schlusspuja Holi gefeiert, das Farbenfest, dessen „Opfer" ich ja vorigen März in Vrindavan schon einmal gewesen war. Jetzt erfuhr ich dann auch, was da eigentlich gefeiert wird: das Fest Krishnas mit den Gopis, wo er sich so vervielfältigt, dass jede Gopi „ihren" Krishna in den Armen hält – und eben doch nicht „ihren", weil man Krishna – und alles andere in der Liebe – nicht besitzen kann. Hier wurde Holi mit Blütenblättern gefeiert. Der Altar mit Krishna und seiner (Haupt-)Geliebten Radha wurde mit Körben farbiger Blütenblätter überschüttet. Eine halbe Stunde lang regnete Korb über Korb mit gelben, roten, weißen Blütenblättern auf Krishna herab – *such an abundance*, solch eine Fülle. Ich merkte, wie erst mein Gemüt vom Anblick der ersten fallenden Blütenblätter berührt wurde, dann mein Verstand erkannte, dass hier wirklich Fülle praktiziert wurde – und dann gab es keine Kategorie mehr, in die ich irgendetwas einordnen konnte. Zum Schluss lag ein riesiger Haufen bunter Blütenblätter auf der Erde vor dem Altar. Die beiden Priester oder Zelebranten griffen mit beiden Armen hinein und warfen die Blätter in die Luft – da musste man einfach aufspringen, klatschen, tanzen, es war zart berührend und ekstatisch in einem.

Und das sind jetzt nur ein paar Eindrücke. Die Schicht, die eigentlich angesprochen und in Schwingung gebracht wird, ist in Worten, Beschreibungen, Gedanken nicht zu fassen, flüchtig wie das feine Gespinst eines Traumes. Ja, das hatte Traumqualität im realsten Sinne.

12. Dezember 2004

Ich bin wieder in Delhi und wurde heute Morgen in den stinkenden Winternebel hinein wach. Schlafen ging nicht mehr, und bis die Sonne durch den Nebel kommt, dauert es noch ein bisschen. Also habe ich erst einmal geduscht und dann ein bisschen durch die über 60 Fernsehprogramme gezappt – es gab diesmal nur noch Zimmer mit TV.

Am lustigsten fand ich die Menge der religiösen Programme: ein Sikh las turbanumringt aus den Guru-Schriften vor, ein blumenumkränzter Hinduguru sang ein recht brüchiges OM, irgendetwas sah muslimisch aus (arabische Schrift, viel Grün–- die Farbe des Propheten). Auch ein Christ predigte (mit Hinweis auf eine *hotline*, wo man sich zum 24h *prayer* anmelden konnte), in einem anderen Sender konnte man Bücher von Paramahamsa Yogananda und andere östliche Weisheitsliteratur bestellen. Es schien mir alles sehr friedlich, nicht aggressiv missionierend – aber doch zum Schmunzeln.

Doch gleichzeitig ging mir auf, dass meine liebevoll ironische Sicht nicht sehr indisch ist. Hier schaut man, wenn überhaupt, wohl eher das Programm seiner eigenen Religion oder Sekte, und das mit echter religiöser Anteilnahme, die anderen sind uninteressant, weil man nicht mitschwingen kann.

Nach dieser kurzen „Erbauungsphase" bin ich rausgegangen, um mir eine Zeitung zu holen und das Wetter zu testen – es war immer noch zu neblig fürs Rooftop-Restaurant. Also habe ich mir auf der Straße einen Tee bestellt und im Hotelfoyer Zeitung gelesen. Topnews: Sachin Tendulkar hat in seinem 34. Cricket-Testmatch gegen Bangladesh ein *century* gespielt und damit einen Weltrekord (oder indischen Rekord) eingestellt. Die Schlagzeile war einfach eine dicke, fette 34. (Ich gebe diese historische Tatsache – *"This is a day, where you can be proud to be an Indian"* – sicher sachlich völlig falsch wieder). Auch hier, wie bei den religiösen Sendern, habe ich ohne inhaltliches Verständnis schmunzelnd die poetischen Beschreibungen dieses Ereignisses gelesen, und auch darin habe ich mich unindisch gefühlt. Inder SIND manchmal absurd, betrachten sich aber selten selbst aus humorvollem Abstand.

Und ich merke doch, wie viel Vergnügen mir manchmal diese liebevoll augenzwinkernde Ironie bereitet und dass ich sie nicht missen möchte. Auf der anderen Seite hatte ich in allen Auseinandersetzungen mit Gulam damit überhaupt keine Chance. Er ist immer im Zentrum seiner Emotionen, die von Moment zu Moment allerdings völlig widersprüchlich sein können. Das ist dann natürlich genauso wenig zentriert wie die Beobachterposition, in die ich eher rutsche, wenn's unangenehm wird. Doch es war sehr heilsam für mich, mit Analyse, Ironie und Distanz nicht landen zu können. Im Moment, im Gefühl, in einem Punkt sein zu müssen.

Mit der Erfahrung in den Knochen, wie gut und heilsam die kleine Demut ist, nicht in den „Überblick" zu gehen, genieße ich aber jetzt auch sehr die Freude an der Absurdität, die erst im kleinen Abstand sichtbar wird. Es ist alles ein Spiel.

Dies meine kleine Meditation zum 3. Advent...

13. Dezember 2004

Zum Schluss eine Geschichte, die ich gelesen habe und die mich wieder und wieder berührt und mir gerade jetzt gut tut:

Paul Brunton, ein Engländer, hat in den 30er Jahren Indien durchreist. Zunächst mit der Absicht, etwas über die geheimen Kräfte der Yogis zu erfahren, dann zunehmend mit der Sehnsucht, selbst inneren Frieden zu finden.

Irgendwann begegnete er dann Ramana Maharshi, dessen innere Stille ihn erreichte. Er verbrachte viele Wochen dort, spürte, wie seine Gedanken sich beruhigten, Fragen sich auflösten – und doch: ein Abstand, Vorbehalt, eine Angst blieb. Er war noch nicht in Frieden. Dann erreichte ihn eine Nachricht, dass er aufgrund finanzieller und anderer Probleme sehr bald abreisen müsse.

Plötzlich waren alle alten Fragen, Ambivalenzen, Zweifel wieder da. Brunton war verzweifelt, depressiv, auch die Stille von Ramana Maharshi erreichte ihn nicht mehr. In diesem Zustand lag er auf einer Matte in seiner Hütte, als es leise klopfte. Ein anderer Anhänger Ramanas stand vor der Tür, ein vornehmer Inder, dessen helle und friedvolle Aura Brunton schon lange beeindruckt hatte. Da der Mann ein Schweigegelübde abgelegt hatte, hatten sie nur ein paar kurze Worte schriftlich und durch Übersetzer gewechselt, sich aber häufiger schweigend getroffen.

Nun schaute der Mann Brunton fragend an – doch kein Übersetzer war da. Schließlich lief Brunton das Herz über, und er redete sich seinen Kummer und seine Zweifel und Ängste auf Englisch von der Seele. Der andere Mann hörte, ohne den Inhalt zu verstehen, aufmerksam hin, machte dann ein Zeichen, das zu einem Gang ins

Freie einlud. Eine Stunde lang gingen sie durch den Dschungel, bis sie zu einem Wasser gelangten, wo sie sich im Schatten eines Baumes setzten. Der Inder kreuzte die Beine, setzte sich aufrecht hin und schaute ohne weiteren Blickkontakt unbewegt auf das Wasser. Brunton blieb einfach sitzen, ohne irgendeine Erwartung, und es geschah nichts. Nichts. Nichts. Einfach nur Stille.

Auf einmal jedoch fing die Stille in leisen Wellen an, auch ihn zu ergreifen. Die Qual löste sich auf – er hatte SICH wieder gefunden.

Erst als es dunkel war, gab der andere Mann das Zeichen zum Aufbruch, nahm Brunton an der Hand und führte ihn durch den nächtlichen Dschungel zurück zu seiner Hütte.

Es ist so viel Liebe, Hingabe und Verbindung in dieser Geschichte – und alles in Stille. So weit bin ich noch nicht. Ich brauche noch viele, viele Worte, um aus Verwirrung an der Oberfläche den Weg zum Frieden darunter zu finden.

2005 war ein Jahr des „Verdauens", des Ausprobierens, der Integration – der „inneren Reise". Der Ausdruck „nur so viel" aus Stephen Levines Buch „Sein lassen" kam mir immer wieder in den Sinn.

Nur so viel ...

2005 in Briefen

Berlin

5. Januar 2005

Im neuen Jahr bin ich noch nicht wirklich zuhause. Ich suche noch meinen Rhythmus, habe Sehnsucht nach einer „Aufgabe" – doch ich sehe, spüre sie nicht. „Was machen eigentlich all die Leute um mich herum?", frage ich mich und fühle mich wie auf einem fremden Planeten. Nicht einsam, sogar ganz heiter und freundlich interessiert. Aber was hat das alles mit mir, meinem Leben zu tun?

Und dann der Tsunami ...

Ich habe kaum Bilder gesehen, habe aber neulich in einem SPIEGEL-Artikel ansatzweise verstanden, wie und warum Erd- und Seebeben entstehen, was Plattentektonik eigentlich bedeutet. So wie ich es verstanden habe, bewegen sich die Kontinental- und Ozeanplatten über den flüssigen Erdmantel, verkanten sich dabei manchmal – und diese Spannung löst sich hin und wieder in einem Zittern. Genau das, was in einem Moment der Entspannung auch mit uns geschieht: ein tiefer Atem, ein Seufzer, eine spontane Bewegung, wenn gehaltene Spannung loslässt. Es ist so natürlich, fast sympathisch. Ich habe allerdings ein etwas schlechtes Gewissen, dass mir bei über 150.000 Toten die Resonanz mit der Erde als Organismus so nah ist...

10. Januar 2005

"Confusion is sexy", sah ich neulich auf einem T-Shirt. Wenn das wahr ist, müsste ich leuchten vor Sex Appeal...

Ich sitze hier vor Zetteln, die für meinen Klavierunterricht werben, vor Adressenlisten von Grundschulen, an die die Sachen zu verteilen sind. Gerade habe ich mir die Entwürfe für Flyer und Briefpapier angeschaut – und kann keinen Bezug dazu aufbauen. Da ist überhaupt keine Verbindung zwischen mir und „meinem Beruf".

Gestern habe ich einen noch sehr nachschwingenden Workshop besucht. In der Ausschreibung stand etwas von einem sehr langsamen, sehr alten Yoga, einem Tanz im Raum. All das sprach mich an – und dann sah ich, dass der Kurs von Daniel Odier gegeben wurde, dem Autor eines Tantra-Buches, das ich gelesen habe. Ein Grund mehr, mich anzumelden.

Das war dann schon ein toller Typ. Sehr präsent, sehr in sich ruhend – oder eher in sich federnd – sehr humorvoll und mit einem ganz feinen Schleier von Eitelkeit überzogen, den er aber sofort ablegen konnte, wenn volle Präsenz erforderlich war. Das Yoga, das er uns lehrte, hätte man auch „Qi Gong – Improvisation" nennen können oder *"Indian Authentic Movement"* oder „getanztes Spürbewusstsein". Das eine gute Stunde lang zu machen, tut schon sehr gut.

Dann gab es noch eine tantrische Visualisation – und die war dann doch deutlich spaßiger als die üblichen blumenüberdeckten Wiesen und freundlichen Sandstrände, über die man sonst meditativ geführt wird: hier flog man erst nackt am dunkelblauen Himmel, dann kam eine bienengroße rote Devi, die den Körper durchdrang – durch die Haut, durchs Herz, dann kamen an anderer Stelle zwei Devis aus dem Körper heraus. Die machten dasselbe Spiel, verdoppelten sich wieder, bis man am Ende von tausenden Devis in allen Energiekanälen durchdrungen war. Dann bildeten die Devis eine Kugel um den Körper herum, kamen sanft näher, drangen mit den Füßen zuerst ganz sanft ein bis man ein „Devi-Trüffel" war (comme un truffeaut, sagte Daniel). Dann bekamen sie alle in ihren kleinen Bienenleibern einen Orgasmus, und der milchige „Mondfluss" aus ihrer Vagina floss zum Herzen, sickerte von da durch den Körper nach unten, und verließ ihn durch die Yoni wieder (auch die Männer machten diese Visualisation als Frau!), schlug einen großen Bogen um den Körper, vereinigte sich mit der Milchstraße, die Devis schmolzen in den Körper hinein – Ende der Visualisation.

Bei mir blieben diese Bilder ziemlich im Kopf – doch ich kann mir vorstellen, dass sie wirken, und auf jeden Fall sind sie sehr vergnüglich und unkonventionell!

Eine Frau fragte anschließend, ob man diese Visualisation auch mit Shivas statt Devis machen könnte. Daniel meinte, im Prinzip ja, er wisse nur nicht, ob sie dann mit ihren Erektionen in den Energiekanälen eingeklemmt würden...

Wachheit im Körper, Bewusstheit im Moment – und alles spielerisch. Darauf läuft es wieder einmal hinaus. Ich konnte immer nur wieder empfinden: ja, stimmt, das ist es, und mehr gibt es nicht.

Und dann strengt mich die Tatsache, dass man nichts falsch machen kann, doch wieder an, weil man ja dann auch nie etwas richtig machen kann. Das ist völlig logisch und mir auch nicht neu – doch gestern spürte ich wieder, wie sehr ich mir wünschte, es gut zu machen, gleichzeitig das Gefühl hatte, nicht gut zu sein, mich hölzern zu bewegen, unverbunden zu atmen, einen verspannten Beckenboden zu haben und darüber hinaus noch dumme Fragen zu stellen. Oder war ich vielleicht doch „begabt"? Es gelang mir nur schwer, einfach „da" zu sein, ein Mensch wie alle Menschen.

Doch unter dieser Schaumschlägerei des verängstigten Egos spürte ich noch etwas anderes, eine Bewegung in tieferen Schichten: JA, es ist wirklich alles SPIEL. Es gibt auch in meinem Bemühen um Arbeit, in meinem „Tanz" mit kaschmirischen Männern kein richtig und falsch. Ich kann den oder den Flyer zur Werbung nehmen, viel oder wenig Text, ich kann es auch ganz lassen und langsam meine Rücklagen verbrauchen, ich kann Gulam noch einmal eine Email schicken oder ihn aus dem Adressbuch streichen, ich kann auch jede Entscheidung wieder umdrehen, usw. usw. – nur wird keine Entscheidung „richtig" sein.

Wichtig ist es jetzt, von Moment zu Moment Entscheidungen zu treffen – und die Konsequenzen zu genießen! Doch da ist eine große Hemmung, ein Nebel, viel Konfusion.

28. Januar 2005

Meine zarten beruflichen Werbeaktivitäten verlaufen weiter in äußerer Erfolglosigkeit – und doch spürt etwas in mir auch einen Sinn in der Erfahrung, hier „nichts Besonderes" zu sein. Und meiner wirklichen Einzigartigkeit dann nicht in perfekt eingerichteten Unterrichtsräumen und souverän geleiteten Gruppen, sondern im „nur so viel" aus der Stille und Fülle des Herzens auf die Spur zu kommen.

10. Februar 2005

Ich bin bisher ganz gesund, gleichzeitig innerlich sehr bewegt. Ich kann gar nicht „festmachen", wie es mir dabei geht. Da ist ein Verlangen, Schmerz und Trauer wirklich hochkommen zu lassen, mich erfassen zu lassen, ohne mich damit zu identifizieren. Erleben und dann das Erlebnis gehen lassen.

Die Lust, mich von dieser Welle erschüttern und mich dann am Ende doch tragen zu lassen, weil ich mich ihr, ihrer Kraft vertrauend, überlasse. In dieser Fantasie ist ja schon ein klein bisschen Realität verwirklicht – doch vor dem vollen Vertrauen steht noch viel Angst. Meine Angst ist übrigens überhaupt nicht die, von meinen „negativen" Gefühlen überwältigt zu werden. Ich spüre jetzt schon die Kraft in Schmerz und Trauer. Meine Angst ist die „Hilfe", Deutung, Bewertung, Projektion – die Grenzüberschreitung anderer Leute.

20. Februar 2005

> „Und plötzlich in diesem mühsamen Nirgends, plötzlich
> die unsägliche Stelle, wo sich das reine Zuwenig
> unbegreiflich verwandelt –, umspringt
> in jenes leere Zuviel.

Wo die vielstellige Rechnung

zahlenlos aufgeht."

Aus der fünften Duineser Elegie von Rilke.

Wie gut ist es doch, das „mühsame Nirgends" nicht angestrengt zu füllen. Es spürend aushalten und sich bereithalten zum Umspringen...

25. Februar 2005

Ich habe seit Anfang des Jahres wieder richtig Freude am Klavierüben bekommen. Habe mir, neben meinem „ständigen Begleiter" Bach, einen Sonatensatz von Beethoven vorgenommen, auf den ich durch meine Musikerlebnisse in Indien gekommen bin. In Indien ist mir noch einmal richtig aufgegangen, dass das, was in unserer westlichen Kultur etwas verkümmert ist, was wir uns im Osten neu suchen, nämlich Sinnlichkeit, Ekstase, Stille, Meditation, die EINE gemeinsame Schwingung, etc. – dass uns das in unserer eigenen Musik in Fülle zur Verfügung steht. Nur gibt es dafür kein Hörbewusstsein.

Und dass alles so viel Geld kostet... Es ist im Moment beinahe der Standard, dass Dinge die mich anziehen, Begegnungen die mir gut tun, am Ende teuer sind für mich. Ziemlich teuer. Zu diesem Phänomen hatte ich neulich ein Bild, das die Frage nicht löst, aber in einen Zusammenhang einbindet. Ich fuhr mit dem Fahrrad durch die winterliche Kälte, spürte stark das innerliche Ziehen des „mühsamen Nirgends", eine große namenlose Trauer, und hörte dann in mir den Satz: diese Trauer ist meine Brücke zu Gott (oder zum Göttlichen in mir). Und fühlte mich im gleichen Moment gestärkt und ganz. Immer noch trauernd, doch in Verbindung. Weder bin ich diese Trauer, noch muss sie sich auflösen oder transformieren. Etwas in mir und in der Welt, das noch nicht von meiner Liebe erreicht wird, spricht mit mir – d.h. ich spreche mit mir – in der Sprache der

Trauer, die zunächst einmal nicht mehr verlangt als liebevolles Wahrnehmen, dass es so ist. Nur so viel. Und der erste Schritt der Heilung, die Verbindung, ist sofort da.

Und da fiel mir dann auch das Geld ein. Dort wo noch Angst mich zurückhält, ganz offenen Herzens zu geben, mich zu geben, mich hinzugeben, fließt das Geld stellvertretend und schließt auch hier die Lücke zum Göttlichen. Meine Aufgabe ist also nicht, den Geldfluss zu kontrollieren. Ihn wohl sehr genau zu spüren, auch da wo es schmerzlich und peinlich ist. Ansonsten nur lieben, lieben, lieben. Und dankbar sein für die Brücken, die meine Seele sich baut, um mir meine Unendlichkeit zu zeigen, da wo ich mich so endlich fühle.

1. März 2005

In mir grummelt es so sehr. Wir wunderbaren Menschlein haben ja die Eigenschaft, da, wo die Angst uns selbst noch einnebelt, die Umwelt für uns agieren zu lassen. Heute war wieder so ein Tag. Eigentlich kann ich nur noch lachen. Und staunen, auf welchen Wegen und mit welcher Macht sich das, was hinaus will, seine Akteure sucht.

Ich bin ja in der – hoffentlich! – Schlussphase der Erstellung von Werbematerial. Es sind richtige Geburtswehen.

Es fällt mir so schwer, Entscheidungen zu treffen und dazu zu stehen: soll ich 500 oder 1000 Briefbögen nehmen, weiß oder getönt etc. Und immer ist da der innere Druck, es könnte eine „richtige" Entscheidung geben, die ich nur nicht kenne. Doch es hat auch keinen Sinn, diese Selbstquälerei einfach als „unsinnig" beiseite zu schieben – es gibt eben doch diese urteilende Instanz in mir, und es ist absolut wichtig, sie kennenzulernen und ihr offen und zentriert zu begegnen.

Jüngste Engstelle im „Geburtskanal" waren passende Fotos. Meine Webdesignerin, fand mein Passbild zu streng, und Fotos zur Massage brauchte ich sowieso. Sie riet mir sehr zu professionellen Bildern und hat mir eine Freundin empfohlen. Die war nett, hat ihre Fotos gemacht – doch als ich die fertigen Bilder sah, fand ich, dass ich fürchterlich aussah. Einfallslos gekleidet, eine Frisur, der man ansah, dass der Schnitt nur 8 Euro gekostet hat, Gesichtsausdruck und Körpersprache unsicher – ich sah aus wie jemand, der „auch mal so ein bisschen" Gesangsunterricht und Massage „probieren" möchte. Ich dachte natürlich sofort: so sehe ich eben aus, man sieht mir eben an, dass ich seit zwei Jahren keine professionelle Verantwortung mehr trage – und mehr der Selbstbezichtigung. Ich habe der Designerin dann kleinlaut gemailt, dass sie doch das Passbild nehmen solle, und mit dem Massageflyer müsste ich vielleicht noch etwas warten...

Von ihr kam aber dann zurück, dass sie die Bilder fotografisch schlecht fand, es wäre ihr peinlich, dass die von ihr empfohlene Fotografin so schlechte Arbeit abgeliefert hätte. Das hat sie ihr wohl auch sehr deutlich mitgeteilt. Jetzt gab es also, durch mich ausgelöst, auch noch Ärger zwischen den beiden Frauen.

Heute habe ich nun mit der Fotografin gesprochen – sie macht noch einmal neue Bilder, bittet mich aber, diesmal auch klarere Vorstellungen zu haben und zu äußern, was ich denn von ihr und den Fotos erwarte. Da hat sie vollkommen Recht. Und mit diesem ersten Ansatz von Klarheit, begann ich auch wieder Freude an dieser Unternehmung zu bekommen. Habe gleich einen Termin bei einer teureren Friseurin ausgemacht und bin heute bei dickem Schneefall losgezogen, um mir ein paar Anziehsachen in frühlingshaften Farben zu kaufen.

Doch mitten in dieser Konfusion mit den beiden Kreativfrauen habe ich das Gefühl, dass ich mir mein Außen exakt so gestalte, dass ich dadurch einen Aspekt meines Innen erkenne. Erstaunlich.

In der Elegie von Rilke, aus der ich neulich ein paar Zeilen zitiert habe, steht auch: *„Du dann, Liebliche, du von den reizendsten Freuden stumm Übersprungne. Vielleicht sind deine Fransen glücklich für dich".*

Bei mir scheint es mir genau umgekehrt. Ich bin voll von reizendsten Freuden, die immer wieder tief in mir landen und mich beglücken. Aber in den Fransen bin ich verwirrt. Und habe bisher immer wieder versucht, diese verknoteten Fransen, den ersten, ungesicherten Kontakt zur Außenwelt, zu überspringen, statt sie sanft auszustreichen, den Übergang neugierig und mit Vertrauen zu erspüren. Nur so viel.

5. März 2005

Gestern war ein ziemlich komischer Tag. Ich war zum zweiten Fototermin bei der Fotografin. Diesmal in ihrer Wohnung, wo sie ihr ganzes „Handwerkszeug" hat. Ein Nachbar von ihr – Walter, der in seiner Freizeit aber auch gern Waltraud heißt – hatte sich bereit erklärt, mich etwas zu schminken und als „Massageopfer" zu dienen. Dieses Setting würde möglicherweise einige Leute abschrecken – doch mir half der ziemlich skurrile Rahmen, meinen Verstand zu entspannen und mich auf das Geschehen einzulassen. Zur Familie gehörte auch noch eine frühgestörte Hündin, die ich möglichst ignorieren sollte, da Zuwendung von Fremden ihr Angst machte. Die Wohnung war ziemlich szenemäßig chaotisch, aber darin wieder liebevoll erfüllt. Walter war auch ein ganz Lieber, ungeschminkt gar nicht tuntig und hat auch die Massage sehr genossen. Die Fotosession dauerte mehr als vier Stunden.

Ich war ziemlich platt anschließend. Auch durchgefroren, weil der Kohleofen weit weg von der Fotoecke war. Und doch auch innerlich sehr erheitert. Wie unterschiedlich sind Menschen, wie unterschiedlich leben sie – und wie liebenswert sind sie doch. Selbst den Hund habe ich ganz verhalten ins Herz geschlossen.

Im Moment ist es halt immer noch so, dass bei den meisten der wirklich schönen und originellen Begegnungen gleichzeitig Geld von mir weg fließt. Da muss sich ganz sicher eine andere Balance entwickeln. Doch die Qualität dieser Begegnungen, das Überraschende, das befreiend Absurde, die liebevolle gegenseitige Wertschätzung wird dadurch nicht abgewertet. Was so viel Energie bewegt, wird auch seinen Segen bringen.

12. März 2005

Noch eine bewegende und auch komische Spur, die seit längerem ihre Kreise in mir zieht und sicher noch weiter ziehen wird: Aggression, Wut, Abwertung anderer – wo verbirgt sich das bei mir, wo zeigt es sich offen oder verdeckt? Dadurch dass ich ja eigentlich eine natürlich liebevolle, wertschätzende Grundhaltung zu anderen Menschen habe, kommt es überwiegend gar nicht zu Revierstreitigkeiten. Doch wenn es dann doch passiert? Zuerst einmal fliehe ich bei (gefühlter) mangelnder Wertschätzung nach innen – bleibe aber dort nicht mehr so lange und selbstzerstörerisch wie früher. Spontane, bezogene Äußerung von Aggression IM MOMENT erlebe ich sehr, sehr selten. Da verdanke ich immerhin Gulam ein paar starke Momente...

Doch ich will ja nicht der „perfekten Aggression" hinterherlaufen, sondern ein Gespür für erste Signale gekommen. Da sind mir neulich zwei Dinge aufgefallen. Das eine, das ich dann doch ziemlich komisch fand: ich fuhr mit dem Rad zurück von einer Orgelvertretung, wo ich mit Verschiedenem unzufrieden war: Bezahlung, Geiz bei den Fahrtkosten, zerrissene Hose beim Fahrradunfall, Überlänge der Gottesdienste, langes Gerede der Pastoren – alles hatte ich so halb wahrgenommen, aber gute Miene zum bösen Spiel gemacht. Als aber dann auf dem Heimweg bei Schnee und Frost mehrere Autofahrer so weit rechts fuhren, dass ich nicht an ihnen vorbei kam, sondern entweder ihre winterkalten Abgase einatmen durfte oder über den Bürgersteig zur Ampel klettern musste, um nicht im Warten zu erfrieren, da kam so eine Wutwelle hoch, dass ich in die Autotür hätte treten können. Habe ich natürlich nicht. Ich spürte sofort die Blindheit der Wut, das Bedürfnis nach blindem Ausagieren. Denn auch wenn diese Autofahrer nicht sehr rücksichtsvoll sind – sie sind nicht mein wahres Gegenüber. Inzwischen kann ich in diesen Situationen ziemlich schnell lachen (und das Übungsfeld ist groß!) – „Aha, liebe Wut, hier zeigst du dich also, herzlich willkommen, trink einen Tee mit mir"...

Eine weitere Situation, die mich anders – schmerzlicher und dann noch weicher berührt hat: ich saß sonntags in einem Café, um mich herum saßen Leute wie ich, zwischen 30 und 60, und genossen das Wochenende. Paare, Freundinnen, ganze Cliquen. In dem, was ich hörte, sah und atmosphärisch wahrnahm, war die Entspannung des Wochenendes spürbar. Die Themen der Arbeitswoche klangen noch nach, Privates machte sich breit. Und ich fühlte mich wie auf einem anderen Planeten. Weit ab. Nicht getragen von einem Arbeitsrhythmus, einer Partnerschaft, einer *in-group*.

Da fiel mir dann auf, dass eine Frau zwar ganz flott gekleidet war, aber einen verkniffenen Mund hatte. Ich hörte, wie zwei Männer, die ganz kreativ-erfolgreich aussahen, sich doch nur Zahlen zu Computerleistung und -preisen zuwarfen. Sah, wie eine schicke Mutter überhaupt keinen Blick für ihr Kind hatte. Überall sah ich kleine Flecken, Unreinheiten, Spuren des Unglücks – „die sind gar nicht besser dran als ich". Bis ich mit Schrecken wach wurde: „Was mache ich denn hier?!" Wo ist da ein liebevoller Blick, eine Wertschätzung? Das ist pure Bewertung, Abwertung. Etwas hat mich runtergezogen, also ziehe ich meine Umgebung mit runter, dann geht es mir vergleichsweise besser. Ich war wirklich erschrocken. Also habe ich begonnen, mir nach und nach einzelne Menschen in den Blick zu holen und so lange zu warten bis ich ihre Schönheit sah. Es dauerte – und ging doch überall. Es konnte ja auch eine komische, verrückte oder befremdende Schönheit sein – doch wir waren wieder in einer Welt.

Was hat das mit Aggression zu tun? Die ungespürte Aggression der Bewertung aus dem scheinbar friedlichen Rückzug heraus ist mir schmerzhaft spürbar geworden. Im liebevollen Blick löste sich die Verletzung auf. Und nur aus dem neuen Kontakt heraus kann Aggression auch fruchtbar werden, kann daraus der Impuls zu kraftvollen Schritten in Neuland kommen, in klare, nicht verletzende Auseinandersetzung. Und diese Kraft brauche ich. Nur so viel.

14. März 2005

„Liebe ist eine Schwingung, keine Stimmung." Diesen Satz habe ich gestern gelesen, und er klingt ganz tief und klar in mir an.

Dazu hatte ich gestern, am Sonntag, ein eindrückliches, fein schwingendes Erlebnis.

In der Zeitung hatte ich von einer Ausstellung, bzw. Installation im Treppenhaus des französischen Doms am Gendarmenmarkt gelesen: „Domoskopie". Schon beim Lesen wusste ich, dass mir das gefallen würde. Und es war wirklich so schön, so „wahr". Mal sehen, ob ich die Architektur in Worten nachbauen kann:

Das Treppenhaus läuft spiralförmig an der Innenwand des Turms hoch, der „Kern", die Mitte des Turms, ist also von unten bis in die Spitze offen. Die Treppe öffnet sich in regelmäßigen Abständen durch Bogenfenster in diese Mitte. Die Installation war im Grunde sehr einfach: über dem Fußboden und unter der Decke waren runde Spiegel ausgespannt, dazu waren ca. zwei von drei der Bogenfenster im Treppenhaus mit Spiegeln ausgekleidet. Alle Spiegelflächen zeigten nach innen, zur Mitte des Turms. Der Effekt war nun: wenn man aus einem offenen Fenster des Treppenhauses in die Mitte und zur gegenüberliegenden Seite schaute, schaute man in eine vieldimensionale Tiefe von Bögen, Säulen, Gängen, die sich, während man daran vorbeiging, auch noch „polyphon" gegeneinander verschoben. Das war so schön, öffnend, gab ein Gefühl (oder vielleicht besser: hatte die Schwingung) von Unendlichkeit. Der einzige „endliche" Ausblick war immer da, wo kein Spiegel war. Man blickte durch einen offenen Bogen auf eine Wand – und Schluss.

Und da ich dort, wo ich das Aufblühen des Vieldimensionalen sah, eine so reale Ausdehnung in Herz und Geist spürte, eine so tiefe Freude, konnte ich dieses nicht mehr vom Verstand her als „optische Täuschung" einsortieren. Die Spiegel halfen, tiefer in eine größere Wirklichkeit zu schauen. Im Gegenzug spürte ich, wie schwer ich gleich wieder wurde, wie getrennt von meiner Umgebung, wenn ich mich mir die „gemauerte Wirklichkeit" klar machte.

Auch vielen Besuchern sah man etwas von diesem Staunen, dieser Freude an. Im Gästebuch äußerten sie sich dann allerdings so: „Erstaunlich, diese Illusionen", „Welche optischen Täuschungen Spiegel doch erzeugen können", etc. Sie hatten gesehen, gestaunt – und doch machte der konditionierte Verstand das echte Erleben zu einer netten Einbildung.

Und wenn es so etwas wie ein „leidenschaftliches Spüren" gibt, habe ich das im Nachklang empfunden: DAS ist meine Realität, mein Zuhause. Die sich vielfältig und spielerisch öffnende Unendlichkeit des Raumes, der lächelnd meine eigene Unendlichkeit widerspiegelt – erlaubt man nur dem Licht zu tanzen und öffnet sich diesem Tanz. Liebe ist eine Schwingung. Genau das fasziniert mich beim Klang. Dieser Turm im Spiel der Spiegel war sichtbarer Klang.

Manchmal empfinde ich, wie ich in jeder Hand ein Denksystem halte, ein altes, ein neues – sie halten sich ungefähr die Waage. Das neue, frisch gestärkt durch die Resonanz mit dem Klangturm, die Muttersprache meines Innern, meines Wesens. Und das alte, in der lang gesprochene Sprache, die ich mit meiner Umgebung teile. In dem es Dazugehören und Einsamkeit gibt. Und die Angst, vertraute Verbindungen zu verlieren, wenn ich anfange die Sprache meiner Herzenswirklichkeit hörbarer zu sprechen.

Ein Übergang. Denn es ist gar keine Frage, für welche Wirklichkeit und Sprache ich mich entscheide, entschieden habe.

5. April 2005

Bei meinem Gang durch den „Klangturm" habe ich es ja schon einmal erlebt: das Spiel der Realitäten, die nicht im entweder/oder existieren, wo aber die feinerschwingende Realität des vieldimensionalen Raumes die gröbere Manifestation des gemauerten Steins liebevoll trägt und durchdringt – nicht umgekehrt.

Irgendwo kommt hier Gott ins Spiel.

Ein Satz, an dem ich hängen bleibe und nicht vor und zurück kann. Einmal ist da die Scheu vor noch weiter gehender, vor ganzer

Hingabe. Und dann die Angst, durch einen neuen Schritt der Öffnung und Weitung angreifbar zu werden, weil ich scheinbar in alte Gleise zurückkehre. Gott, Gebet... (Angreifbar durch wen? Und wer ist es, der angreift, der angreifbar ist?)

Ist es gut, die uralt-frische Qualität in den überlieferten Worten zu erspüren und in Verbindung mit ihrer Kraft die Verklebungen und Verhärtungen der Überlieferung zu sprengen und lachend aufzulösen? Oder braucht es neue Worte? LIEBE, STILLE, DEMUT, HINGABE, DIENEN – all diese Worte habe ich wieder gefunden, frei vom Ballast alter Deutungen. Auch MUT gebrauche ich frei – MACHT ist schon schwieriger.

„In deine Hände befehle ich meinen Geist", die Worte von Jesus am Kreuz, reines Einverständnis, Hingabe – an die Nondualität letztlich. Doch kann sich mein irdisches Herz wirklich einem „Nicht-Irgendwas" hingeben? Kann ich die Einladung zur Hingabe nicht leichter vom liebenden, lebendigen GOTT annehmen? Und doch unbelastet sein von Bildern der Vaterfigur, die allwissend von mir getrennt ist? Oder mich klein machend „lieb"?

Ich bin reich gesegnet mit Erfahrungen von Einheit und Verbindung. Doch es gibt ein paar Seelenfasern, die von „ich bin total allein" total erfüllt sind. Beidem bin ich intensiv begegnet und beides liegt jetzt offener. Verwundbarer, offener für Heilung. Liebe. Nur so viel.

14. April 2005

Es ist gleich halb sechs am Nachmittag, ich habe mich auf den Balkon gesetzt, sehe vor mir die roten, orangen und gelben Balkonblumen, dahinter das zarte Grün der ersten Blätter im Baum. Leute kommen von der Arbeit nach Hause, Kinder werden aus Kita und Hort abgeholt – ganz schönes Leben überall. Morgens, wo es wirklich sonnig ist auf dem Balkon, kann ich das draußen Sitzen oft nicht so genießen, fühle mich dort zu entfernt von allem – und trinke lieber einen Cappuccino im Café...

Neulich hatte ich ein spezielles Erlebnis. Es war der Tag der Papstbeerdigung – und ich wollte das gerne sehen, ein Erlebnis mit zwei Milliarden Menschen auf der Welt teilen. Jetzt habe ich ja keinen Fernseher, und zwei Nachbarn, bei denen ich mich traute zu fragen, hatten auch keinen. Also habe ich einen katholischen Pfarrer angerufen, ob das Ereignis vielleicht auf irgendeiner Leinwand übertragen würde – er wusste von nichts. Und hat mich auch nicht – wie ich leise gehofft hatte – zum gemeinsamen Fernsehgucken mit den Damen des Seniorenkreises eingeladen...

Erst dachte ich, ich geb's auf und bin dann doch mit dem Fahrrad zum Potsdamer Platz gefahren, wo es eine Großleinwand gibt. Die war schwarz. Ich war schon wieder halb zuhause, da fiel mir ein Ort ein, wo Fernseher öffentlich laufen: dort, wo man sie kauft. Also bin ich zu SATURN gefahren und tatsächlich – in unzähligen Geräten sah man Petersplatz, Sarg und Kardinäle, und an einem Großbildschirm lief auch der Ton. Ein junger Mann saß schon auf einem Pappkarton und schaute zu. Ich setze mich auf eine Stufe daneben und habe für die nächsten zwei Stunden das Geschehen verfolgt. Und war froh darüber. Nicht dass ich diesen Papst besonders geliebt habe. Doch der schlichte Sarg auf dem Platz, die Gesänge der Liturgie und vor allem der Wind, der durch die leuchtend roten Kardinalsroben wehte – das hatte eine Kraft, die weit über die Starrheit der klerikalen Gesichter hinausging.

Und all das in der absurden Atmosphäre von Saturn, mit einem „Geiz ist geil"- Schild unter dem Bildschirm, hin und wieder Durchsagen über Sonderangebote oder diesen immer wieder geheimnisvollen Mitteilungen: „Herr Lehmann bitte in die Vier". Irgendwann hörte ich auf einmal sehr hektische Musik ein paar Gänge weiter, schaute nach, wo das herkam und sah, dass ein Saturn-Mitarbeiter einen Verkaufssender eingestellt hatte: hektischer Text, hektische Musik. Einfach so. Es war kein Kunde da, dem man etwas vorführen musste. Also habe ich freundlich gebeten, diese Musik leiser zu machen, weil ich die Beerdigung verfolgen wollte. Mir war klar, dass ich bei Saturn kein Anrecht auf Stille habe – doch fragen kann man ja. Er drehte die Lautstärke runter, wenigstens zunächst. Doch immer wieder einmal hörte man für ein paar Sekunden diese Musik lauter werden. Ich hatte das deutliche Gefühl, dass dieser junge Mann die für Saturn ungewöhnliche Stille, die von den Feierlichkeiten in Rom ausging, die Ruhe der Bildführung, die wenigen, eher ruhigen Worte (die zum Teil fürchterlich waren, aber eben ruhig), einfach nicht aushielt. Es war ein faszinierendes Erlebnis – die Feier an sich, und dann die sehr spezielle Umgebung.

25. April 2005

In einer Einstein-Biographie las ich den schönen Satz: *„Der zündende Gedanke traf freilich einen vorbereiteten Geist."*
Ein vorbereiteter Geist. Bereinigt von den Schlacken „bewährter Tatsachen". Öffnung für das „Undenkbare". In mir findet das viel Resonanz mit meinem Prozess, nicht zwischen „natürlich" und „übernatürlich" zu entscheiden, sondern meine Wahrnehmung – mit Einverständnis des Verstandes – für ein größeres Ganzes zu öffnen. Nicht der Tag ist wahr ODER der Traum – beide sind Ausdruck eines „Gedanken" in verschiedener Manifestation. So eine Erleichterung.

Gestern habe ich im Charlottenburger Schlosspark einen großen Baum gesehen, der, umgeben von kleineren Bäumen und Sträuchern allein in einer Mulde stand. Er war noch völlig ohne Blätter und hatte in seinen ausladenden Ästen einen „Drehschwung" als tanze er. Der Tanz des Shiva. Möglicherweise gibt es biologische Erklärung, dass diese Baumart, in jenem Klima, bei der Windrichtung... Mag ja stimmen – aber ich habe „Tanz" gespürt.

14. Mai 2005

Neulich war wieder einmal Venugopal Goswami in Berlin, der Musiker, den ich in Indien so intensiv erlebt habe. Es gab wieder einige unglaublich innige, berührende Momente. Einmal erzählte er, dass man die Quelle des Ganges nur schwer besuchen kann, weil sie in den Bergen, im Eis liegt. Und die Mündung, wo der Fluss ins Meer übergeht ist schwer zugänglich wegen der Gezeitenwechsel. *"Ganga wants to be alone in birth and death."* Dieser schlichte Satz hat mich sehr berührt. Einfach wie er gesprochen war, war er wie ein

Steinchen, in den See geworfen – Wellen von Liebe und Respekt für das Wesen des Flusses breiteten sich in mir aus. Nichts von Kitsch, Sentimentalität. Ich habe auf einmal begriffen, dass das nur Antworten auf der falschen Ebene sind.

17. Juni 2005

Im Moment ist Pankaj in Berlin, der junge Yogalehrer aus Rishikesh, der mich dort bis an meine Grenzen gefordert und sehr inspiriert hat. Gestern und heute war ich in seinen Stunden, morgen ist dann die letzte Einheit. Es ist so eine Freude. Ich habe ja auch hier gute Lehrer – aber bei Pankaj kommt noch einmal etwas ganz anderes zum Leuchten. Ich hatte das Gefühl, dass mit dem „Verwringen" des Körpers, mit der Arbeit der Muskeln bis in die letzte Faser, die eigentlich ein kraftvolles Anschmiegen an die Knochen ist, ein tiefer Kontakt durch alle Blockaden, Verkürzungen, Kraftlosigkeiten hindurch und letztlich nach innen entsteht. Und indem der Körper sich um dieses Innen schließt, wird es wach, dehnt sich aus und leuchtet. Geburt.

Was mir neben diesem tief Beglückenden noch ein besonderes Vergnügen ist: Pankaj greift jetzt auch mich heraus, um den anderen zu demonstrieren, wie man es NICHT machen soll – ich fühle mich damit beinahe „befördert". In Indien hat er mich immer noch geschont.

Und es ist wieder erstaunlich, dass es gar nicht die Kritik selbst ist, die verletzt oder nicht. Es ist das Ego des Lehrers, der durch die Kritik Abstand nimmt. Eine Kritik in Verbundenheit ist sogar eine Zuwendung, spricht meine Wirklichkeit im Moment aus.

Auch durch kräftigen Muskelkater hindurch sind die tiefsten Empfindungen: Freude, Liebe, Hingabe und viel Energie. Ich freue mich schon auf morgen!

27. Juni 2005

Am Wochenende war ich an der Ostsee und bin noch ganz bezaubert von dem leuchtend roten Klatschmohn *(poppies in the fields of flanders)* und dem geheimnisvoll blauen Schleier der Kornblumen, der mich gestern auf der Rückfahrt durch die Felder begleitet hat. So wunderschön. Und ich dachte daran, wie erschütternd diese Schönheit gewirkt haben muss, als sie sich im Sommer auf den blutgetränkten, zerschossenen und verbrannten Schlachtfeldern des ersten Weltkriegs gezeigt hat. Wie wenig nachtragend ist die Natur doch.

Die flüchtige Schönheit von Usedom hat mich sehr berührt. Es ist noch eine ganz junge Insel, wie die Ostsee erst nach der letzten Eiszeit entstanden. Und wenn man sich die dünne Form anschaut, sieht man, wie „vorläufig" diese Gestalt ist. Mecklenburg-Vorpommern ist ja, glaube ich, das ärmste Land Deutschlands. Keine Bodenschätze, keine Industrie – nur Landwirtschaft und, an der Küste, Tourismus. Eine Landschaft, die nichts „tut", die einfach nur da ist. Die Fransen des Kontinents. Keine Felsen – nur Wasser, Sand und Wald. Eine Landschaft, die sich nur zur Verfügung stellt, die einlädt, einfach DA zu sein.

Und ausgerechnet hier, in Peenemünde, haben die Nazis die V2-Raketen gebaut. So hat diese schmale, unschuldige Insel zwei schwere Bombardements erlebt: Peenemünde, wo allerdings hauptsächlich die Quartiere der Zwangsarbeiter getroffen wurden, und das heute polnische Swinemünde, wo im Rahmen des *moral bombings* Flüchtlingstrecks, -lager und -schiffe getroffen wurden. Man spricht von 23.000 Toten in einem Angriff. Sie sind in einem Massengrab auf der Insel beerdigt.

Und wieder blüht der Mohn, halten die Bäume mit ihren Wurzeln die Dünen fest, rauscht das Meer.

Heute nun stellt sich diese feine Landschaft dem Tourismus zur Verfügung. Lässt sich in Hundestrand, FKK-Strand usw. einteilen. Versorgt die unzähligen Fischbrötchen-Stände mit Fisch, bietet Großeltern mit Enkeln eine Spielfläche, hört sich all die Strandgespräche eingefahrener Beziehungen an.

1. Juli 2005

Nun noch ein Erlebnis meiner kurzen „Usedom-Ferien". Als es sich am Samstagnachmittag zuzog, deutlich abkühlte und auch noch regnete, habe ich mich ins Auto gesetzt und bin etwas rumgefahren. In Wolgast, der Festlandstadt, die über eine Brücke mit Usedom verbunden ist, sah ich ein Plakat, das für den Abend ein Konzert ankündigte – französische Orgelmusik und eine Messe von Puccini. Nicht so ganz meine Musik. Doch die Wuchtigkeit der Kirche aus dem 13./14. Jahrhundert hatte mich schon von außen beeindruckt (Fels in der Brandung) und der kurze Blick, den ich vorher nach innen werfen konnte (sie war eigentlich geschlossen, nur zufällig offen), machte mich neugierig auf den Raum. So habe ich die Konzertkarte mehr für den Raum als für die Musik gekauft. Vor dem Konzert hatte ich noch etwas Zeit, herumzugehen und mir den Kirchenschmuck anzusehen – ganz viel Schiffssymbolik. Die Bedrohtheit des schwankenden, von Stürmen geschüttelten Lebens – und doch immer wieder die Hoffnung auf sichere Überfahrt. Und während die Insel Usedom für mich ja Zartheit, ein Dasein in Verwandlung verkörperte, drückte die alte Kirche absolute Standfestigkeit aus. Säulen von einer Dicke, die auch einen dreimal so großen Dom getragen hätten, nur ganz an der Spitze in einem Hauch von Gotik aufeinander zu gebogen.

Im Chor, direkt in meiner Blickrichtung hing ein sehr großes Holzkreuz mit Christus aus dem 15. Jahrhundert. Ich liebe die Kruzifixe und ihre Herausstellung des Leidens eigentlich gar nicht – doch dieses gab mir kein unwohles Gefühl. Während die mich nur halb interessierende Musik um mich wehte, konnte ich den Anblick dieses Kreuzes auf mich wirken lassen. Es hing ziemlich hoch und war nur indirekt beleuchtet. Die Scheinwerfer beleuchteten das Geschehen am Fuß des Altarraums. Darüber, im Halbschatten, war Christus mit seinem Leiden allein. Von seinem Körper ging Ruhe aus, die Muskeln in Armen und Beinen waren entspannt, nur der Kopf war zur rechten Seite geneigt. Er war völlig eins mit dem, was ihm geschah. Ohne Widerstand. Ganz allein und ganz bei sich. So bei sich, dass ein „Warum ich?", „Warum solche Schmerzen?" keinen Resonanzraum mehr fanden. Hingabe, Frieden, Wachheit,

Ernst, Erfüllung. Ein Zustand, den auch Kirchenmusik nicht mehr erreicht. Sie stört nicht, sie hilft nicht – sie ist nicht mehr nötig.

Nach einiger Zeit senkte sich mein Blick auf das bunte Fenster unter dem Kreuz. Es war von hinten angestrahlt, und ein Mantel leuchtete in warmem Rot. Irgendwo unten war es blau, und erst ratend, dann erkennend sah ich, wie Jesus den untergehenden Petrus aus dem Wasser zieht. Wieder das Seefahrtsmotiv – außerdem hieß die Kirche St. Petri. Hier ist Jesus sehr stark, durch den Mantel in seiner Gestalt vergrößert, mit gelbem Heiligenschein – ganz in seiner Kraft. Diese beiden Bilder spielten dann in mir noch einmal sehr dynamisch miteinander. Die gleiche Kraft – einmal leuchtend nach außen gewendet, zur Naturgewalt, zum anderen Menschen, und dann ganz nach innen. Beides weich und stark und mutig.

Ganz gegen Ende des Konzertes fielen dann die letzten goldgelben Strahlen der untergehenden Sonne durch die kleinen Seitenfenster und warfen einige goldene Flecken in den Altarraum – so schön. Und wieder ganz im Moment und im Wandel.

21. Oktober 2005

Beim Tag der offenen Tür im Yogazentrum wurde neulich auch ein neueröffnetes Floating-Studio vorgestellt. Was die sonst noch im Programm hatten – eine Klangliege, i-tuning – das war mir alles zu computergesteuert, zu viele *gadgets*. Doch dieser Wassertank, wo die Technik sich auf Temperatur, Lüftung und Reinigung beschränkt, zog mich an.

Und das absolute Nichts an äußeren Reizen, während man im Wasser schwebt, ist wirklich wunderbar. Das nächste Mal mache ich das allerdings nicht tagsüber. Ich war so entspannt und verlangsamt anschließend, dass ich für den Rest des Tages zu keiner Aktivität mehr in der Lage war. Und ich hab dann auch am nächsten Tag Migräne bekommen. Nicht alles in mir konnte offenbar ganz in die Entspannung mitgehen. Doch das entwertet nicht das Erleben. Nur eins hat mich etwas gestört: die 34° Wassertemperatur waren mir ein winziges bisschen zu kalt. Auch wenn es nach gründlichster wissenschaftlicher Erforschung die ideale Temperatur ist – die Philosophie ist mir dann doch schon wieder etwas starr, wenn sie ausschließt, auf Wunsch 1-2° zu erhöhen...

Anyway – ich habe mir eine Dreierkarte gekauft und werde mir im November und Dezember noch einmal ein Floating gönnen. Bin schon gespannt, ob sich das Erleben vertieft (das Frieren hoffentlich nicht...)

25. Oktober 2005

Ein anderes, einfach nur schönes, Erlebnis war mein Besuch des Schulorchesterkonzertes in der Philharmonie letzten Sonntag, wo Simon Rattle im zweiten Teil ein Stück mit einem aus allen Schulorchestern zusammengesetzten Riesenorchester geprobt hat. Es war SO schön – so viele wunderbare Mini-Ereignisse, so viel Freude, Liebe, Sorgfalt und DIENST an den Kindern.

12. November 2005

Gestern bin ich wieder „gefloatet". Es war schön, wenn auch nicht ganz so überwältigend in der Wirkung wie beim ersten Mal. Wie das mit ersten und zweiten Malen eben so ist. Doch es ist mir dort etwas sehr Lustiges passiert: ich habe mich verlaufen! Ich hatte mich in dem Raum mit dem Floating-Tank ausgezogen, geduscht und war dann im Bademantel noch mal mit einer Frage zur Rezeption gegangen. Ich ging mit einer Angestellten zurück, stieg in den Tank und floatete meine Stunde. Doch als ich anschließend duschen wollte, fand ich kein Handtuch, dafür aber zwei Bademäntel – und keine Anziehsachen. Ich war in die falsche Badewanne gestiegen! Geheimnisvolle Weisheit meiner Dummheit aber war, dass ich so in dem einzigen der drei Tanks gelandet (bzw. gewassert) bin, der 0,5° wärmer ist als die anderen. Den werde ich beim nächsten Mal vorbestellen – und dann auch finden!

Zunehmend geht es mir so, dass ich solche Erlebnisse nicht nur lustig finde – das natürlich auch! – sondern ihre anarchistische Weisheit jenseits des Alltagsverstandes bewundere. Es hat etwas von meinem Lebensgefühl in Indien: in der Verwirrung über die gültigen Spielregeln „passierte" auf einmal so viel, berührte, bewegte mich. Und weil ich mich dem dort einfach überlassen konnte, blieb ich heil auf Wegen, die mein Verstand nicht hätte ersinnen können und wollen.

2006 – ein schwieriges, bewegendes und transformierendes Jahr, in dem nicht nur ich nach Indien, sondern auch Indien zu mir kam.

Durch die Mangel gedreht...

2006 in Briefen (mit Vierter Indienreise)

15. Januar 2006

Wieder einmal ist Venugopal Goswami nach Berlin. Und ich bin wieder ganz ergriffen. Es ist eine Weichheit in seiner Stimme, eine Nacktheit, eine Öffnung in Schöpfungstiefen – ich weiß nicht, was genau ich mit diesen Worten meine, aber die Wirkung liegt sowieso jenseits aller Worte.

Immer wieder gibt es erst ein ganz weiches sich Einschwingen mit Schleiftönen im unendlichen Raum zwischen den Tönen. Da schmilzt etwas in mir mit. Und ganz langsam, nach vielen Wiederholungen und Variationen im Wechselspiel zwischen Vorsänger und Instrumenten und einem „Chor"-Sänger, manchmal auch einem ganz innigen Miteinander, verdichtet sich die Energie, die Tabla heizt die Spannung an, das Tempo nimmt zu, die Zuhörer klatschen mit, stimmen vielleicht singend in einen Kehrvers ein – eine ekstatische Entwicklung der schönsten und erfüllendsten Art: nicht in gerader Linie zum Ziel stürmend, sondern in Wellen. Voller Erregung, doch immer wieder mit der Bereitschaft, sich in dieser Bewegung von innen, von unten, aus Ruhe, Tiefe und Stille nähren zu lassen. Und sich dann aus noch umfassenderer Fülle und Weichheit wieder der Erregung überlassen. Der Höhepunkt, in den diese Wellen schließlich münden, ist keiner mit Pauken und Trompeten. Eigentlich gar kein Ankommen an einem Ziel, nichts was losgelöst ist von der Bewegung davor. Es ist nur noch ein letztes winziges Loslassen, wie das Platzen einer Seifenblase, ein Ausatmen, ein Lächeln.

19. Januar 2006

Gestern war der letzte Abend mit Shri Venugopal Goswami – ich habe diese Stunden mit Musik und Worten richtig aufgesogen. Im Konzert am Samstag war sicher der musikalischen Höhepunkt. An den anderen Abenden nahmen die Erzählungen und Geschichten einen wesentlich breiteren Raum ein. Doch auch das hatte einen ganz besonderen, „schmelzenden" Charakter. Etwas in seinem Klang berührt mich ganz unmittelbar, wärmt mir das Herz, weckt *simplicity* – egal ob der Verstand das Wie und Warum versteht oder nicht.

Wie ungewöhnlich für unsere Kultur ist es, wenn einem jemand sagt: *"You are light. You are love. You are complete. You are full. You are not alone. This is real."*

Während ich hier den Flyer einer sehr netten Therapeutin vor mir liegen habe: „Sie haben Sorgen ... Sie haben Rückenschmerzen ... Sie haben depressive Verstimmungen..." Dagegen bietet sie wunderbare Therapien und Entspannung an – doch der Einstieg ist, dass man sich erst mal richtig schlecht fühlt. Und das soll dann „wirklich" sein. „So ist das Leben".

Der ganze Therapiebetrieb ist mir zunehmend viel zu sehr „Werkstatt", wo etwas, das „nicht in Ordnung" ist, in einen im Moment nicht bestehenden heilen Zustand gebracht werden soll. Selbst da, wo ganz sanft, ganzheitlich und lichtvoll gearbeitet wird.

Während ich Shri Venugopals Worten und Klängen lauschte, habe ich sie aber nicht als schöne Bilder einer möglichen heilen Zukunft gehört, sondern als unmittelbare Wirklichkeit jetzt. Erfüllung ist eben kein errechneter Zustand (was muss erreicht sein, um sich mit Recht glücklich zu fühlen?), sondern eher ein plötzliches Loslassen komplizierter Gedanken – und dann ist da nur noch Frieden und Glück. Für zeitlose Momente.

Indien

14. Februar bis 14. März 2006

Mamallapuram/Tamil Nadu

18. Februar 2006

Ein Überlebenszeichen von einer im Moment leider kranken Ulrike. Auf dem Weg in den Süden habe ich mich wohl erkältet, und das hat sich zu einer dicken Bronchitis ausgewachsen, gleich werde ich zum Arzt gehen.

Tja, auch diese Reise ist wieder sehr interessant. Trotz Übung bin ich doch immer wieder Anfängerin, lasse mich in ein Hotel abschleppen, obwohl ich in ein anderes wollte, genieße Freundlichkeit und stolpere über meine Hemmung, manchmal auch unfreundlich zu sein – ich sehe die Falle, und trete lächelnd hinein. Sehr spannend.

So ist mein Wochenabschluss nach einer Woche im Land: ein Bluterguss am Knie, den ich mir in Delhi geholt habe, als ich als letztes Glied einer Kette im Dominoeffekt umfiel (Motorriksha, Moped, Fußgänger – vielleicht auch noch Kuh und Fahrrad), Hunderte von Mückenstichen und ein dicker Husten.

20. Februar 2006

Mithilfe von Antibiotika bin ich heute so weit, Mamallapuram zu verlassen. Nach drei gewaltigen Hustenanfällen in der Nacht habe ich aber entschieden, dass eine fünfzehnstündige Fahrt im Nachtzug möglicherweise doch nicht angesagt ist. Also streiche ich Madurai (wie ich Kerala schon gestrichen habe) und fahre gleich „gemütliche" dreieinhalb Stunden nach Pondicherry.

Doch ich finde immer wieder wunderbar, wie Indien WIRKT, auch wenn man nur krank im Bett liegt und weniger rumreist als geplant. Irgendwie ist die Haut, nicht nur die körperliche, hier dünner, durchlässiger.

Eine kleine Strandszene fällt mir gerade ein. Hier gibt es ja schon seit ewigen Zeiten Zigeuner, die ihr ganz eigenes Leben mitten unter Tamilen und Touristen leben. Gestern sah ich so ein kleines Mädchen, vielleicht vier Jahre alt, zauberhaft attraktiv jetzt schon, die ohne bestimmtes Ziel ein paar Schritte machte, die Arme in angedeuteten Tanzbewegungen führte, dazu ein Hüftschwung mit einem erotischen Anklang, den man bei so kleine Mädchen sonst nicht findet.

Dann zog sie sich die Hose herunter, hockte sich hin, pinkelte in den Sand, zog die Hose wieder hoch und ging ihre geheimnisvollen Wege weiter. Ich hatte das Gefühl, dass wir nur scheinbar in derselben Welt leben.

Pondicherry/Tamil Nadu

20. Februar 2006

Pondicherry war ja zuletzt unter französischer Kolonialherrschaft (tatsächlich sagt hier manch dunkelbrauner Rikschafahrer "Bon soir, Madame"), wurde ursprünglich aber von Portugiesen gebaut.

Der Stadtkern ist heute chaotisch und indisch wie überall. Aber die Küstenstraße weckt wirklich Erinnerung an Lissabon. Es ist das erste Mal, dass ich in Indien wirklich FRISCHE LUFT empfunden habe. Das Gefühl, dass Atmen reinigt und nicht verschmutzt.

Ich bin in Pondicherry nur, weil ich in Mamallapuram krank geworden bin – eine richtig dicke Bronchitis. Heute nehme ich die letzte Ladung Antibiotika. Es hilft, allerdings gehören zum Heilungsprozess immer wieder unglaubliche Hustenanfälle. Als ich vergangenen Nacht halb in Panik das Moskitonetz von mir riss, um Luft zu kriegen, habe ich dann doch eingesehen, dass die eigentlich geplante fünfzehnstündige Fahrt im Nachtzug nicht das richtige war. Und Pondicherry ist nur zwei bis drei Stunden Busfahrt von Mamallapuram entfernt.

Auch auf der Busfahrt bekam ich einen dieser krampfartigen Hustenanfälle, bei dem ich mich röchelnd an meinen Rucksack klammerte, mit Mühe ein paar Schlücke Wasser trank während mir das Wasser aus Augen und Nase lief. Die Mitreisenden schauten sich nicht einmal nach mir um. Man stelle sich das umgekehrt vor: irgendein andersfarbiger Mensch hustet in einem vollbesetztem deutschen Bus wie ein Tuberkulöser im Endstadium – das würde doch irgendwelche Reaktionen geben. Abwehr und vielleicht auch Hilfe. Doch irgendwie gefällt mir das hier. Nach dem touristisch künstlichen Mamallapuram habe ich mich auf der Busfahrt, eng und laut und unter lauter Tamilen, erst wieder richtig in Südindien gefühlt.

21. Februar 2006

Seit zehn Tagen bin ich in Indien, im Moment in Pondicherry im Süden. Das ist schon Teil der Küste, die vor einem Jahr vom Tsunami erfasst wurde. Heute sieht man nichts mehr. Aber wenn man die kleinen Nussschalen von Fischerbooten betrachtet, in denen in wahrscheinlich generationenalter Weise gefischt wird – dann wirkt das Leben der Fischer schon wie eine einzige Unsicherheit.

Ich werde wohl noch ein paar Tage hier bleiben, um mich dann hoffentlich ganz von der Bronchitis zu erholen, die mich vor einer Woche erwischt hat.

Ein für mich wunderbarer Effekt Indiens ist aber, dass es wirkt, egal wie viel man macht und tut. Irgendwie sind hier alle Häute dünner – zwischen innen und außen, zwischen Körper und Geist. Heute habe ich eine Zeitlang in einem Tempel dem Geschehen zugeschaut. In einem ständigen Fluss bewegen sich Männer und Frauen zu einem Altar mit Priester hin, bekommen irgendeine Art von Segen – das geht so schnell, dass man gar nicht anhalten muss – und dann verlässt die Schlange den Altar, und die Familien, Gruppen und

Einzelnen gehen dann noch in ihrem Rhythmus zu anderen Altären, Statuen, geben Opfergaben, verbeugen sich etc. Was da genau ablief, habe ich nicht verstanden, doch dieser ruhige Fluss, begleitet von munterem Gerede, dazu die bunten Farben der Saris – das ist eine Bewegung, die, wenn man ihr eine Zeitlang folgt, nach innen weiter wandert.

23. Februar 2006

In Mamallapuram habe ich unter anderem den kaschmirischen Händler wieder getroffen, der mir auf meiner ersten Indienreise mit seinem Charme und viel Zauber ein tibetanisches Tanka für viel Geld verkauft hat.

Diesmal hielt ich mich für immunisierter, wollte einfach nur kaschmirische Shop-Atmosphäre genießen, Tee trinken – und bekam bald ein paar Klangschalen gezeigt, die ich schön fand aber nicht besitzenswert.

Beim Umschauen sagte ich ganz ohne irgendeinen Gedanken: oh, da ist ja ein Krishna. Sofort stand Krishna vor mir, und ich hatte natürlich wieder mit meinem „feinen Blick" etwas „ganz Besonderes" entdeckt – all diese Strategien kenne ich nun schon so gut, leider hatte ich schon begonnen, den Krishna zu mögen. Es gab auch noch eine Radha dazu, und eigentlich sollte man die beiden ja schon zusammen lassen ...

Ich durfte den Krishna dann für die Nacht mitnehmen, um zu sehen, wie ich mich mit ihm fühlte – ich erkannte die Verkaufspsychologie und konnte mich ihr doch nicht entziehen.

Und weil inzwischen diese Figur nicht mehr nur eine Figur, sondern Krishna war, ein Gegenüber, habe ich dann auch beschlossen, ihn mit Radha zu nehmen – ein Krishna, den man für sich alleine haben, nicht mit anderen Frauen teilen will – das passt nicht. Was bin ich doch für eine Träumerin ...

Nun, mit VISA-Card fanden die nötigen Transaktionen statt, und ich bekam noch mit auf den Weg, dass ich etwas gekauft hatte, das wirklich *unique* sei.

Abends ging ich wieder durch den Ort (der nur aus Läden besteht) und probierte bei einem Schneider indische Kleidung an. Zum Umkleiden ging ich ins Nachbargeschäft. Und während ich eine Hose anzog, fiel mein Blick auf ein Regal, wo exakt „mein" Krishna stand (*"unique!"*). Ich fragte den Händler, was er kostete – und er nannte mir den halben Preis, mit dem Spielraum: *"I can make you a very good price"*.

Jetzt fühlte ich mich wirklich *cheated,* betrogen. Dass ich dem anderen Händler etwas mehr für seine Geschichten bezahlt hatte, fand ich ja schon okay – aber das Doppelte? Ich wollte sofort in den Laden, doch der Händler war immer beschäftigt. So musste ich zum nächsten Morgen warten.

Was ich aber in der Zwischenzeit ganz spannend fand: ich merkte, dass die Krishna Figuren für mich überhaupt nicht an innerem Wert verloren. Wir hatten schon eine Verbindung. Und dann ging mir auf: in dem Laden mit dem halben Preis hätte ich den Krishna nicht wahrgenommen. Er stand da einfach irgendwie im Regal rum, ein Ding. Und auch für diesen Händler war es nur irgendeine Figur zum Verkauf. Noch ohne Zauber.

Delhi

9. März 2006

Seit gestern bin ich wieder in Delhi (wo es gestern nach Tagestemperaturen von über 30 Grad abends einen Hagelsturm gab – *very strange*). Ich war fünf Tage in Kaschmir, und das war eine sehr besondere Zeit. Ich würde das gerne ausführlich erzählen, bin aber noch zu angefüllt, berührt und bewegt – und dann auch verwirrt von der Fremdheit in einer so anderen Kultur.

Ich bin wirklich noch ohne Worte. Glücklich auf etwas labiler Basis – so typisch für meine indischen Erlebnisse.

Berlin

19. März 2006

Jetzt habe ich aber immer noch nicht von Kaschmir erzählt, und das habe ich mir für heute vorgenommen. Ich war also dort zu Besuch in der Familie von Ahmad in Srinagar.

Das erste Mal hatte ich ihn vor drei Jahren auf Gulams Hausboot getroffen, da war er ein Collegestudent von ca. zwanzig Jahren und hat mich gelöchert mit Fragen zum Leben in Europa, von Politik über Sexualmoral zu Studienordnungen. Wir haben Mailadressen ausgetauscht, und er schrieb dann hin und wieder. Er fing an, in Studien- und Lebensfragen nach meiner Meinung zu fragen und war für meine Echos überwältigend dankbar. *"You are my best friend, you are my teacher."*

Und dann kam natürlich immer wieder die Aufforderung, beim nächsten Indienbesuch ganz bestimmt nach Kaschmir zu kommen und ihn und seine Familie zu besuchen. Bittere Enttäuschung, als ich das beim letzten Mal nicht einrichten konnte und wollte.

Diesmal nun wollte ich diesen Besuch Anfang März machen, um herauszufinden, wie real diese Verbindung denn eigentlich ist.

Da der 3. März der letzte Tag des George Bush Besuches in Indien war, gab es in Kaschmir Bandh (Streik). Die Läden waren geschlossen, der öffentliche Nahverkehr fuhr nicht, man sollte nicht unnötig draußen sein, aus Furcht vor antiamerikanischen Protesten. Vom Flughafen fuhr ich mit dem Taxi bis zum vereinbarten Treffpunkt, dort holte mich Ahmad mit dem Motorbike ab. So sah ich ihn das erste Mal seit drei Jahren.

Nach kurzer Motorradfahrt kamen wir im Haus der Familie an. Zur Familie gehörten Abu (Vater), Fida (Mutter), Ahmads Bruder Sayeed und seine Schwester Mahina. Sayeed und seinen Vater hatte ich schon vorher in Delhi getroffen, weil Ahmad organisiert hatte, dass ich dort übernachten sollte, nicht im finsteren *Main Bazar*.

Das Haus in Srinagar war eingeschossig und sehr einfach eingerichtet. Ein Schreibtisch mit Computer für Ahmad und ein Bett waren die einzigen Möbel. Das Bett bekam ich, alle anderen schliefen auf dem Boden. Im Haus traf ich Mahina und die Mutter, beide mit Kopftuch. Die Mutter (die ja wahrscheinlich mein Alter ist), sprach kein Englisch, so dass ich im direkten Kontakt mit ihr nur lächeln konnte, ihre Hand drücken – oder wenigstens die Hälfte von dem essen, was ich angeboten bekam.

Mahina spricht gut Englisch, und sie gefiel mir sehr gut. Voller Energie, Witz, Intelligenz – auch selbstbewusst. Und dabei gleichzeitig ganz zuhause in ihrer Rolle im Islam. Erstaunlich. Sie hat mich an einem Tag, an dem Ahmad arbeiten musste, zu verschiedenen Sufi-Schreinen geführt. Später haben wir Federball gespielt, haben Witze erzählt, sie hat nach Deutschland gefragt und ein bisschen aus ihrer Familiengeschichte erzählt.

Nachdem ich also am ersten Tag erst einmal drei Mahlzeiten hintereinander gegessen hatte, saßen wir alle in „meinem" Zimmer. Irgendwann machte Mahina den Fernseher an. Sie und ihre Mutter schauten hin, und Ahmad und ich fingen an, uns unabhängig davon zu unterhalten – ich weiß nicht mehr worüber. Ich saß auf meinem Bett, streckte mich später aus, er saß oder lag davor. Jeder von uns war warm in Decken gewickelt, denn dieses Haus war nicht geheizt, nur ein Heizlüfter wurde rumgereicht. Und in dieser Atmosphäre, auf dieser Gesprächsinsel inmitten von Familie und Fernseher, begann mein Herz zu schmelzen. Und ich sah es auch in seinem Gesicht. Um nicht immer gegen den Fernseher anzureden, brachte Ahmad den Apparat in die Küche, wo die drei später auch schliefen. Als er zurückkam und wir allein waren, sagte erst einmal niemand etwas – so ein Moment eben. Ich gab ihm meine Hand, irgendwann umarmten wir uns, berührten uns …

So, und nun bin ich tatsächlich verliebt in einen jungen Mann, der halb so alt ist wie ich – und ich finde es, ehrlich gesagt, herrlich! Aber so überraschend und schön diese Begegnung mit Ahmad war, das ganze Erleben umfasst viel mehr. Ich habe das Gefühl, in einem warmherzigen Meer von Liebe der ganzen Familie geschwommen zu sein und habe dadurch eine ganz neue Herzens- und Seelenkraft in mir gespürt.

Eine lustige und berührende Begegnung hatte ich mit der Mutter. Einen Vormittag waren wir ein paar Stunden allein, und da war die Frage: was machen wir jetzt? Ohne gemeinsame Sprache, aber auch ohne die Möglichkeit, sich mit einem Buch zurückzuziehen? Mir fiel dann ein, was man mit Kindern macht, die gerade sprechen lernen: man benennt Körperteile. Also habe ich nach den kaschmirischen Wörtern für Augen, Nase, Ohren etc. gefragt, alles wiederholt, hin und wieder das englische Wort gesagt – wir hatten viel Vergnügen. Dabei hatte ich dann eine komische Assoziation: in Shakespeares *"Henry V."* gibt es eine Szene, wo die französische Prinzessin Katherine, die Henry heiraten wird, mit ihrer Kammerzofe englisch lernt – genau in dieser Weise. Und so saß ich nun auf kaschmirischem Küchenboden und spielte gleichzeitig Kind und Shakespeare.

Dann holte Fida eine Handtrommel, fing an zu spielen und zu singen und brachte mir ein kaschmirisches Lied bei. Das wurde unser *party piece* und wurde bei einem Familienbesuch mehrfach vorgeführt. Als ich am letzten Tag von Delhi aus noch einmal in Kaschmir anrief, wollten alle mit mir sprechen. Fida sagte *"I miss you"* und sang am Telefon noch einmal das Lied mit mir.

Tja, und dann war da auch noch der Teil der Familie, dem ich in Delhi begegnet bin. Ahmads Bruder Sayeed holte mich vom Flughafen ab. Zuhause lernte ich auch seinen Vater kennen. Ein Lehrer, der aber aus Gesundheitsgründen nicht mehr arbeitete. Jedenfalls hat dieser Mann Erstaunliches für seine Familie geleistet, all das mit wenig Geld. Das gute Englisch, das Bedürfnis nach Bildung und eine gute Mischung von Freundlichkeit und Selbstbewusstsein hat er an seine Kinder weitergegeben, an die Tochter genau wie an die Söhne. Am Haus hat er, soweit es ging, auch selbst mitgebaut – ich glaube, er hat sich dabei völlig verausgabt. Doch er wusste viele Geschichten zu erzählen und konnte manchmal ganz herrlich lachen.

Und, und, und – es gäbe so viel mehr zu erzählen. Auch über Schattenseiten dieser Herzlichkeit: sie funktioniert in einem absolut geschlossenen System – und nur solange, wie man sich an die Regeln hält. Individuelle Freiheiten, die sich Ahmad ja durchaus nimmt, müssen durch Heimlichkeit und Covergeschichten verdeckt werden.

Jetzt bin ich also wieder hier und frage mich: was bedeuten diese ganzen Erlebnisse, speziell die Begegnung mit Ahmad, für mich HIER? Ich habe die ganze Familie ins Herz geschlossen und möchte gerne etwas für sie tun, etwas teilen. Aber wie? Ahmad träumt davon, nach Deutschland zu kommen – ein Traum voller Illusionen über ein „reiches Land". Ich könnte ihm also helfen, als Tourist zu kommen für ein paar Wochen. Oder ist es eher meine Verliebtheit, die davon träumt, ihm hier in größerer Freiheit zu begegnen? Ich weiß es nicht. So bin ich also in vielen Schichten sehr bewegt. Und verwirrt.

23. März 2006

Noch eine Geschichte, die ich mit Ahmads Familie erlebt habe, diesmal mit seinem Bruder Sayeed. Nach meiner Ankunft in Delhi habe ich ja zwei Tage bei ihm und seinem Vater, der gerade zu Besuch war, gewohnt.

Die Wohnung liegt in der Nähe von Nizamuddin, einem Ortsteil von Delhi – benannt nach einem Sufi-Heiligen. Ich hatte gelesen, dass am Schrein des Heiligen jeden Donnerstagabend Qawwali-Gesänge zu hören seien, mystische, manchmal ekstatische Sufi-Musik. Ich war neugierig auf diese Gesänge, und so haben Vater und Sohn beschlossen, mit mir abends dorthin zu gehen, Sayeed und ich gingen vor. Sayeed checkte erst die Lage und besorgte mir dann einen Platz auf dem Boden vor dem Schrein. Direkt gegenüber dem Schrein saßen junge und alte Männer in vier Reihen hintereinander, in der ersten Reihe gab es zwei Harmonien und ein paar Tablas. Ein Vorsänger sang eine Zeile vor, die anderen sangen nach und klatschten. Mal war die Musik langsam und ruhig, mal lud sie sich im Rhythmus der Tablas auf und wurde schneller und lauter. Hin und wieder tauschten die Männer die Plätze und jemand anderes machte den Vorsänger. Während gesungen wurde, gingen zwei oder drei farbig gekleidete Männer durch die Reihen und wedelten schwungvoll mit so etwas wie grünen Fahnen oder Bannern. Ich fragte, ob das eine symbolische Bedeutung hätte – es diente aber nur der Kühlung. Immer wieder humpelten oder krochen Bettler durch die Reihen, zeigten ihre Klumpfüße oder gelähmten Glieder, Kinder bettelten um Essen.

Ich saß da, genoss die Musik, den warmen Abend, die Farben und die Bewegung um mich herum. Da hörte ich hinter mir, nur wenig über meinem Kopf eine helle Kinderstimme. Ich denke mir, dass so der kleine Prinz geklungen haben muss, als er sagte: „Bitte zeichne mir ein Schaf." Irgendwann drehte ich mich um und sah, dass da tatsächlich ein kleiner, vier- bis fünfjähriger Junge stand und mit Sayeed sprach. Ich konnte natürlich nicht verstehen, was die beiden redeten, sah dann aber, dass Sayeed den Kleinen einlud, sich auf seinen Schoß zu setzen, was dieser erst vorsichtig, doch dann ganz vertrauensvoll tat. Die beiden sprachen weiter miteinander, es hatte etwas sehr Inniges. Auch die Art, wie Sayeed mit seinen Armen dem Kleinen Halt und Schutz, aber auch Raum gab war berührend. Ein ganz inniger Moment. Irgendwann stand der Kleine dann auf und ging. Sayeed meinte, der Junge sei ein Bettler – aber er sah so untypisch aus. Ordentlich gekleidet, sauber – und er ist auch ohne Geld gegangen. Vielleicht war er doch nicht ganz von dieser Welt.

23. April 2006

Ich bin seit gestern aus Köln zurück. Das war schön – und doch habe ich diesmal ganz deutlich gespürt, dass Köln für mich „alte Zeit" ist, verbunden mit einer gewissen Schwere. Auch alte Trauer und Melancholie wurden wach.

Mit einigen wenigen Leuten habe ich über Indien und meine Begegnung mit Ahmad gesprochen. Meist bin ich allerdings sehr vorsichtig in der Öffnung und halte, wenn ich überhaupt davon erzähle, eine Ecke meines Herzens schützend bedeckt – eigentlich die schönste und weicheste. Doch es liegt eine so ungeheure

Wertungsbereitschaft in der Luft beim Thema: mittelalte Frau verliebt sich in jungen Mann.

Und es kommt nur, nur, nur Entmutigung, wenn ich nach Studien- oder Arbeitsmöglichkeiten für Ahmad frage. Ich lese ja auch Zeitung und weiß, wie die Lage in Deutschland ist. Doch diese Haltung von „es lohnt sich gar nicht, damit überhaupt nur zu beginnen", macht mich rebellisch und weckt meinen Glauben, dass Wunder zwar selten sind, aber zum Bauplan der Welt dazugehören. Warum also nicht einfach etwas riskieren?

Ich muss mir nur immer wieder sagen, und weiß und spüre das auch, dass ich nicht Ahmads Leben „lösen" kann. Doch mit Ausnahme weniger Zweifelmomente kann ich diesen Balanceakt wach eingehen. Was kann ich denn schon „verkehrt" machen? Und was heißt überhaupt „verkehrt"?! Ob sich dann letztendlich ein Wunder ergibt oder nicht, werde ich sehen. Ich erwarte es nicht, aber ich bin immer noch zutiefst davon überzeugt, dass das Leben voller Wunder ist.

28. Mai 2006

Mein innerer Zustand ist vielschichtig, zerrissen, schwingt in vielen Rhythmen. Ganz vieles ist sehr hell, leicht, voller JA. Und darunter eine große Spannung, weil ich nicht „weiß", in welcher Weise ich mit Ahmad verbunden bin. Ich WARTE, wenn er ein paar Tage nicht mailt und ärgere mich dann über mich selbst, weil ich wieder einmal WARTE. Ein vertrautes Unliebesspiel ...

Ich habe mich also doch entschlossen, Ahmad im Sommer hierher einzuladen. Ich springe einfach in diese Erfahrung, ohne zu „wissen", was geschehen wird. Das beginnt gleich erst einmal mit einem Haufen von Bürokratie. Als ich Ahmad um seine kompletten Daten für den Visumsantrag bat, stellte sich heraus, dass er gar keinen Nachnamen hat. Er heißt wirklich einfach nur Ahmad.

Keine Arme, keine Beine, kein Verstand, das lässt sich in Deutschland alles regeln. Aber kein Nachname? Es ist ja alles so schon kompliziert genug, deshalb war ich ärgerlich, dass ich mich auch noch mit einem so unnötigen Problem rumschlagen muss. Jede online-Bearbeitung eines Formulars ist unmöglich. Immerhin ist es mir jetzt – hoffentlich! – gelungen, eine Krankenversicherung abzuschließen (Bedingung fürs Visum), indem ich erst einen Nachnamen erfunden habe (Ahmad Ahmad) und mir dann habe bestätigen lassen, dass die Versicherung auch für den einfachen Ahmad gilt. Langsam entwickele ich einen sportlichen Ehrgeiz in diesem sinnlosen Spiel, und meine Laune steigt. Spiel, Spiel, Spiel – solange ich das spüre, lösen sich so viele quälende Fragen auf.

Dazu eine Geschichte, die ich neulich gehört habe:

Am Anfang gab es nur das eine Licht. Dieses Licht wollte aber spielen und lieben, und so teilte es sich in zwei. Nun konnten sich Licht und Licht begegnen. Sie liebten sich sehr. So sehr, dass eines Tages das eine Licht zum anderen sagte: ich liebe dich so, du kannst mir alles, was dich belastet, alles Dunkle, Schwere, alle Angst geben, ich werde es für dich tragen. Das Licht spürte die Liebe im Angebot des Lichtes, nahm es an, und die beiden schlossen einen Vertrag.

Das helle Licht liebte die Hingabe des dunklen Lichtes und blieb hell und leicht. Das dunkle Licht fühlte sich durch die Last, die es trug, liebend verbunden. Doch im Laufe der Zeit wurde der Unterschied immer größer, die beiden erkannten sich nicht mehr in dem Anderen. Das Licht lehnte das Dunkle ab, fürchtete sich davor – und vertragsgemäß strömten Ablehnung und Furcht dem Dunkel zu und nährten es. Das Dunkle spürte die Ablehnung, vergaß sein Einssein mit dem Licht und schuf Situationen, wo es sich von Angst und Feindschaft nähren konnte. Die Liebe war vergessen, doch der Vertrag wurde weiter erfüllt.

Wird weiter erfüllt, denn da stehen wir jetzt.

19. Juni 2006

Vorige Woche hatte ich mehrere Tage nichts von Ahmad gehört und fing schon an, innerlich „aufzurechnen", was ich alles für ihn tue – und er tut nichts. Ich mag mich nicht, wenn ich so denke – aber von einem gewissen Punkt kommt dann das Gefühl, benutzt, ausgenutzt zu werden. Als mir das Warten dann zu anstrengend wurde, habe ich eine kurze Mail geschrieben, dass ich ärgerlich wäre. *I don't understand you. You risk losing me, do you know that?*

Es kam dann eine Antwort, Erklärungen, Geschichten... *Sometimes I am so tired of stories...*

Und doch höre ich in solchen Momenten auch immer wieder eine innere Stimme: „Warte nicht auf Antwort, denn du bist längst gerufen. Das Spiel von Frage und Antwort ist ein wunderschönes Spiel, solange es GESPIELT wird. Doch in Wirklichkeit gibt es keine Frage, die durch eine Antwort, kein Ich, das durch ein Du ergänzt werden muss. Du bist vollständig, du bist Liebe."

Zum Glück höre ich immer beide Stimmen. Die Stimme der Angst und Verlassenheit kann die Stimme der Verbundenheit, der Liebe, nie ganz übertönen. Und ich spüre immer wieder, wie wichtig es ist, die liebende Stimme gerade meiner ängstlichen, verstörten Seite zuzuwenden. Und manchmal spüre ich, wie meine verstörte Seite die mir selbst gegebene, die von mir selbst kommende Liebe annimmt. Gerade im Moment spüre ich es. Berührend.

Und wenn ich erst einmal so ins Spüren eingetaucht bin, merke ich auch, dass ich mir keinen Kopf zu machen brauche, dass mein Kommunikationsstress mit Ahmad etwas damit zu tun hat, dass er Inder, Kaschmiri, Moslem, so jung ist. Ich bin sicher, dass mir das mit jedem Mann so gehen würde, auch wenn die äußeren Bedingungen etwas „glatter" wären. Alles was mich tief berührt, berührt irgendwann die Schicht der Verlassenheit. Doch nur so kann diese Schicht auch heilen. Und sie heilt.

10. August 2006

Seit drei Tagen ist Ahmad hier, das ist schön – und herausfordernd. Bereits gestern Vormittag war ich emotional ziemlich durchgeschüttelt und frage mich jetzt, was mich dazu bewegt, mein Liebesleben so anstrengend zu gestalten.

Ich hatte mich eben doch auch auf gemeinsame Sexualität gefreut, und da klemmt es an allen Ecken und Enden. Alles in allem habe ich das Gefühl, dass Ahmad sich mir körperlich entzieht, bzw. dass er darin zwiespältig ist. Ich habe das Gefühl, in meinem Verlangen nach Berührung für ihn Teil einer „Sünde" zu sein. Das berührt frische und alte Wunden in mir und bringt mich in eine Stimmung, in der es schwierig ist, Gespräche zu führen. Gestern habe ich dann angesprochen, dass ich die kleinen alltäglichen Zärtlichkeiten vermisse. Dann die Frage der Sünde.

Theoretisch bin ich für Ahmad wunderbar, Sex ist keine Sünde, *"Don't worry"*.

Doch das sind Träume und Worte. Denen ich geglaubt habe, glauben wollte. Doch in seiner Kultur gibt es eben gar kein unabhängiges Individuum, das eine individuelle Meinung hat, individuelle Entscheidung trifft. In der Tiefe lebt Ahmad mit seiner Familie, seiner Kultur und Religion wie in einem untrennbaren Blutkreislauf. Das hat er nicht so formuliert, aber so klang es bei mir an. Erst so langsam begreife ich, auf was ich mich hier eingelassen habe.

Und bin erst einmal verletzt in meiner Bedürftigkeit und wütend, dass da Propheten und ihre Interpreten ungefragt mein Leben bestimmen, fühle mich als Frau gekränkt und verwundet.

27. August 2006

Drei Wochen ist Ahmad jetzt hier – es ist schön, schwierig, zum Wahnsinnigwerden, verrückt, komisch – einfach sehr viel.

Immer wieder merke ich, wie das Entscheidende, Lösende in den kleinen Bewegungen, in den alltäglichen Momenten geschieht. Momente der Offenheit, in denen wirklich gefühlt und ausgesprochen wird, was gerade ist, auch wenn es weh tut; völlige Nacktheit, Klarheit und Verletzlichkeit – und dann das Glück, das leise und von selbst fließt, gerade dann, wenn wir äußerlich nicht vollständig glücklich sind. Wo wir das aber so stehen lassen können, es annehmen als eben diesen Moment, nichts klären müssen, sondern nur das Fließen in diesem Moment spüren.

Gleichzeitig findet gerade das Yogafestival statt, wo ich diesmal nicht viel Programm mitbekomme, dafür aber gestern Übersetzerin beim Vortrag einer indischen Vedantalehrerin war. Ich wurde sehr wach als ich mich selbst im Übersetzen von der Grundhaltung des *non-attachments* sprechen hörte: das Leben in der ganzen Fülle des Moments leben – nur keine Erfüllung davon erwarten, weil die Erfüllung schon längst da ist.

Ich weiß nicht, ob das bei jedem so ist, aber bei mir ist es am stärksten die Sexualität, die mich zwischen Mangel und Fülle hin und her wirft. Größte Sehnsucht, größte Verletzbarkeit, umfassendste Berührung. Vielleicht auch einmal größtes Loslassen, doch gerade jetzt lerne ich Erfüllung am ehesten in der Hingabe an die momentane Begrenztheit.

13. September 2006

Das Zusammenleben mit Ahmad ist weiter ziemlich anstrengend, aber diese Erfahrung habe ich mir ja selbst ausgesucht. Neben der Sexualität ist der enge Kontakt zum Islam eine extreme Herausforderung. Auch die liebenswerte, liebende Grundhaltung, die ich in Ahmads Familie erlebt habe, hat als Basis eine Gesetzlichkeit, die für mich schwer auszuhalten ist. 1400 Jahre alte Aussagen über richtig und falsch werden unhinterfragt geglaubt, Fragen an den praktischen Sinn sind nicht vorgesehen. Lieber lebt man eine Doppelmoral in weitem Spagat.

Doch dann erinnere ich mich wieder an die lebenswichtige Bedeutung von „kein Widerstand". Auch nicht endlose Toleranz und Verständnis. Aber immer wieder neu: bei mir bleiben, mir selbst Raum geben, mich ausdehnen, meinen Spielraum spüren – und nicht aus Widerstand und Zusammenziehung heraus in Diskussion gehen und dadurch immer dichter, abgegrenzter, verletzter werden.

15. September 2006

Verglichen mit den meisten Deutschen bin ich ja eine Träumerin, lebe in ruhigen Rhythmen, manchmal ohne klares Ziel. Im Vergleich mit Ahmad allerdings bin ich die Effektivität und Zielstrebigkeit in Person und muss aufpassen, nicht allzu rechthaberisch zu werden.

Mit den Erfahrungen von immer wieder übergekochtem bis angebranntem Reis, weil Ahmad vergessen hatte, dass er vor ein paar Minuten angefangen hat zu kochen, mit Jogurt, der im Kühlschrank vor sich hin altert, weil die Idee eines bestimmten Nachtisches, den er kochen wollte, nie im Jetzt angekommen ist, mit Reis, den ich wegschmeißen musste, weil Ahmad vergessen hatte, dass er zum Essen (das er selbst vorgekocht hat) überhaupt nicht da ist – mit all diesen Erfahrungen einer Traumzeit, die nie in der Realität, vor allem in der gemeinsamen Realität ankommt, ist es schwer, nicht besserwisserisch „Recht" zu haben ...

Was mich im Moment aber am meisten anstrengt, ist das hautnahe Erleben des Islam. Noch verschärft um das Erleben des Islams im Ramadan. Es fühlt sich so widersinnig an, auf der einen Seite von Ahmad, Sayeed, von der ganzen Familie so liebevoll aufgenommen zu sein – und gleichzeitig zu sehen, dass ich vom Standpunkt der reinen Lehre aus als Frau Anlass „schlechter Gedanken" bin, häufig „unrein", und dann auch noch „ungläubig".

19. Oktober 2006

Es ist jetzt die letzte Woche von Ahmads Aufenthalt hier, Mittwoch früh fliegt er zurück. Ich werde ihn vermissen – und erleichtert sein.

Vorgestern habe ich allein einen wunderschönen Herbstspaziergang gemacht. Einmal keine Gespräche führen über Schals, über Universitäten, über Geld, einmal nicht ständig fotografieren müssen (Ahmad vor einem Baum, vor dem See, vor einem BMW), einmal still sein, einfach nur schauen, Lichttänze auf dem kleinen Wannsee, Herbstlicht in gold-buntem Laub, einmal richtig laufen, ohne dass jemand nach einer halben Stunde müde wird. Das tat gut. Und am Beginn des Weges habe ich das Kleistgrab besucht, nahe der Stelle, an der Kleist aus dem Leben gegangen ist. Ein Schild weist darauf hin, dass eine unruhige Seele hier Frieden gesucht hat, und bittet den Besucher: „Schone die Natur, die ihn hier liebend umfängt". Ein Satz, der mich berührt hat. Und ein anderer Satz aus seinem Abschiedsbrief an seine Schwester Ulrike klang auf einmal ganz neu in mir: „Die Wahrheit ist, dass mir auf Erden nicht zu helfen war".

Bisher habe ich darin immer hauptsächlich das Scheitern einer zu empfindsamen Seele gehört. Vielleicht heißt „auf Erden" aber auch nur: in dieser Gesellschaft, dieser Kultur, dieser Zeit. Der Dichter, Seher, spürend Wahrnehmende brauchte überhaupt keine Hilfe, weil seine Seele schon frei, ausgedehnt und verbunden war. Die tiefere Realität war frei und heil.

Und auch wenn Lesen nicht Leben ist – ich habe erneut gespürt, wie viel Begegnung im Dialog mit Dichtung liegen kann. Wie nahe ich anderen Seelen durch alle Zeiten kommen kann. Wie gut es ist, die Tiefe der Zeit, ihre Schichtung, ihre Bezüge zu erspüren – auch wenn dann wieder Zeit sich auflöst und es nur das stets neue Jetzt gibt.

23. Oktober 2006

Heute war der letzte Tag des Ramadan. Ein letztes Mal bin ich durchs Ahmads Aufstehen um halb fünf wach geworden, hörte dann kurz danach auch noch aus der Nachbarwohnung, wie dort jemand ausgiebig duschte, sich rasierte – ich stand in den Sonntag auf mit einer Wut auf alle Männer, Männergeräusche und Männerreligionen.

Nach Yoga, einem Cappuccino im Café und etwas Lesen im herbstsonnigen Park wurde meine Stimmung wieder besser. Ich ging nach Hause, um so langsam den Nachmittagstee vorzubereiten – Ahmad hatte noch mal ein paar neugewonnene Freunde eingeladen. Dafür hatte ich einen Pflaumenkuchen gebacken. Es wurde ein schöner Nachmittag, in den sich auch vier Kinder im Alter von sechs Wochen bis knapp drei Jahren gut integrieren ließen. Und in der

Zuwendung zu den Kindern, in der Herzlichkeit des Kontakts mit den Gästen sah ich auch noch einmal Ahmads besonderen Zauber – auch wenn ich seine Geschichten schon etwas zu oft gehört habe.

30. Oktober 2006

Eine letzte kleine Sonnenblume leuchtet mich über den Bildschirm hinweg an – ansonsten ist jetzt richtig Herbst. Überall Blätter auf der Straße, es wird kühler und mit der Zeitumstellung auch dunkler. „Wer jetzt kein Haus hat ..."

Meine Seele ist noch berührt und wund von Ahmads Besuch. Er hat so viel von mir genommen, und hat mir sicher auch Wichtiges gegeben, was immer das genau ist – Begegnungen, Wärme, Menschen. Aber in dem, was ich am meisten ersehnt habe – Zärtlichkeit und Zuwendung nach meinen Bedürfnissen – hat er eine Leere hinterlassen, die schmerzt wie nur Mangel schmerzt. So bin ich nun berührt, verwirrt, traurig, erfüllt, leer – und sehr erschöpft.

30. November 2006

An Tagen wie gestern, wo keine „Außentermine" mich zu „normalem" Verhalten zwingen, erlebe ich manchmal eine ganz neugeborene Freiheit des Erlebens: Vielleicht ist ja alles ganz anders?

Ich fühle mich wie auf einem neuen, wunderschönen Planeten. Er sieht aus wie der, den ich kenne, und doch ist alles ganz anders. Meine „Gefühlsreflexe" funktionieren nicht. Ich bekomme so viel, nur nicht das, von dem ich dachte, dass ich es brauche und wünsche.

Gestern Nachmittag bin ich z.B. bei mild herbstlichem Wetter in meinen Lieblingspark im zu-Fuß-Bereich gegangen. Er liegt neben dem Schöneberger Rathaus und wenn ich ihn betrete, fällt mein erster Blick auf einen goldenen Hirsch, der einen Brunnen krönt. Vom Hirschbrunnen führen breite Stufen zu einem tief gelegenen, von Kolonnaden umgebenen Rasen. Manchmal machen Leute dort

Tai Chi. Ich ging auf der Sonnenseite an der Wiese vorbei, passierte eine Bank, wo ein junger Mann saß, die Augen geschlossen, aufrecht sitzend als meditierte er. Das steckte mich an. Ich suchte mir eine andere Bank in der Sonne, setzte mich in den Schneidersitz und wurde still. Das tat gut. Still sein in der Nähe eines stillen Menschen.

Dann ging ich eine große Runde durch den Park und sah auf dem Rückweg einen Mann auf der Wiese, der irgendeine Bewegungsmeditation machte. Aikido vielleicht? Doch es sah tänzerischer, leichter aus. Ich blieb stehen, schaute ihm zu. Als er zurückschaute, fragte ich ihn, ob das Aikido wäre, er meinte es sei alles Mögliche, er bewege sich zu Musik. Das würde ihm helfen, die innere Mitte zu stärken.

Ich sagte ihm, schon im Zuschauen wirkte seine Bewegung auch in mir. Er freute sich, legte die Hände aufs Herz und verbeugte sich leicht. Ich erwiderte die Verbeugung und ging weiter.

Nach einer gewissen Abstinenz von „Kirche" habe ich in Berlin wieder angefangen, Orgelvertretungen in Gottesdiensten zu spielen. Dabei spürte ich, dass meine Liebe zu Bach, zum Orgelspiel, zur Liturgie tief und tiefer reicht, wären Predigt und Theologie mich kalt und kälter lassen.

Als ich in indischen Schriften zu Yoga und Vedanta über Nondualität las, die Nicht-Trennung, die Einheit von Mensch und Gott, war das für mich wie ein Wiedererkennen: DAS höre und fühle ich in Musik, in Bach, durch alle oft furchtbaren Texte hindurch.

Was für ein Spagat – in der Liebe zur Musik schägt mein Herz im Westen, in der Spiritualität im Osten. Dann erinnerte ich mich, dass ich vor Jahren einmal ein Buch gelesen hatte: „The Marriage of East and West" des englischen Benediktinerpaters Bede Griffiths. War das vielleicht ein Hinweis auf Verbindung? Ich googelte seinen Namen und entdeckte nicht nur eine Biografie, die ich bestellt und gelesen habe, sondern auch den Hinweis auf einen dreiminütigen Youtube-Link – die Ausstrahlung dieses alten Mönches verzauberte mich.

Father Bede, dem ich auch den Titel meines Buches "The Other Half of My Soul" verdanke, lebt nicht mehr, aber in der Biografie erfuhr ich, dass es seinen Ashram Shantivanam in Südindien noch gibt – und dorthin führte mich meine nächste Indienreise.

Fünfte Indienreise

Einstimmung

Berlin

August 2008

Ich hatte mir überlegt, eventuell wieder in die Kirche einzutreten. Nicht um dorthin „zurück" zu gehen. Alle Gründe, die mich haben austreten lassen, sind noch da. Ich fühle mich auch nicht „nackt" ohne Kirche, sondern wunderbar frei. Aber wenn ich vorher immer das Gefühl hatte, dass ich mit der Aussage „ich bin evangelisch" auch den ganzen Mief und Muff der Kirche an mir kleben hatte, bleibt jetzt in dem Satz „ich bin nicht in der Kirche" oder „ich bin ausgetreten" so viel Liebe draußen. Liebe zu meinen ganz tiefen Wurzeln. Wenn ich versuche, der Liebe Namen zu geben, Jesus, Maria, oder anderes, klingt das schon viel zu platt. Und selbstverständlich braucht diese Liebe kein „Etikett", es ist vollkommen unwichtig, ob ich mit dieser Liebe in der Kirche bin oder nicht. Aber wenn es egal ist, kann ich ja auch drin sein. Mit den Einsichten von Bede Griffiths auf meiner Seite machte das für mich Sinn.

Also habe ich den Pfarrer angerufen, mit dem ich vor fast vier Jahren ein Gespräch hatte, bevor ich ausgetreten bin. Dieses Gespräch hatte ich als ganz positiv in Erinnerung.

Was habe ich ihm also erzählt? Ich habe ihm gesagt, dass mir der Austritt sehr gut getan hat, dass es mir oft bei meinen Orgelvertretungen gut tat zu wissen „ich gehöre nicht dazu", dass ich aber gerade in der neuen Freiheit in neuer Weise meine Verwurzelung im Christentum gespürt habe, die nichts mit dem Mief, Muff und der Kleingeistigkeit zu tun hätte, die ich so leid war. Ich habe ihm gesagt, dass ich hier in Berlin überwiegend mit Leuten zu tun habe, die entweder keine oder eine gestörte Beziehung zum Christentum haben und dass ich dennoch noch nie so viel über Jesus, Bibel, christliche Fragen gesprochen hätte, in den entlegensten Zusammenhängen, wie in den letzten Jahren. Ich habe gesagt, dass mir christliche Theologie immer unverständlicher und fremder wird und dass es für mich ein Aha-Erlebnis war, mit Bede Griffiths Christus durch Advaita-Vedanta zu begegnen.

Ich habe ihm gesagt, dass es bei so viel tiefer und freudiger Verbindung für mich Sinn machte, doch wieder Mitglied einer Kirche zu sein. Dass diese Kirche für mich aber im Wesen die Unam Sanctam Ecclesiam wäre, nicht eine bestimmte örtlichen Kirchengemeinde.

Ich glaube, erst an dieser Stelle habe ich den Pfarrer mal zu Wort kommen lassen...

Grundsätzlich freute er sich natürlich über mein Interesse, findet mich, glaube ich, auch ganz sympathisch. Aber es geht natürlich um „wichtige Dinge", und da ist eben alles „nicht so ganz einfach".

Als ich ihn fragte, wie denn ein Eintritt überhaupt funktionierte, sagte er, ich müsse einen Antrag an den Gemeindekirchenrat stellen, der darüber formal entscheiden würde. Geistlich wäre ich wieder Mitglied mit der ersten Teilnahme am Abendmahl nach dem Eintritt. Ich sagte, ich hätte nie aufgehört, zum Abendmahl zu gehen. Naja, meinte er, ein Austritt wäre schon eine selbstgewählte Exkommunikation. „EXKOMMUNIKATION?!" Ich sagte, ich hätte nicht die empfangenen Sakramente zurückgegeben, ich hätte nur die Vereinsmitgliedschaft gekündigt. Er: die Kirche sieht sich nicht als Verein. Und dann setzte er zu komplizierten Erwägungen über das Abendmahl an: „Natürlich, der Mensch vor Gott... reformiertes Abendmahlsverständnis... jüdischer Opfergedanke... Wandlung... Zeichen als Zeichen oder als Wirklichkeit... einerseits die Semiotik, andererseits..." – und wieder wusste ich genau, warum ich nichts mehr mit christlicher Theologie zu tun haben will.

Ich bin da auch weiter nicht drauf eingegangen und habe gesagt, dass das doch alles gar nicht so kompliziert ist. Ich habe ihm eine Geschichte von Griffiths erzählt, wo dieser während einer interreligiösen Konferenz im Hotelzimmer eines Hindupriesters zu einer Privatpuja eingeladen ist. Der zelebrierende Priester holte eine kleine Statue aus seiner Reisetasche, *"Before the puja he consecrated the statue"*, dann fand die Puja in der Präsenz des in der Statue verkörperten Gottes statt. *"Afterwards he de-consecrated the statue and put it back into his bag."* Aus dem Symbol Gottes wurde wieder ein Gegenstand. *"Very practical."*

Diese Geschichte erzählte ich also und sagte: erklärt das nicht Rituale, Liturgien, Symbole, Sakramente? Es ist alles ein Spiel, gefüllt – *for the time being* – mit dem tiefen Ernst wirklichen Spiels. Kinder wissen das. Sie nehmen ein Klötzchen und sagen: das ist ein Auto. Und für die Dauer des Spiels IST es ein Auto. Zwei Stunden später lachen sie einen aus, wenn man zum Klötzchen Auto sagt.

Darauf entgegnete der Pfarrer etwas, in dem die Wörter „evozieren" und „Konstruktivismus" vorkamen, und ich habe aufgegeben, mein Seelenleben zu erklären.

Ich habe dann gesagt, ich würde mir die Sache noch einmal überlegen und habe ihn dann noch gefragt, wie das denn für ihn ist, wenn da jemand so leichtfüßig und nach Belieben aus der Kirche heraus und wieder hinein spazieren will. Er: oh, da empfände er sehr viel Sympathie. Kirche mache es einem nicht leicht, und er könne es gut verstehen, dass man da auch mal Abstand braucht. Er persönlich fände gerade die Menschen am Rande der Kirche auch sehr wichtig.

Und erst bei diesem „am Rande" habe ich gemerkt, dass er nichts begriffen hat, denn ich fühle mich GANZ IN DER MITTE. Mitten in der Gottesliebe, ganz und gar gesegnet.

Ob der Traum der vergangenen Nacht damit etwas zu tun hatte? Ich weiß es nicht.

Ich habe geträumt, ich wäre in einem Raum, wo ein Fenster offen steht. Dort hinein hat sich eine Meise verflogen, die hektisch im Raum herumflattert und mir große Angst macht. Mit einer anderen Frau zusammen versuche ich, die Meise durchs offene Fenster ins Freie zu scheuchen.

Ob der Vogel fliehen kann oder gegen eine Scheibe fliegt und stirbt, weiß ich nicht. Ich überlege mir aber im Traum, was ich mache, wenn er stirbt. Ich sehe den toten Vogel reglos auf der Erde liegen und überlege mir, wie es wohl ist, den stillen, noch warmen gefiederten Körper mit seinem gebrochenen Genick in die Hand zu nehmen. Ob ich den Mut, die Überwindung für diese zarte Geste haben werde?

Indien

29. Dezember 2008 bis 14. Februar 2009

Saccidananda Ashram Shantivanam, Tamil Nadu

2. Januar 2009

Indien beginnt *very challenging, indeed*. Vom ersten Reisetag an hatte ich immer wieder Zahnschmerzen, die mich sehr an meine Schmerzen vor ein paar Monaten erinnerten, d.h. an eine Zahnwurzelentzündung. Ein *root canal treatment*, eine Wurzelbehandlung, war zwar nicht unbedingt eine Erfahrung, die ich in Indien machen wollte. Doch etwas musste getan werden. Als ich im Ashram fragte, bekam ich eine Empfehlung für einen Zahnarzt im Nachbarort – allerdings hatte ihn niemand wirklich „ausprobiert".

Ein Dienstmann des Ashrams wurde mit mir losgeschickt. Allein hätte ich den Arzt ja gar nicht gefunden, da hier alles nur tamilisch beschriftet ist.

Als wir ankamen hing ein Schild an der Tür, dass die Praxis geschlossen sei. *"No problem"*, sagte mein Begleiter, lief los und fand um die Ecke einen anderen Zahnarzt. Ich fühlte mich überhaupt nicht wohl bei dieser nicht mal auf der kleinsten Empfehlung beruhenden Arztwahl, aber auch beim fünften Indienbesuch finde ich es schwierig, mich diesem unerschütterlichen *"No problem"*-Optimismus zu widersetzen.

Bei dem neuen Zahnarzt sollte ich eine halbe Stunde warten und schaffte es irgendwann, einen Blick in das Behandlungszimmer zu werfen – *o dear!* Während ich überlegte, ob ich bleiben oder fliehen sollte, kam mein Begleiter zurück und berichtete, der Zahnarzt, zu dem wir ursprünglich wollten, hätte doch auf. Als ich dann dessen Behandlungszimmer sah, war ich im Vergleich zu dem anderen geradezu begeistert. Ein barfüßiger junger Arzt in Alltagskleidung, eine Helferin im Sari und ein „indisch sauberes" Spülbecken gaben da einfach nur Lokalkolorit.

Mit ein paar kleinen Tests bestätigte der Arzt, was ich schon vermutet hatte und sagte mir, ich hätte zwei Möglichkeiten: *"Root canal treatment or extraction"*. Da ich meinen Zahn behalten wollte, habe ich mich für die erste Variante entschieden – und hatte das Gefühl, dass der Arzt konzentriert und professionell gearbeitet hat. Sehr nüchtern, keine Freundlichkeiten zwischendurch, nur: *"Open mouth. Close"*.

Doch auch jetzt, wo die Narkose weg ist, habe ich keine Schmerzen. Ich muss jetzt allerdings noch mindestens eine Woche hier bleiben, um dann die provisorische Füllung ersetzen zu lassen. Für die heutige Behandlung habe ich 400 Rupien, etwa 7 Euro bezahlt.

3. Januar 2009

Da ich mich im Mund wieder richtig wohlfühle – und das wirkt auch auf alles andere – hatte ich heute Abenteuerlust und wollte mich mal aus dem rundherum wohlorganisierten Ashramleben ins indische Gewühl stürzen und auf eigene Faust den Srirangam Tempel in Tiruchirapalli (den Namen schreibe ich nur, um ein Vorstellung der durchschnittlichen Länge hiesiger Ortsnamen zu geben!) zu erkunden.

In Trichy (das ist die Kurzform) bin ich, nach knapp einstündiger Busfahrt und immerhin einem vollständigen Sitzplatz in der *ladies*-Ecke, trotz genauer Anweisungen an der falschen Haltestelle ausgestiegen, konnte mich aber trotzdem zu einem Bus zum Tempel durchfragen. Im zweiten Bus hatte ich dann einen halben Platz (eine Pobacke) auf einer Holzkiste.

Der Tempel ist typisch südindisch, mit hohen Gopurams, turmartigen Toren, die über und über mit Götterskulpturen verziert und in knalligen Farben angemalt sind. Es hat etwas von Disneyland.

Von Tor zu Tor kommt man in immer weiter innen gelegene Höfe und Wandelgänge, die das Innere umkreisen (bzw. umvierecken). Zunächst ist es nur laut. Von außen noch das Hupen der Autos, innen am Maximum operierende Lautsprecher, Musik und Handyklingeltöne. Nach innen wird es etwas (aber nur etwas) ruhiger. Seitlich gehen dann „Kapellen" für die eigentlichen Zeremonien ab. Doch da dies ein strengerer Tempel ist, sind diese nur für Hindus. Ich wusste das zwar vorher, fühlte mich aber doch unfreundlich behandelt, wenn alle anderen Beschriftungen nur in Tamil sind und das einzige, was ich lesen kann, Verbote sind.

Dann sah ich, dass an einem schattigen Innenhof Essen ausgeteilt wurde. Gratis, soweit ich feststellen konnte. Hinweise auf Spenden habe ich nicht gefunden. Weniger aus Hunger als aus dem Bedürfnis, an irgendetwas teilzunehmen, habe ich mich in die Schlange derer eingereiht, die dann auf einem Palmblatt einen Schöpflöffel Reis mit Gemüse bekamen. Ich setzte mich in den Schatten und aß (es war sehr lecker) und hatte gleich eine Schar Inderinnen in roten Saris um mich herum, die mich (originellerweise) fragten, aus welchem Land ich käme.

Ich freute mich über die Gesellschaft, sie freuten sich, dass ich mich freue – und mein Ärger über Unfreundlichkeit war Vergangenheit.

Jetzt möchte ich noch von einem merkwürdigen Ereignis vorgestern berichten. Der Ashram unterstützt einige karitative Projekte in der Umgebung, u.a. ein Altenheim und eine Schule. Das Geld kommt natürlich überwiegend von den westlichen Besuchern, die normalerweise kein Aufheben um ihre Spenden machen. Im Moment ist aber eine Frau aus Bayern zu Besuch, die für verschiedenste solcher Projekte Geld auftreibt und jetzt im Dorf über zwanzig Häuser für arme Menschen auf diese Weise finanziert hat.

Die Frau hatte mich schon vorher durch ihr herrisches Auftreten etwas befremdet. Wie erstaunt war ich aber, als ich vorgestern aus meiner (noch schmerzgeplagten) Mittagsruhe durch Oboen- und Trommelmusik geweckt wurde. Eine Hochzeit? Neugierig stand ich auf und ging zum Ashrameingang: da stand ein Ochsenkarren, girlandenverziert, auf dem in einem dieser globalisierten Plastikstühle stolz lächelnd die bayrische Dame saß, drei Musiker hinter sich.

Zusammen mit einem Priester des Ashrams (der das Ganze mit viel Humor und wirklicher Liebenswürdigkeit durchstand) zog eine Prozession ins Dorf, um die Häuser einzuweihen. Mit einigen Ashramgästen ging ich mit, um diesem kuriosen Spektakel beizuwohnen.

Auf dem Dorfplatz wurden wir von einigen Dorfvertretern empfangen, mehrere Schals wurden ehrerbietig ausgetauscht. Die Dorfkinder hatten ihren Spaß. Dann wollte die Dame noch ein Gebet sprechen und stimmte das Gayatri Mantra an – keiner der Hindus sang mit …

Wir zogen weiter zu den Häusern, die nach ihren Spendern benannt waren – eines hieß tatsächlich „Stubenmusi Lohmeyer"! Musik, Durchschneiden eines Bandes, Begehung des Hauses, Begrüßung der zukünftigen Bewohner, Foto, Gayatri, Kaffee, Gebäck.

Es war peinlich und komisch – doch auch interessant. Noch nie war ich so nah dran am *receiving end of charity*. Denn im Grunde waren diese Häuser das, was Spender sich wünschen: klare Projekte, das Geld wird ohne bürokratische Zwischenstationen vor Ort an Bedürftige weitergegeben. Und doch – wer dient hier wem?

6. Januar 2009

Shantivanam, der Ashram, in dem ich jetzt eine Woche verbracht habe, ist ein besonderer Ort. Auch wenn die wörtliche Bedeutung „Wald des Friedens" nicht mehr ganz der Wirklichkeit entspricht – durch eine nahegelegene Straße und die indische Freude an Lautsprechern ist der akustische Frieden ziemlich vermüllt.

Der Ashram wird früh um 5 Uhr wach – eine Glocke läutet zum Angelus. Auch aus dem Dorf tönt zu dieser Zeit schon *devotional music* und der lautsprecherverstärkte Gebetsruf eines Muezzins. Um 5.30 kann man am Namajapa teilnehmen – Mantrensingen zum Tagesbeginn. Ich finde diese Zeit kurz vor Tagesanbruch sehr schön und hüpfe tatsächlich meistens so früh aus Bett und Moskitonetz und gehe, mit einer Taschenlampe bewaffnet, zum im Moment provisorischen Tempel (am eigentlichen Tempel sind Bauarbeiten).

Mein persönliches Morgenritual sieht dann so aus, dass ich anschließend, also kurz nach halb sechs, zum überdachten Yogaplatz gehe und ein paar Übungen mache. Tagsüber ist es mir dafür zu warm und abends sind die Mücken sehr aktiv.

Um 6.30 ist dann Morgengebet und Eucharistie (mit Chapati als Hostie!), danach Frühstück. Wenn wir in den Frühstücksraum kommen, ist der „Tisch schon gedeckt": es liegen Bastmatten in zwei gegenüberliegenden Reihen auf dem Boden ausgebreitet, vor jedem Platz eine kleine Bastmatte als „Tischset", darauf ein Metallteller und ein Becher. Aus der Küche nebenan werden Schüsseln und Eimer mit z.B. Reis, Linsen, anderem Gemüse herübergereicht, alle setzen sich und einige der Besucher und Bewohner gehen mit den Schüsseln herum und bedienen die anderen. Es werden auch Löffel angeboten für die, die nicht mit den Fingern essen wollen. Gegessen wird schweigend. Und da das Essen mit den Fingern leiser ist als das Essen mit Löffeln, ist das wirklich eine ganz angenehme Ruhe. Sein Geschirr spült jeder selber ab. Danach sind die Gäste gebeten, sich am *chopping* zu beteiligen, d.h. am Kleinschneiden von Gemüse für die nächste Mahlzeit.

Um 10 Uhr gibt es dann *coffee* – eine Gelegenheit, mit anderen Gästen und Neuankömmlingen ins Gespräch zu kommen. Der typisch englische *morning coffee* ist eine der vielen liebenswürdigen Hinterlassenschaften des englischen Benediktiners Dom Bede Griffiths, der den Ashram zwar nicht gegründet, ihn aber ganz wesentlich geprägt hat. So ist vieles hier sehr indisch – das Essen, das Sitzen am Boden, die vielen Gesänge in Sanskrit und Tamil, das Chapati zum Abendmahl – aber da ist auch die liebenswürdige englische Höflichkeit, die Father Bede so ausgezeichnet hat und die auch eine ganze Reihe der Gäste mitbringt. Indisch einfach und englisch höflich – das ist für mich das Beste beider Welten.

Was auch immer für „Tagesordnungspunkte" der Ashram anbietet – sie sind uns völlig freigestellt. Niemand muss irgendwo hin, ist zu etwas verpflichtet, hat einen „Termin". Das hatte Michael, der

Assistent Guest Master, bei der Führung über das Gelände am ersten Tag erklärt: *"You are here for your own spiritual path not for ours".*

9. Januar 2009

Eine meiner liebsten Stunden im Ashramtag ist der tägliche *talk* mit Brother Martin.

Martin stammt aus Andra Pradesh, wurde in den 80er Jahren durch Bede Griffiths nach Shantivanam gezogen und lebt dort seitdem. Er ist einer der unabhängigsten Denker, denen ich begegnet bin. Es ist so erfrischend, Denken als Freiheit und nicht als Einschränkung zu erleben.

In einem Film über Father Bede hört man diesen sagen: *"I didn't know that Christians could think"*, und ehrlich gesagt, habe ich bisher die gleiche Erfahrung gemacht. Wenn Leute aus dem christlichen Umfeld wirklich frei und mutig denken, tun sie das meist außerhalb ihres Christentums – in der Sprache von Wissenschaft, Therapie, spiritueller Szene etc. – aber im engeren christlichen, oder gar kirchlichen, oder gar katholischen Rahmen werden bestimmte Dinge einfach nicht gedacht.

Eine große Unterstützung im freien Denken ist es, wenn man, wie Martin, in beiden Welten zuhause ist, in den westlichen prophetischen und in den östlichen Weisheitstraditionen.

Ich finde, es ist einfach ein Skandal, wie wenig unsere westlichen Theologen über die östliche Sicht der Welt wissen. Sie stopfen sich ihre Köpfe mit westlicher Theologie (und auch der Nahe Osten ist in diesem Sinne westlich), westlicher Philosophie (griechisch-römisch), westlicher Wissenschaft, westlicher Geschichte zu – und der Osten wird unter „Weltreligionen" abgehandelt. Es gibt vielleicht Respekt für den Dalai Lama und Mahatma Gandhi, ansonsten ein Lächeln über heilige Kühe und viele Götter, Stirnrunzeln über Kastensysteme, und dann ist da noch Yoga und Tai Chi, etwas Exotik und Esoterik – vielleicht sogar Erotik (Tantra) – und das war's.

Wer weiß denn bei uns, dass das Weltbild der Upanischaden, dass Advaita-Vedanta ein philosophisches System ist, das der griechischen Philosophie ebenbürtig gegenüber steht – und manche Dinge einfach besser versteht und erklärt. Wobei das Wort Philosophie in Indien nicht ganz passend ist: es überschneiden sich dort unsere Begriffe von Philosophie, Religion, Lebenspraxis.

Während unsere Kultur durch Freud inzwischen wenigstens von zwei Bewusstseinszuständen weiß (bewusst und unbewusst), beschreiben die Hinduschriften vier Stufen des Bewusstseins. Und nur im Verständnis dieser Bewusstseinsschichten, die das persönliche Ich und seine Bindung an Raum und Zeit überschreiten, macht das Reden von Einheit, *All is One*, erst Sinn. Dann ist es nicht nur ein „schönes Gefühl", sondern eine wahrnehmbare Realität.

Und für Martin kommen in Jesus, in Christus, diese beiden Traditionen zusammen und öffnen sich zu einer wirklichen Universalität, jenseits von Raum und Zeit. Nicht in dem Sinn, dass Christentum „besser" ist als Hinduismus – Christus geht vielmehr über die Grenzen sowohl von Hinduismus als auch von Christentum als Religion hinaus.

Mehr oder weniger sagt Martin, dass das Christentum, genau wie alle anderen Religionen, ein Missverständnis ist, worin etwas Unendliches limitiert wird. Da die Religionen in ihrer bunten Vielfalt aber nun einmal existieren, können wir sie in Freiheit nutzen und von ihren Traditionen lernen, um sie dann, wenn wir ihrem Schutzraum entwachsen sind, hinter uns zu lassen.

Noch nie habe ich bisher einen Prediger sagen hören, dass wahre Gottesliebe am Ende die Religion und sogar Gott hinter sich lässt. Wie erfrischend ist das. Wie frei.

Wie so etwas an einem Ort möglich ist, der immerhin Bestandteil einer benediktinischen Kongregation ist, ist eines der Geheimnisse Indiens. Und ebenso geheimnisvoll ist, dass in den *talks* doch wieder jeder hört, was er hören möchte. Zurzeit sind in Shantivanam einige junge indische Theologiestudenten zu Gast, die demnächst zu Priestern geweiht werden und dann als Missionare nach Afrika gehen. Es sind sehr freundliche, lustige, herzliche, mutige, tief gläubige Menschen – jedoch ohne einen eigenen Gedanken. Auch sie sitzen in den *talks*, hören jedoch etwas völlig anderes als ich. Ich höre Freiheit, sie hören Ordnung.

Zurück zu weltlichen Abenteuern, in diesem Fall dem Kauf einer Zugfahrkarte, eine Prozedur, die durch die Verschlingungen der damit verbundenen Bürokratie auch schon eine beinahe metaphysische Note bekommt.

Um 8.15 Uhr habe ich gestern früh den Ashram verlassen, um halb zwei mittags war ich wieder zurück. Das Ticket für eine vierzehnstündige Zugfahrt im Liegewagen hat knapp fünf Euro gekostet. Doch ich musste dafür eine Stunde mit dem Bus in die nächste Stadt fahren. Der Bus war knallvoll, wir standen Mensch an Mensch, eine Musikanlage spielte Bollywoodsongs in maximaler Lautstärke und minimaler Klangqualität.

Ich wusste nicht, wie ich von der Busstation zum Bahnhof kam, handelte eine Rikscha von 35 auf 25 Rupien herunter – und war, kaum losgefahren, auch schon angekommen. Es lag um die Ecke.

Ich besorgte mir ein Formular, das es am *...UIRY* Schalter gab *(enquiry)*, füllte Zugnummer, Zeiten etc. aus und stellte mich dann in die Schlange für Behinderte, Rentner und *Ladies*. Als ich dann endlich an der Reihe war, hieß es der Zug sei ausgebucht, ich sei auf Platz 48 der Warteliste. Ich hatte keine Ahnung, welche Chancen auf eine Reservierung bei Platz 48 bestanden und wollte doch angesichts einer so langen Nachtfahrt die Garantie auf einen eigenen Platz (mitfahren kann man wohl immer – fragt sich nur wie).

Also stellte ich mich wieder am Auskunftsschalter an und erhielt nach einigem hin und her die Information, dass einen Tag später im *ladies' compartment* noch etwas frei wäre. Wieder stellte ich mich in die *ladies*-Schlange an, hörte erst wieder, der Zug sei ausgebucht. Als ich aber darauf hinwies, dass ich eine *lady* bin (!), bekam ich meine Reservierung.

Auf dem Rückweg zum Bus (ein überschaubarer Fußweg) trank ich einen Kaffee und begann dann in der riesigen Busstation einen Bus nach Thanirpalli zu suchen. Nicht so einfach, weil ich ja die Schrift nicht lesen kann. Meine Hindikenntnisse sind hier leider völlig nutzlos. Ein junger Mann bot an, mir zu helfen, führte mich zu einem Bus, der *"forty rupees only"* kostete (die Hinfahrt hatte 12

Rupien gekostet. Mir war's gleich, ich wollte nur noch heim. Für seine Hilfe wollte er 10 Rupien, die ich ihm auch gegeben habe – die Busfahrt kostete dann 11,50 Rupien, ich hatte einen Sitzplatz und keine (!) Musik.

Dieses ungeheuer zeitintensive „System" kann man nur aus indisch-kosmischen Zeitdimensionen und dem Vertrauen auf Wiedergeburt in weiteren Leben mit mehr Zeit erklären...

Thanjavur, Tamil Nadu

15. Januar 2009

Heute ist der erste Tag, an dem mich nicht um fünf Uhr die Angelusglocke weckte. Die *amplified devotion* von Tempeln und Moscheen in der Umgebung hat zwar lautstärkemäßig den gleichen Weckeffekt – aber ich fühle mich nicht mehr gemeint.

Trotzdem hatte ich mir überlegt, früh aufzustehen um das im *Lonely Planet* empfohlene Morgenlicht im berühmten Tempel von Thanjavur zu genießen und auf dem Weg dahin Idli zu frühstücken: Reiskuchen mit würziger Sauce.

Erste Überraschung: es regnete! Es war ein Dauernieselregen. Und da es ja warm ist, bin ich trotzdem um 7 Uhr losgegangen. (Für mich ist es warm. Die Tamilen sehen dieses als die *cool season* an und tragen morgens und abends Wollmützen!) Aber mein Vorhaben sollte nicht gelingen. Das vegetarische Restaurant, wo ich gestern Abend gegessen hatte, servierte kein Idli, weil Feiertag ist.

Also bin ich zurück zum Hotel gegangen, das in seinem Lingam Restaurant (wörtlich: Phallus Restaurant!) Idli auf der Speisekarte hat. Aber auch dort konnte ich wegen des Feiertags nur *butter toast* bekommen. Habe ich also wieder einmal westlich gefrühstückt.

Ich war aber froh, wieder im Hotel zu sein, denn nun fing es richtig an zu schütten. Dieses Wetter hat sich verlaufen! Der Monsun ist offiziell längst vorbei und hat hier eigentlich nichts zu suchen!

Aber da ich aus Shantivanam reichlich Bücher mitgebracht habe (mein Rucksack war auf der Hinreise zum Glück relativ leicht!), bin ich halt zum Lesen wieder aufs Zimmer gegangen. Jetzt ist es nur noch nieselig, und das Internetcafé nicht weit, also habe ich mich herausgewagt.

Gestern also habe ich mich wehmütig vom Ashram verabschiedet und bin mit dem Zug nach Thanjavur gefahren. In Trichy hatte ich über eine Stunde Aufenthalt. Ich kaufte mir etwas zu essen und eine englische Zeitung *(The Hindu)* und setzte mich auf eine Steinbank. Neben mir war noch Platz, dorthin legte sich zusammengerollt eine alte, magere Frau. Irgendwann sah ich, dass sie am Fuß eine Wunde hatte, auf der Fliegen herumkrabbelten...

Im Zug nach Thanjavur, der im Prinzip voll war, habe ich dann doch noch Platz in einem Achterabteil mit einigen Frauen und Kindern darin gefunden (dazu auf jeder Gepäckablage ein Mann). Wieder merkte ich, dass alle mich beobachteten, eine Frau sagte auch etwas zu mir – das verstand ich natürlich nicht. Dann fiel mir aber ein, dass ich meinen *Lonely Planet* in der Tasche hatte. Ich holte ihn heraus und zeigte den Leuten Fotos aus Indien. Alle gruppierten sich um das Buch, ein kleines Mädchen wollte es unbedingt halten (seitdem hat das Buch ein paar Eselsohren mehr), und wir hatten eine gute Zeit. Eine junge Frau (ich hatte sie für 17 gehalten, sie war aber 28 und frisch verheiratet) konnte ganz gut Englisch, hat ein bisschen übersetzt, stellte mir auch irgendwann ihren Ehemann vor, einen wie ein Schuljunge aussehenden *mathematics lecturer*, der über uns auf der Gepäckablage lag. *"Nice to meet you"*, sagte ich mit nach oben verdrehtem Kopf.

16. Januar 2009

Gerade habe ich aus meinem Hotel in Thanjavur ausgecheckt und habe jetzt noch vier Stunden Zeit, bis mein Nachtzug nach Mysore fährt.

Nach der im Vergleich doch ruhigen Atmosphäre im Ashram musste ich mich erst wieder an normalen indischen Trubel gewöhnen. Obwohl auch Thanjavur noch ein Schonprogramm ist, da es nicht besonders groß ist. Die Luft lässt sich gut atmen, nur haben die Hupen bei Autos und vor allem Bussen seit meinem letzten Besuch so hochgerüstet, dass ich jetzt nur noch mit Ohrstöpseln herumlaufe!

Nach dem Tempel am ersten Tag habe ich mir gestern, als der Regen aufhörte, den Palast mit verschiedenen Museen angeschaut. Der vierhundert Jahre alte Palast ist eine fröhlich unbekümmerte Mischung all der Architekturstile, die der damalige Herrscher schön fand. Also Säulenhallen im persisch-arabischen Stil – und darüber Skulpturen über Skulpturen mit Szenen aus dem Leben Vishnus. Dann gefielen dem Herrscher offenbar auch die für südindische Tempel üblichen Gopurams (skulpturenverzierte Türme), die entweder am Eingang oder über dem „Allerheiligsten" stehen – und baute sich so etwas über seinen Wohnbereich.

Auf dem Palastgelände gab es auch ein Art Museum mit Bildhauereien und den für Thanjavur typischen Bronzeskulpturen, aus der Zeit zwischen dem 10. und 17. Jahrhundert. Die waren z.T. wunderschön. Überall ist Schwung und Bewegung in den Körpern, Grazie und Leichtigkeit. Bei uns in Europa hat man zur gleichen Zeit das Bedürfnis nach fließender Bewegung im Faltenwurf der Gewänder ausgedrückt – aber hier hat man ja kaum etwas an! Also fließen die Körper. Ich war so erfüllt von all diesen weichen Bewegungen, dass ich abends nicht mehr in eine Aufführung von Bharatnatyam (nordindischem Tanz) gegangen bin. Ich war schon zu angefüllt vom Tanz der Skulpturen.

Ein Raum enthielt fast nur Figuren des Shiva Nataraj, des tanzenden Shiva. Und jede der rund zwanzig Skulpturen war in Haltung und Gestik der Götterfigur völlig gleich. Nur die Haare flogen von Figur zu Figur etwas unterschiedlich. Und auch die Skulpturen, die heute zum Verkauf hergestellt werden, folgen wieder absolut demselben Schema. Diese Wiedererkennbarkeit ist natürlich auch schön – aber wie ist da künstlerische Entwicklung möglich? *Anyway*, ich fand's wunderschön.

Sehr lustig war ein Text, der am Eingang des Museums aushing – ich habe ihn abgeschrieben, weil er so wunderbar indisch ist:

WELCOME TO THE ART GALLERY

THESE ICONS WHICH HAVE, BEHIND THEM, HISTORICAL VALUES SPIRITUAL LORE AND CULTURAL MORES OF THIS PART OF INDIAN HERITAGE, ARE MEANINGFULLY MUTE WITH WORDLESS EXPRESSIVENESS. THEY INFLUENCE, HOWEVER, THE VIEWING PERSONAGES LIKE YOU TO COME OUT WITH INSTINCTIVE PROCESSIONS OF EMOTIVE ARTICULATIONS IN THEIR OWN WAY STYLE.
YOU ARE WELCOME TO RECORD YOUR FEELINGS.
THE ART GALLERY IS SELFDEPENDENT. THE PRICELESS ICONS ARE MAINTAINED AND PRESERVED THROUGH GATE COLLECTIONS BESIDES MUNIFICENT CONTRIBUTIONS OF THE VIEWING PERSONAGES.
MAY WE HAVE THE BENEFIT OF YOUR MUNIFICENCE FOR PROMOTING OUR SELFLESS COMMITMET TO PRESERVE THESE ICONS?

"Instinctive processions of emotive articulations" – ist es nicht herrlich? Und es ist so typisch: erst eine blumenreiche Erzählung, die tief an die Gefühle des Lesers appelliert. Dann ein neues Thema: *"Life is not easy, there may be problems ..."* Dann der Schlussappell: *"Give what your heart tells you ..."*

Und doch fängt dieser überbordende Text etwas von der sprachlosen Schönheit der Statuen ein, das ein nüchterner westlicher Text nur schwer vermitteln könnte...

Als ich mich gestern im Museum auf eine Stufe setzte und diesen Text abschrieb, hatte ich sehr schnell wieder interessierte Familien um mich herum, die mich fragten, aus welchem Land ich käme, wie ich Indien fände etc. Ich wurde auf verschiedenen Familienfotos festgehalten und bekam zu den *bangles*, die ich mir gestern gekauft habe noch einen zusätzlichen Reifen geschenkt. Als ich auf Tamilisch Danke sagte, war die Begeisterung groß. Und auch wenn all diese Dialoge so ritualisiert sind wie die Shiva Nataraj

Skulpturen, so liegt darin doch eine echte, unmittelbare Herzlichkeit, die ich genieße – auch in mir selber.

Heute Morgen war ich dann noch einmal im Tempel. In der Morgensonne fand ich ihn freundlicher als beim ersten Besuch. Und ich habe mich gleich dreimal segnen lassen. Zuerst vom Tempelelefanten, dem man eine Münze in den Rüssel legt, anschließend legt er einem den Rüssel auf den Kopf. Dann bin ich zur riesigen Nandistatue gegangen (Nandi ist das Begleittier Shivas – ein Stier). Wegen des gestrigen Pongalfestes (Erntedank), war er über und über mit Fruchtketten behängt – Äpfel, Orangen, Bananen, Auberginen, Möhren, Kartoffeln, Kokosnüsse – es sah toll aus. Fülle.

Ein Priester schwenkte Licht davor und verteilte Asche, die man sich auf die Stirn schmieren kann. Genau wie der Elefant nahm auch der Priester Geld. Und dann ging ich noch in eine Kapelle, wo in der innersten Höhle eine gold- und blumenbehängte Statue stand – dort bekam ich dann noch einen roten Punkt auf die Stirn. Was auch immer all das bedeutet – es ist ein schönes Spiel.

Mysore, Karnataka

17. Januar 2009

Ich habe mir doch heute tatsächlich einen Sari gekauft. Nicht gleich in Seide, was Spezialität von Mysore ist, sondern in Baumwolle mit ein bisschen Gold.

Noch fühle ich mich ziemlich verkleidet - aber ich wollte es halt einfach einmal ausprobieren. Im Moment fühlt es sich so an, als hätte ich an einigen Stellen sehr viel Stoff, an anderen sehr wenig. Außerdem weiß ich nicht, ob es mir, wenn ich mich einmal ausgewickelt habe, jemals wieder gelingen wird, diese Unmengen Stoff um mich herum zu drapieren.

Aber dieses Experiment kostet mich noch nicht einmal zehn Euro - und so viel ist dieser Spaß doch allemal wert! Jedenfalls habe ich ganz mutig den Sari anbehalten und mich auf die Straße gewagt – gelacht hat zumindest niemand.

So lang wie der Stoff um mich herum, so kurz ist heute diese Mail.

Hassan, Karnataka

21. Januar 2009

Es war gar nicht so einfach einen Internet-Platz zu finden – aber hier bin ich! Hassan in Karnataka, meine momentane Basis, liegt zwar in der Nähe der berühmten Tempel von Belur und Halebid, aber die meisten Touristen besuchen die Tempel wohl nur auf der Durchreise und bleiben hier nicht zum Übernachten. Deshalb ist die Infrastruktur nicht auf Westler ausgerichtet, d.h. es gibt wenig Internetcafés, nur eine ziemlich versteckte Touristeninfo, die liebenswürdige, aber eher orakelhafte Informationen gibt und rein indisch organisierte Restaurants.

Heute Morgen war ich es auf einmal leid, die ewig gleichen Idlis mit Sauce zu essen – ich hatte so Lust auf ein Brötchen, oder wenigstens Toast...

Ich bin dann auf die Jagd gegangen, und habe mir folgendes Frühstücksmenü zusammengestellt: die leckeren Minibananen von einem Stand mit Obst und Gemüse, ein nicht näher definierbares Gebäck aus einer *bakery* – ich habe mir einfach etwas ausgesucht, was im indischen Maßstab nicht so süß ist und habe dann in einem Restaurant einen Kaffee getrunken. Dafür musste ich aber wirklich drei Läden aufsuchen, wovon ich nur in einem sitzen konnte. *But I finished my breakfast with a sense of achievement.*

Überhaupt musste ich heute mal aus dem *on the road* Leben ausbrechen. Ich wollte einfach einmal einen Tag nicht in einem Bus sitzen. Und da es hier sogar einen Park gibt, habe ich mich auf eine Bank gesetzt, ein paar Postkarten geschrieben und gelesen.

Dafür waren die beiden letzten Tage umso voller an Eindrücken. Vorgestern und gestern habe ich je einen der Tempelkomplexe von

Belur und Halebid besucht. Beide hatte ich vor sechs Jahren schon einmal gesehen, doch das Wiedersehen lohnte sich absolut. Belur habe ich vorgestern in der Nachmittagssonne angeschaut, Halebid gestern am Vormittag, zu beiden muss ich aber erst einmal eine knappe Stunde Bus fahren.

Besonders Halebid hat mich wieder tief beeindruckt, ich habe vier Stunden in diesem rund 900 Jahre alten Tempel verbracht. Ganz bewusst habe ich darauf verzichtet, mir von einem *guide* die Skulpturen „erklären" zu lassen – was hilft es mir zu „wissen", unter welchem vielsilbigen Namen welcher Gott dort in Stein gehauen ist? Was ich aber ohne Erklärung mit Freude sehen konnte, waren die vielen Frauen, Tänzerinnen, die da schwungvoll auf langen Friesen den Tempel umschlangen. Und da es an der Außenseite der Tempel meist gar nicht so sehr heilig zugeht, sind die Tänzerinnen auch nicht, wie die Götter, in immer der gleichen Pose festgehalten, sondern drehen und winden sich, wie es ihnen gerade passt. Auch die Elefanten, die auf dem untersten Fries den Tempel umrunden und sozusagen tragen, laufen munter durcheinander, drehen ihren Kopf oder Rüssel mal so, mal so, so dass die ganze Schwere des Tempels, den sie tragen, elastisch abgefedert wird.

Im Inneren des Tempels ist es erst einmal dunkel und (relativ) kühl. Durch den Eingangsbereich betritt man einen „Wald" von Säulen, die zu beschreiben einfach zu lange dauern würde. Ohne das jetzt näher erklären zu können, habe ich sie „klingend" empfunden, schwingend in einer unhörbaren Vibration. Sehr kraftvoll.

Aus dieser Vorhalle kommt man dann durch einen kleinen Vorraum zu einem noch dunkleren Raum, mehr einer Höhle, in der das „Allerheiligste" steht, die Murti (Götterstatue). In diesem Fall war es ein Lingam (Phallus), das Symbol des Gottes Shiva. Als ich dieser „Shiva-Kapelle" näher kam, hörte ich das typische „Psalmodieren" von Sanskrit-Gesängen. Ein Priester war gerade dabei, eine Puja zu zelebrieren – Blumen, „Weihwasser", Verbeugungen, eine Feuerzeremonie. Schließlich kam der Priester mit seinem Feuergefäß zur „Altarschranke". Zwei Männer, die in der Nähe waren, hielten die Hände in den Lichtschein und legten sie sich dann aufs Gesicht. Ich schaute den Priester fragend an, ob ich das auch tun dürfte. Er nickte mir freundlich zu, sagte *"God bless you"* und machte mir einen roten Punkt auf die Stirn. Und ich legte ihm zehn Rupien auf seinen Gabenteller.

Als darauf eine Schulklasse mit Gebrüll in den Tempel stürmte, bin ich erst einmal wieder herausgegangen und habe mir die vielen Details der vielstimmig „polyphonen" Schmuckfriese angeschaut, habe das Spiel von Licht und Schatten, von Raum und Tiefe in diesen Bildergeschichten beobachtet.

Als die Horde von Jungen weg war, bin ich wieder reingegangen. Inzwischen hatte sich der Priester an einen Tisch gesetzt, hatte ein Buch aufgeschlagen und rezitierte daraus Sanskritverse. Ich setzte mich neben die Skulptur des Nandi, eines Stieres, der immer gegenüber von Shiva-Lingam Schreinen sitzt, und hörte mit einem Gefühl von Zeitlosigkeit zu – seit es diesen Tempel gibt, sind dort genau diese Gesänge wieder und wieder erklungen.

Während ich dort saß, kam eine Gruppe fröhlich schwatzender Frauen in bunten Saris herein, verbeugte sich vor dem Lingam, einige berührten auch mit den Händen erst den Boden, dann Gesicht und Körper. Auch den Nandi berührten einige in der gleichen Weise. Eine Frau berührte erst den Nandi und tat dann so, als wolle sie auch mich berühren, um dann mit gespieltem Schrecken zu bemerken, dass ich ja gar keine Tempelfigur war. Sie lachte sich kaputt, ebenso die anderen Frauen. Auch dem Priester erzählten sie ihren Scherz (so sah es jedenfalls aus). Lachend gingen sie wieder hinaus und ich genoss das weite Spektrum des Tempellebens vom Wunder der Architektur über die Sanskritgesänge bis zu fröhlichen Frauen heute.

Als ich außen um den Tempel noch einmal eine Runde drehte, kam der Priester aus dem Tempel, ging an mir vorbei, drehte sich um und fragte (origineller Weise):*"Which country?" – "Germany." – "Ah, Germany."* Auch das eine Art Mantra.

Er sagte mir dann noch, dass ein Stück weiter die Straße herunter noch zwei alte Tempel lägen. Und das war nun wirklich Zauberland. Umgeben von gepflegtem Rasen und Gebüsch und ansonsten *in the middle of nowhere* liegen dort weitere uralte Tempel – und man ist ganz allein dort. Es ist einfach still – und das in Indien!

Ich konnte mich nur schwer von diesem Ort lösen.

Auf dem Rückweg allerdings wurde meine meditative Ruhe auf eine Geduldsprobe gestellt – statt mit einem staatlichen bin ich mit einem privaten Bus zurückgefahren, dessen kommerzieller Auftrag es ist, möglichst viele Gäste mitzunehmen. Deshalb führt seine Tour auch noch über das letzte Dorf. Das war zwar landschaftlich und atmosphärisch interessant – doch die Fahrt in dem supervollen und äußerst klapprigen Bus dauerte und dauerte.

Jetzt schreibe ich schon über eine Stunde, möchte aber wenigstens noch ein Erlebnis aus Mysore erzählen, der Stadt, in der ich meinen Sari gekauft habe. Die Stadt ist aus mehreren Gründen lohnenswert, nicht zuletzt, weil sie etwas höher liegt und deshalb ein wunderbar frisches Klima hat. Neben dem Palast (aber den beschreibe ich jetzt nicht, obwohl das auch sehr interessant wäre) ist der *Chamundi Hill* ein lohnenswertes Ziel. Oben auf dem Hügel liegt ein Tempel, zu dem eine Treppe von angeblich tausend Stufen herauf führt. Nach Meinung des *Lonely Planet* und des *riksha drivers*, der mich an den Fuß des Hills bringen sollte, ist das eine unnötige Anstrengung – aber ich wollte es versuchen. Es war halb so wild – einfach ein schöner Sonntagmorgen-Ausflug mit klarer Luft und weiter Aussicht.

Von knapp der Hälfte des Weges an aufwärts lagen auf allen Stufen zerbrochene Kokosnüsse – als ich besorgt nach oben schaute, konnte ich keine Kokospalme entdecken, deren Fallobst mich hätte k.o. schlagen können. Und als ich weiter nach oben kam, sah ich, woher die Nüsse kamen: eine Gruppe von Männern schleppte einen ganzen Sack voll Kokosnüssen die Treppe hoch und zerschmiss sie Stufe für Stufe. Irgendetwas Rituelles vielleicht? Außerdem sah ich eine Frau, die jede einzelne Stufe mit einem Punkt aus Farbpulver verzierte. Es waren schon viele Punkte auf den Stufen. Eine vielfach „berührte" Treppe.

Vor dem *Hill Temple* standen dann endlose Schlangen fröhlich plaudernder Familien und warteten geduldig, im Schritttempo durch den Tempel geschleust zu werden. Ich setzte mich neben den Tempel auf ein Mäuerchen, hörte dem Geplätscher der Unterhaltungen zu und schaute, wie diese bunte Menschenflut langsam durch den Tempel floss. Ein Pilger setzte sich zu mir und fragte mich, aus welchem Land ich käme.

Dann machte ich mich bereit zum Abstieg und kletterte mit einigen Schattenpausen geruhsam den Hügel wieder herab. An einer Stelle ging es nicht weiter, weil quer über den Weg eine Gruppe von rund dreißig Leuten sich ausgebreitet hatte und Mittagspause machte. Alle hatten ein Bananenblatt vor sich, aus großen Töpfen wurde Reis und Gemüse verteilt. Ich überlegte, wie ich diesen „Mittagstisch" umklettern sollte, da fragte mich jemand, ob ich mitessen wollte! Das habe ich dankbar angenommen. Ich setzte mich auf die Erde, bekam auch ein Bananenblatt mit Reis und Sauce gereicht und aß, wie ich das inzwischen sehr gerne tue, mit den Fingern.

Ich erfuhr, dass hier offenbar ein komplettes Dorf auf Pilgerfahrt war. Jemand schrieb mir auch die Adresse des Dorfes auf, mit der Einladung, doch einmal vorbeizukommen! *"Nandri, nandri!"*, sagte ich – da die Leute aus Tamil Nadu kamen, konnte ich mit einem meiner zwei tamilischen Worte „Danke!" sagen.

Hampi, Karnataka

23. Januar 2009

Nach mehr als zehn Stunden in zwei Bussen und einer Rikscha bin ich vorhin in der Ruinenstadt Hampi eingetroffen – und bin völlig geschockt. Seit Tagen habe ich nur vereinzelt Westler gesehen, auch auf der Busreise war ich allein – doch hier ist auf einmal eine Urlaubskolonie mit lauter Goa-Touristen. Erst fand ich noch nicht einmal ein Zimmer, weil heute zwei Busse und ein Zug aus Goa eingetroffen sind, jetzt habe ich doch eine bescheidene Unterkunft.

Am liebsten würde ich sofort wieder weg, aber das ist ja nach der Reise gar nicht so einfach... Naja, ich muss wohl erst einmal schlafen und dann doch mal einen Blick in die Ruinen werfen, auf die ich jetzt gerade überhaupt keine Lust habe...

25. Januar 2009

Durch mehrere Stromausfälle in den beiden letzten Tagen konnte ich keine Schockenwarnung geben – denn nachdem ich einmal ein Bett hatte und nach mehr als zehn Stunden Busfahrt mit eingeknickten Beinen eine Nacht mit ausgestreckten Beinen schlafen konnte, sah die Welt gleich ganz anders aus. Noch im ersten Schock hatte ich mir aber am Anreisetag abends ein Zugticket gebucht, um diesen Ort so schnell wie möglich wieder zu verlassen.

Mein Quartier im *Hanuman Guest House* (der Sage nach ist der Affengott Hanuman in Hampi geboren) entpuppte sich in seiner Einfachheit als recht originell. Es ist eine *family accomodation*. Mein Zimmer ist eine Art Zelle mit einem einzigen Möbelstück, einem Bett, d.h. einem Brett mit einer dünnen Matratze (nach so einer Reise weiß man sehr genau, wo die Hüftknochen sind). Und ganz wichtig: ein Moskitonetz. Das einzige Klo *(Indian style)* und das Badezimmer (ein Wasserkran, ein Eimer, ein Litermaß und ein Abfluss im Boden) teile ich mit ca. acht Gästen und der vierköpfigen Familie.

Die Gästezimmer und die Räume der Familie sind hufeisenförmig um einen überdachten Innenhof angeordnet, der mit einem Bett einem großen Steintisch und einigen Plastikstühlen mindestens folgende Funktionen erfüllt: Küche, Esstisch, Wohnzimmer, Waschküche, Motorradgarage, Schlafplatz für den Vater, Wäschetrockenleinen und Ablage für alles Mögliche.

Man lebt wirklich mitten in der Familie, die sich, so mein Eindruck, kaum in ihren üblichen Abläufen stören lässt. Während ich frühstückte, lief der Hausherr mit einem Lungi um die Hüften mit seinem dicken runden nackten Bauch im Wohnzimmer (Küche etc.) herum, machte ein paar halbherzige Dehnübungen, weihte dann mit Räucherstäbchen das Haus für den neuen Tag und machte rote Punkte auf alle Götter- und Heiligenbilder.

Und als ich am nächsten Tag, erfrischt und ausgeschlafen, durch Hampi Bazar lief, sah ich dass das in vielen Fällen die Lebensart der Einheimischen ist. Manchmal nur Meter von 500-600 Jahre alten Gemäuern mit Unesco Weltkulturerbe-Status entfernt stehen ihre kleinen Häuschen, es wird gewaschen, geredet, Saris trocknen, Kinder spielen, es werden natürlich unzählige Geschäfte mit Touristen gemacht – die in all dem dann gar nicht mehr so sehr stören.

Als ich später in den Ruinen herumlief und auch etwas über die Geschichte von Hampi las, wurde mir klar, dass in der Blütezeit dieser Stadt (die zu ihrer Zeit die größte Stadt der Welt war!) das Leben ähnlich „wuselig" abgelaufen sein muss. Da das Königreich sich von der West- zur Ostküste erstreckte, war Hampi ein internationales Handelszentrum – nur wurde damals nicht mit Postkarten, Baumwollkleidung, „Touri-Gütern" eben, Handel betrieben, sondern mit Gold, Juwelen, Diamanten, Gewürzen.

Meine Wunschvorstellung von beschaulicher Stille wäre also nur in der Zeit realistisch gewesen, als das „Weltreich" nach nur zweihundert Jahren zusammenbrach, von den Eroberern weitgehend zerstört wurde und dann in Vergessenheit geriet. So viel zu Wunschvorstellungen.

Ich hatte also mein Gleichgewicht und mein Vergnügen an *things as they are* wiedergefunden, als es noch einmal strapaziert wurde. Ich habe ja eine schon fast pathologische Abneigung gegenüber Führungen, wo ich in einem Tempo, das nicht meins ist, durch Gebäude oder Museen geleitet werde und Dinge erklärt bekomme, die ich gar nicht wissen will. Ich finde so viel lieber Dinge selber heraus, in meiner eigenen Zeit – selbst wenn ich dann vielleicht nicht „alles" sehe.

Jetzt hing aber hier in jedem Restaurant, in jedem *guest house* eine mehrsprachige Warnung, dass man auf keinen Fall nach Anbruch der Dunkelheit oder allein durch die Ruinen gehen sollte, auf keinen Fall Wertsachen bei sich haben sollte, da es immer wieder Überfälle gegeben hätte. Man solle auch auf keinen Fall etwas essen, das einem angeboten würde – es könnte mit Drogen versetzt sein, sodass man bewusstlos gemacht und dann ausgeraubt würde.

Ich bin ja am hellen Tag nicht so ängstlich – aber diese Warnungen, in handgroßen Buchstaben an die Wand geschrieben, haben mich doch eingeschüchtert. Und da das Gelände riesig groß und mein Orientierungssinn schlecht ist, habe ich mich erstmals nicht getraut, eigenständige Erkundungen zu machen, sondern habe mich bei einem *guide*, der mich morgens im Tempel ansprach, zu einer Nachmittagstour von drei bis sechs Uhr angemeldet.

Als ich dann um drei am Tempeleingang stand, wartete ein anderer *guide* auf mich – sein Kollege hätte anderes zu tun und ihn mit der Führung beauftragt. *I was not amused* – der neue *guide* sah nicht besonders kompetent aus. Und die *very small group*, mit der ich geworben worden war, bestand erst einmal nur aus mir. *"Wait"*, sagte der *guide* und ging auf die Jagd nach weiteren Touristen. Nach einer halben Stunde hatte er fünf Leute zusammen, und es war fast vier Uhr, als es dann endlich losging.

Zu Anfang bestand die Führung aus ziemlich viel Rumstehen und Erzählen von Geschichten, die ich schon in einem *guide book* gelesen hatte. Das Ganze war auf *emotions* und *special feelings* ausgerichtet, dafür verschwieg unser *guide*, dass der „drittgrößte Tempelturm Indien" aus dem 16. Jahrhundert eine Rekonstruktion aus dem 19. Jahrhundert war.

(Warum ärgert mich das bloß? Wen stört es schon? Aber ich bin eben ausgesprochen störrisch, wenn mir jemand Wischiwaschi erzählt und ich dann eine *"special atmosphere"* fühlen soll ...)

Innerlich grummelnd zog ich also mit. Meine Laune wurde auch nicht unterstützt durch drei Amerikaner, die morgens schon eine dreieinhalbstündige Fahrradführung mitgemacht hatten, körperlich erschöpft und geistig gar nicht mehr aufnahmefähig waren. Zudem waren sie offenkundig genervt durch das ständige „Schuhe aus, Schuhe an" an Tempeln und anderen heiligen Orten, da sie Turnschuhe anhatten, die sie immer auf- und zuschnüren mussten. Das dauerte (meinem Gefühl nach) ewig, und ich hatte (meinem Gefühl nach) auch um fünf Uhr noch nichts wirklich Interessantes gesehen. Und die ganze Zeit war mein Ärger doppelt – über den Führer und diese übermüdeten Amerikaner – und über mich, die ich nicht von diesem Ärger lassen konnte. Lautes Geschwätz in meinem Kopf.

Meine Rettung war die Sonne, die am Spätnachmittag diese unglaubliche Granitlandschaft mit ihren weit verstreuten Tempelresten, Säulengängen einer vergangenen Kultur, dazwischen ein Fluss und Palmen, in ein zauberhaftes Licht hüllte. Wir kamen zu einem Hügel, von wo man das Gelände weiträumig überschauen konnte – und ich war versöhnt.

Trotzdem bin ich heute nicht mitgegangen auf eine geführte Fahrradtour zu einem anderen Teil dieses riesigen Geländes mitgegangen. Ich leiste mir den Luxus, zehn Stunden anstrengende Busreise an einen weltberühmten Ort zu machen – und nicht „alles" zu sehen. Auch das gibt ein *special feeling*.

Dafür habe ich heute Vormittag einige Zeit in dem Teil des Tempels verbracht, der noch in rituellem Gebrauch ist. So konnte ich auch die Ankunft des Tempelelefanten sehen – er wurde erst vor den Shivatempel geführt und machte rituelle Verbeugungen: er richtete sich dreimal hintereinander auf die Hinterbeine auf und ging dann auf den Vorderbeinen in die Knie. Dann wurde er in eine schattige Ecke geführt und begann seine „Segensarbeit". Ich habe mir auch noch einmal seinen Segen geholt – es ist schon lustig, wenn es da über dem Kopf leise schnaubt.

Tiruvannamalai/Tamil Nadu

27. Januar 2009

Ich bin nun in der Tempelstadt Tiruvannamalai in Tamil Nadu. Vor sechs Jahren war ich schon einmal hier und war damals sehr beeindruckt von dieser riesigen Tempelanlage am heiligen Berg Arunachala, und ich bereue es nicht, noch einmal hier hingekommen zu sein.

Den heutigen Tag habe ich allerdings nicht sehr „heilig", sondern mit viel Zeit in nicht wirklich geglückten Aktivitäten verbracht. Oder vielleicht liegt ja auch in dieser gehäuften Erfahrung von Unvollkommenheit eine leicht schräge Heiligkeit?

Ich bin heute früh um kurz vor fünf aufgestanden, um in den Morgen hinein den Berg Arunachala zu Fuß zu umrunden (das machen auch viele Pilger, und bei Vollmond müssen hier wahre Massen unterwegs sein). Leider ist mir das nicht gelungen, weil ich auf der Suche auf dem Weg vom Tempel zum Berg zwar mindestens zweimal den Tempel umrundet habe – da das Tempelgelände aber ungefähr quadratisch ist und auf allen Seiten ziemlich gleich aussieht, wusste ich irgendwann nicht mehr, ob ich im Norden, Süden, Osten oder Westen war, und der Berg zur Orientierung war ja im Dunkeln unsichtbar. Verschiedene Leute die ich fragte *("Mountain rounding???")* zeigten mir freundlich verschiedene Richtungen. Dann sah ich einen Sadhu in oranger Kleidung und dachte mir: der ist doch sicher auch unterwegs zur Bergumrundung, doch irgendwann bog er ab in eine Haus. Und so ging es mir auch noch mit einem zweiten Sadhu.

Nach zwei Stunden erfolgloser Tempelumrundung habe ich aufgegeben, bin erst einmal frühstücken gegangen und habe mir dann überlegt, den Ramana Maharshi Ashram zu besuchen. Und ich dachte mir, dass ich diesen Ausflug doch gut im Sari machen könnte. Also habe ich meinen Baumwollsari aus dem Rucksack geholt und mich abgemüht mit dem Wickeln – irgendwie kam es immer nicht hin, knubbelte, schlabberte (es war offenbar einfach nicht mein Tag für Umrundungen jeglicher Art). Schließlich habe ich eine Konstruktion gefunden, mit der ich mich auf die Straße traute und bin mit der Rikscha zum Ashram gefahren.

Mir sagt der Ort nicht sehr viel. Für das Gedenken an einen Menschen von überwältigender Einfachheit (Ramana Maharshi), ist mir da deutlich zu viel Personenkult. Überall Statuen, wichtig aussehende Priester und andächtige *devotees* aus Ost und West. Das Einfache wird „vatikanisiert".

Als ich da stand und mich umschaute, sprach eine Inderin mich an, vielleicht etwas älter als ich: *"You like sarees?"* Ja, sagte ich, aber ich würde noch üben. Sie erklärte mir dann freundlich, dass ich den Sari „auf links" tragen würde – ich hatte innen und außen verwechselt! *"Come"*, sagte sie, führte mich ein bisschen abseits und umwickelte mich neu. Ich bedankte mich bei ihr und ging weiter übers Gelände. Ich sah, dass vom Ashram eine Treppe zu den beiden Hütten auf dem Berg führte, in denen Ramana einige Jahre meditiert hatte. Dort wollte ich sowieso hin, also folgte ich den Schildern.

Inzwischen war es bereits nach zehn Uhr, und es wurde schon richtig heiß. Ziemlich bald auch nahm mein Verdacht zu, dass mein *100% cotton* Sari doch eher *synthetic cotton* war. Da Baumwollstoffe oft sehr gestärkt verkauft werden, ist der Unterschied manchmal nicht so leicht zu fühlen. Und irgendwie hänge ich doch immer noch dem westlichen Glaubenssatz an, dass "100%" und *"cotton"* auf eingenähten Etiketten feststehende Größen ohne Interpretationsspielraum sind...

Ich ging und schwitzte also den Berg hoch, hinter jeder Kurve Händler, die „heiligen Tand" anboten oder Sadhus (Bettelmönche), die weniger baten als forderten und „normale" Bettler mit verkrüppelten Händen, fehlenden Beinen etc. Ohne System gebe ich immer mal etwas, mal nichts – und habe das Gefühl, dass es immer falsch ist. Es gibt so viele Herzensbegegnungen in Indien, doch solche Begegnungen sind dann doch nervig.

Die nächste Schwelle auf meinem Weg war ein Swami, der im Schatten auf einem Stein saß und sich mit einer indischen Frau unterhielt. *"Come sit, take a rest"*, lud er mich ein. Er konnte einigermaßen Englisch und sah auch nicht so wild aus wie viele der Sadhus. Mehr ein „Mann von Welt". Ziemlich bald kommentierte er das Material meines Saris, und bemerkte kritisch, dass ich nicht nur links, sondern auch rechts *bangles* (Armreifen) tragen müsse. Was ging diesen Weltentsager meine Kleidung an?

Dann erzählte er auf eine Frage der Inderin hin etwas zu Ramana – und es war für mein Gefühl die gleiche Art von begrenzender Theologie, die mich auf christlicher Seite auch nicht überzeugt. Ein Denken in Antworten, nicht in Fragen. Und wie selbstverständlich ging er davon aus, dass auch ich von seinen lichtvollen Äußerungen über Karma profitieren könnte.

Ich zog es vor, sein Englisch nicht zu verstehen und bin weiter aufgestiegen. Irgendwann fand ich eine schöne Stelle im Schatten eines Baumes, von wo aus ich einen weiten Blick über den Tempelkomplex hatte. Diese Tempelanlage ist riesig und sieht von oben aus wie ein viereckiges Mandala oder Yantra. Fantastisch. Die heutige Form des Tempels ist ein Produkt vieler Jahrhunderte, doch die Anfänge stammen aus dem 11. Jahrhundert. Aus der

Vogelperspektive sieht er aus wie etwas Perfektes, das vom Himmel gefallen ist.

Und weil mein Aussichtsort doch in sich schon sehr schön war, es langsam auf zwölf zuging und immer wärmer wurde, bin ich wieder abgestiegen, ohne die Meditationshütten Ramanas gesehen zu haben. Aber obwohl ich wieder nicht das erreicht hatte, was ich mir vorgenommen hatte, war ich zufrieden.

28. Januar 2009

Hier noch eine lustige Begebenheit von heute früh. Ich kam vom Frühstück zurück, um mir die Zähne zu putzen und dann zur Post zu fahren. Als ich mein Zimmer aufschloss, kam ein Hotelangestellter aus einem danebengelegenen Waschraum heraus und fragte mich etwas, das ich nicht verstand. Meinte er vielleicht *"post"*? Ich hatte ihn gestern nach dem Weg zur Post gefragt, hatte den Dialog aber sehr schnell aufgegeben, weil ich mir nicht sicher war, ob wir einander verstanden. Bei ihm klang *"post"* wie *"o"* mit etwas Atem davor und danach. Und das, was er mir heute sagte, klang so ähnlich. Ich zeigte ihm mein Paket und sagte ihm, dass ich das jetzt zur *"post"* bringen wurde. Aber ich merkte, dass er das nicht meinte. Er zeigte auf seine Zähne und sagte (vielleicht) *"tooth"*, d.h. *"oo"* mit Atem davor und danach. Was wollte er bloß? Er machte mit dem Finger eine Zahnputzbewegung, sagte *"paste"* (*"a"* mit Atem davor und danach) und hielt mir seinen Zeigefinger hin – er bat mich um etwas Zahnpasta! Ich gab ihm eine Portion Zahnpasta und bewunderte unsere perfekte Verständigung!

29. Januar 2009

Obwohl ich ziemlich müde bin, möchte ich doch noch von einem sehr speziellen Erlebnis heute Vormittag erzählen.

Da es bewölkt und daher nicht so warm war, hatte ich überlegt, vielleicht heute bei Tageslicht (und Bergsicht!) den Arunachala zu umrunden. Um nicht an der lauten Straße entlanggehen zu müssen, habe ich den Weg über die parallele Dorfstraße genommen.

Irgendwann hörte ich rhythmische Trommelmusik, sah aus der Entfernung, dass da ein *canopy* aufgebaut war, so ein typisches „Schattendach" (eine Stoffplane, abgestützt durch Stangen an vier Ecken). Für eine Hochzeit vielleicht? Doch als ich näher kam, sah ich, dass da vor einem Haus unter diesem Dach ein Bett stand, in dem eine grauhaarige Frau lag, mit Blumen bedeckt – sie war tot!

Mit dem Gefühl: „Ich möchte nicht stören", ging ich gesenkten Blickes vorbei, drehte mich aber doch neugierig um, als ich ein paar Häuser weiter war. Ich war natürlich bereit, beim kleinsten Hinweis, dass meine Neugier unpassend war, schnell weiter zu gehen. Doch im Gegenteil: ein paar Männer, die ebenfalls zuschauten, luden mich ein, mich hinzusetzten: *"Come, sit!"*.

Und so habe ich am Ende sicher zwei Stunden mitten im Geschehen gesessen. Denn eigentlich gab es keine Zuschauer – alle waren irgendwie beteiligt. Nach einiger Zeit kam ein weiterer Mann in einer Rikscha und lud mehrere Säcke mit Blüten ab, jemand anderes brachte ein Bündel Schilf (oder so etwas ähnliches), das in ca. 15cm lange Stücke zerschnitten wurde. An diese kleinen Stöcke wurden dann mit Bast jeweils drei Rosen gebunden – das machten Männer und Jungen des Dorfes – in einem wahnsinnigen Tempo.

Und nachdem Tausende von Blumen in dieser Weise verflochten waren, wurden aus diesen „Blumen am Stiel" wiederum riesige Blumengirlanden geflochten. Als ich schließlich ging, waren diese Flechtarbeiten immer noch in vollem Gang.

Ich vermute, dass die Tote gerade erst rausgestellt worden war, als ich kam, denn zu Beginn waren da noch nicht viele Leute. Doch dann wiederholte sich Mal um Mal dasselbe Spiel: drei bis vier Trommler, die mit beachtlicher Virtuosität und ohrenbetäubender Lautstärke ihre Instrumente bearbeiteten, empfingen Besucher, die alle Blütenkränze mitbrachten, die der Toten umgelegt wurden. Einige brachten auch Räucherstäbchen, die unter dem Bett abgebrannt wurden. Die Männer gingen dann zur Seite oder ließen sich auf den allgegenwärtigen Plastikstühlen nieder, die irgendwann stapelweise angeschleppt wurden. Die Frauen setzten sich zu den

Frauen, die schon auf dem Boden neben dem Bett saßen, legten die Arme im Kreis umeinander und weinten und jammerten.

Das ging immer eine Weile, dann beruhigten sie sich wieder und sprachen ganz normal miteinander – bis eine neue Frau kam, dann weinten sie wieder für eine Weile.

Während sich aber auf der einen Seite alles um die Tote drehte, lief auf der anderen Seite das ganz normale Dorfleben ab: Motorräder kamen und fuhren, Handys klingelten, ein paar Kühe liefen ein Stück weiter über die Straße, Kinder gingen zur Schule. Und natürlich war auch ich interessant, und wir hatten den üblichen Austausch über Namen, mein Land und dass Indien schön ist...

Dann brachte jemand stapelweise kleine Plastikbecher, und es wurde Kaffee ausgeschenkt – ich bekam auch selbstverständlich etwas angeboten. Und immer wieder hatte ich Gedanken wie: Das kann ich doch nicht machen, einfach auf einer „fremden Beerdigung" Kaffee trinken. Da mir aber nichts in der Atmosphäre einen Hinweis gab, dass ich eventuell störte, blieb ich.

Doch ich wollte auch etwas beitragen, ich hatte gehört, dass das Holz für die Verbrennung recht teuer ist. Und da ich wieder mal nur „zu kleines" und „zu großes" Geld dabei hatte, hatte ich entschieden: dann ist es eben das große Geld, d.h. 500 Rupien, knapp 9 Euro oder zwei Übernachtungen im Hotel. Aber wie sollte ich das machen? Ohne einen „Knigge" für solche Situationen? Doch ich wollte auch nicht einfach nichts tun, nur aus Angst etwas falsch zu machen.

Nach sicher einer halben Stunde hin und her Überlegen fragte ich einen der jungen Männer, ob er Englisch könne – *"Yes, some English"*. Ich sagte ihm, dass ich Geld für die Kremation geben wollte, wie ich das machen sollte. Er führte mich zu dem Sohn der Verstorbenen, der *"Thank you"* sagte und das Geld in die Tasche steckte. Ein paar Leute in der Nähe sagten auch *"Thank you"* – und ich war froh, dass ich mich überwunden hatte, auch wenn ich keine Ahnung habe, wie normal oder originell mein Verhalten war.

Und irgendwann nahm ich dann auch die Einladung einer Frau an, *tiffin* zu essen: Idli mit Sauce. Ich wurde ins Haus gebeten bekam zu essen, bedankte mich, ging irgendwann wieder raus, sah noch eine

Zeit den unveränderten Ritualen zu – und ging dann wieder. Eine sehr besondere Erfahrung, gleichzeitig berührend und neutral.

Pondicherry, Tamil Nadu

30. Januar 2009

Der heutige Tag war mal wieder so ein indischer Tag, der, indem er erst schief geht, dann doch am Ende ein Erfolg ist.

Nach Pondicherry (oder Puducherry, wie es seit 2006 offiziell heißt – was aber niemanden interessiert) bin ich gefahren, weil ich der Tempel-Bettlerszene mal entgehen und außerdem nicht zu weit reisen wollte. Außerdem erinnerte ich mich, dass Pondicherry als ehemalige französische Kolonie auch eine andere Restaurantkultur hat – ich konnte gerade keine Idlis und Dosas mehr sehen.

Da ich nirgendwo in Tiruvannamalei eine Touristeninformation gesehen hatte, ging ich einfach gegen halb neun zur Busstation und habe mich zu einem Bus durchgefragt. Nach dreistündiger, recht beengter Fahrt kam ich an – und fand kein Zimmer. Alles war *full*. Am Ende fand ich ein Doppelzimmer für eine Nacht und 500 Rupien, doppelt so viel wie mein Zimmer in Tiru. Ich ging dann erst mal in dem Restaurant essen, an das ich mich von meinem Besuch vor drei Jahren erinnerte: Salat und einen Zitronen-Crêpe! Beim Salat war die Idee besser als die Realität – aber der Crêpe schmeckte für mich in diesem Moment himmlisch. Und war mir den vergleichsweise fürstlichen Preis wert.

Anschließend ging ich noch einmal kurz ins Hotel und machte mich dann auf den Weg zur Touristeninformation – im Flur vom Zimmer zur Treppe begegnete mir eine Ratte.

Unterwegs zur Touristeninformation sah ich zum ersten Mal das Meer! In der Touristen-Info bekam ich dann noch einen Zimmer-Tipp: das *New Guest House* des Aurobindo-Ashrams (es stand nicht im *Lonely Planet*). Dort ging ich also hin, es gab noch ein Zimmer – ein Doppelzimmer für 100 Rupien! Ich buchte es für den nächsten

Tag, fragte aber, ob ich es schon mal sehen könnte – *"Of course"*. Auf dem Weg zum Zimmer sah ich, dass alle Räume Namen hatten: ich kam an *"Prosperity"*, *"Psychic"* und *"Spiritual"* vorbei. Als ich dann aber sah, dass mein Zimmer das sauberste war, das mir auf der ganzen Reise begegnet ist, dass es einen Balkon hatte und dazu noch *"Enlightenment"* hieß, habe ich beschlossen, gleich heute einzuziehen, auch wenn ich das andere Zimmer schon bezahlt hatte. (Hätte es *"Chastity"* geheißen wie das Nachbarzimmer, hätte ich vielleicht doch bis morgen gewartet…)

Mir fiel dann noch ein, dass in der ersten Zeitung, die ich seit Tagen gelesen habe, ein Artikel stand, in dem es hieß, dass Kühe, denen man einen Namen gibt, mehr Milch geben. Wer weiß also, welche Wirkung es hat, in einem Raum mit dem Namen *"Enlightenment"* zu wohnen!

5. Februar 2009

Ich habe ja nun in den letzten Wochen sehr viele Kinder gesehen – von winzigen Säuglingen über alle Altersstufen hinweg – und zwei Dinge sind mir aufgefallen: sehr selten weint ein Kind, und: ich habe in all den Wochen kein einziges Kind krabbeln sehen. Dabei wäre in den Tempeln, wo ich die meisten Familien getroffen habe, prima Gelegenheit – viel Platz, glatte, häufig auch saubere Steinplatten. In den paar Häusern, die ich von innen gesehen habe, ist das schon schwieriger – die Räume sind klein, und auf dem Boden sitzen immer schon unzählige Leute. Und vor dem Haus ist dann wirklich Dreck.

Also werden Kinder sehr viel getragen, sind viel auf dem Schoß – bei Vater und Mutter. Und sie werden sehr früh zum Stehen und Laufen ermutigt. Ein paarmal habe ich gesehen, wie Kinder, die jünger als ein Jahr waren, auf ihre Füße gestellt wurden, worauf sie natürlich reflexmäßig ihre Beinchen streckten. Und wenn sie dann nur einigermaßen stehen konnten, wurden sie ermutigt, einen Schritt, zwei Schritte zu Vater, Mutter, Tante, Onkel hin zu machen, die ja immer in der Nähe sind.

Der ausgiebige Körperkontakt, der auch nicht nur an eine einzige Bezugsperson gebunden ist, scheint die Kinder sehr ausgeglichen und zufrieden zu machen. Aber könnte das Fehlen der Krabbelphase mit eine Erklärung dafür sein, dass so wenige Inder selbständig und unabhängig denken können? Zum selbständigen Denken muss man Abstand nehmen, und wenn Kinder krabbeln, krabbeln sie ja zunächst einmal „weg". Wenn Kinder dieses Alter erreichen, müssen Wohnungen neu gesichert werden, weil die gerade-noch-Babys irgendwohin entwischt sind und (meistens) etwas anstellen. Sie selbst entscheiden dann auch, wann sie sich irgendwo hochziehen wollen und laufen erst dann auf jemanden zu.

Man muss also bei uns erst einmal ins Abenteuer hinein wegkrabbeln, um dann ins Vertraute zurückzugehen. Und anscheinend tun indische Kinder das nicht in dem Maße. *Whatever that means* – ich finde es einfach interessant.

Delhi

12. Februar 2009

Nun bin ich also in Delhi – und es ist kalt! Ich sitze hier in Jeans und Socken, Shirt und Pullover, und ich VERMISSE Sonne und Wärme! In vieler Hinsicht erlebe ich hier einen Temperatur- und Kulturschock. Drei Jahre war ich nicht in Delhi – und ich erkenne die Stadt nicht wieder. Hier ist es ein bisschen wie Ostberlin nach der Wende – überall Fassadenwohlstand. Eine U-Bahn mit noch vergleichsweise kurzer Strecke unter der Erde und vielen Baustellen über der Erde, mit modernen, leise gleitenden Wagen, überschaubar vielen Menschen darin. Turnhallengroße Werbeflächen, auf denen Inder mit nur noch einem Hauch brauner Haut zusammen mit glücklichen und reichen Menschen aus aller Welt Konsumgüter genießen, Schaufenster, in denen riesige Mercedes-Schlitten stehen, Café-Bars, in denen man in bester Starbucks-Tradition irgendwelche gespiceten, geflavourten, designten Cappuccino-Creationen zu beinahe westlichen Preisen konsumieren kann – in Gesellschaft von riesigen Flachbildschirmen, die unaufdringliche Popmusik-Videos mit glücklichen vielfarbigen Menschen senden.

Der Smog in Delhi ist grau wie immer, aber es stinkt nicht mehr so sehr. Oder kommt der Gestank erst mit der Wärme? Es sind deutlich mehr Autos, auch neuere Wagen auf der Straße (viele mit verschrammten Seitenblechen!). Doch zum ersten Mal habe ich einen richtigen Stau erlebt. Der Verkehr war früher immer sehr laut, chaotisch, langsam – doch irgendwie blieb alles in einem kontinuierlichen Fluss. Doch nun bleibt man einfach stecken, und selbst die Autorikschas, die immer überall durchkamen, sind nicht mehr Teil der Bewegung, sondern der Verstopfung.

Es ist zwar nicht fair, Indien die Freude am Wohlstand (für Einige!) zu missgönnen – doch ich vermisse die Einfachheit, die ich abseits der Großstädte in Südindien und im Ashram erlebt habe.

Nachklang

Berlin

Februar 2009

Ich bin ja in den Wochen im Ashram, und auch vorher schon, immer wieder mit der Welt der Upanischaden in Berührung gekommen, habe Auszüge daraus und Gedanken darüber gehört und gelesen. Ich weiß noch genau, wann sie mir das erste Mal begegnet sind: 1983, ich war 24 und kurz vor Abschluss meines Studiums, habe ich erst eine Biographie über Schopenhauer und anschließend sein achtbändiges Gesamtwerk (!) gelesen. Es war wie ein Rausch, ein tiefes Wiedererkennen von etwas, das ich noch bei keinem Denker gefunden hatte: mutiges, unmittelbares, furchtloses, frisches und leidenschaftliches Denken ohne Tabuzonen – und darunter spürbar vibrierend das nicht Denkbare, Stille, Einheit, Sein.

Ich war damals ganz allein in meinem Staunen – ich kenne keinen einzigen Menschen persönlich, der auch nur ein Buch von

Schopenhauer gelesen hat, geschweige denn alles! Andererseits – ist man allein, wenn man in Resonanz ist? Es fehlte nichts.

Leider hat Schopenhauer seine eigene Erkenntnis nicht genießen können. Während er schuf, war er frei, aber im Alltag und mit anderen Menschen misstrauisch, verbittert, einsam. Er hat die Weisheit des Buddha gefunden, nicht aber sein Lächeln.

Da ich im Leben auch lächeln wollte, auch einfach glücklich sein, habe ich mich in den letzten zwanzig Jahren nicht mehr mit Schopenhauer beschäftigt.

Vorgestern nun habe ich mir noch einmal die Rowohlt-Monographie über Schopenhauer gegriffen, um zu schauen, ob ich die Hinweise auf die Upanischaden wiederfinde. Und fand mich in Texten wieder, die mein jüngeres Ich vielfach unterstrichen, mit Anmerkungen und Ausrufungszeichen versehen hat. Ich hatte keine Erinnerung mehr, was in dem Buch stand – und war plötzlich in einem zeitlosen Raum, in dem ich genau das hörte, was mich in diesem Moment heute beschäftigt und gleichzeitig genau das fühlte, was ich damals fühlte. Dieses Damals war Jetzt. Ich war in dem zeitlosen Aspekt von mir – der in uns allen ist – der nicht WIRD, sich nicht entwickelt, der immer und ewig einfach IST. Vollständig und ganz. Was habe ich denn nur in den fünfundzwanzig Jahren seitdem sonst noch gemacht? Eine unsinnige Frage – und doch staune ich.

Wenn ich jetzt zwei Beispiele mit Texten von Schopenhauer bringe, ist vielleicht nicht so leicht nachvollziehbar, was mich daran heute noch so berührt – Krishnamurti, Tolle, andere Weisheitslehrer sagen das Gleiche heute wesentlich gelassener und einfacher. Die Upanischaden wussten es sowieso schon längst. Vielleicht hatte meine Schopenhauer-Begegnung damals das Einmalige einer jungfräulichen Erfahrung: das allererste Mal bekam mein Denken eine Nahrung, die den Geist sättigte und dann über das Denken hinausführte. Und Schopenhauer hat zu seiner Zeit, zu Beginn des 19. Jahrhunderts, in einer Welt der Rationalität und des Buchwissens, die Hingabe an die unmittelbare Erfahrung des Augenblickes erfahren, die Freude und Befreiung im Loslassen alten Wissens.

„Unter meinen Händen und vielmehr in meinem Geiste erwächst ein Werk, eine Philosophie, die Ethik und Metaphysik in e i n e m sein soll ... Das Werk wächst, concresciert allmählich und langsam, wie das Kind im Mutterleibe; ich weiß nicht, was zuerst und was zuletzt entstanden ist ... Ich werde e i n Glied, e i n Gefäß, e i n e n Teil nach dem anderen gewahr, d.h. ich schreibe auf, unbekümmert, wie es zum Ganzen passen wird: denn ich weiß, es ist aus einem Grund entsprungen. So entsteht ein organisches Ganzes, und nur ein solches kann l e b e n ... Ich, der ich hier sitze, und den meine Freunde kennen, begreife das Entstehn des Werkes nicht, wie die Mutter nicht das des Kindes in ihrem Leibe begreift. Ich seh' es an und spreche, wie die Mutter: ‚Ich bin mit Frucht gesegnet' ..."

„Mein Denken in Worten, also B e g r i f f e n , also die Thätigkeit der V e r n u n f t, ist für meine Philosophie nichts anderes, als was das Technische für den Maler ist, das eigentliche Malen, die conditio sine qua non. Aber die Zeit der wahrhaft philosophischen, wahrhaft künstlerischen Thätigkeit sind die Augenblicke, wo ich mit Verstand und Sinnen rein objektiv in die Welt hinaussehe; diese Augenblicke sind nichts Beabsichtigtes, nichts Willkürliches, sie sind das mir Gegebene, mir Eigene, was mich zum Philosophen macht, in ihnen fasse ich das Wesen der Welt auf, ohne dann zugleich zu w i s s e n , daß ich es auffasse; ihr Resultat wird oft erst lange nachher aus der Erinnerung schwach in Begriffen wiederholt und so dauernd befestigt."

Die Erlebnisse zwischen 2009 und 2013 sind noch zu frisch und die Begegnungen zu nah, um sie hier schon zu teilen. Jedenfalls meldete sich 2012 das Bedürfnis, noch einmal in Indien und vor allem in Shantivanam zu sein, laut genug, um mich wieder auf die Reise zu schicken – wenn auch nur für kurze drei Wochen.

Sechste Indienreise

30. Dezember 2012 bis 19. Januar 2013

Saccidananda Ashram Shantivanam, Tamil Nadu

2. Januar 2013

Herzliche Grüße und Neujahrswünsche aus einem Internetcafé in Kulithalai, Tamil Nadu, zu dem ich heute aus dem Ashram gelaufen bin. Ich kannte den Weg noch von vor vier Jahren – dachte ich zumindest. Doch wo damals noch Bäume standen, ist jetzt alles abgeholzt, weil eine große Straße gebaut wird. Und wo vor zehn Jahren, bei meiner ersten Indienreise, fast alle Arbeiten von Menschen gemacht wurden, sind da jetzt immer mehr und immer größere (und lautere) Maschinen. So ist auch der Ashram zumindest äußerlich schon lang kein Ort der Stille mehr.

Doch trotz all dieser „Störungen" – es ist Indien. Im Internetcafé rezitiert die Stereoanlage Sanskritgebete, draußen läutet eine Tempelglocke, es hupen Autos, Busse, Lastwagen, Motorroller.

Ich habe ja diesmal erstmals einen Fotoapparat dabei – aber was soll ich fotografieren? Den pinkelnden Mann am Straßenrand, die Ochsenkarren, die Sinnsprüche an einer Schule *(Knowledge is power)*, das Schild *"Cleaning Services"* neben einem Müllhaufen, den *"Jesus-Shop for all Thinks"*? Die winzigen Kinder in Schuluniform, eine Bettlerin, die so verbogen ist, dass sie mit rechtwinklig nach vorne gebeugtem Körper geht?

Das eigentlich Faszinierende ist die Gleichzeitigkeit und Vielschichtigkeit (und dazu kommen noch Gerüche) – und die kann ich nicht einfangen in einem Bild.

4. Januar 2013

Vorgestern saß ich auf der Miniveranda meiner Minihütte und las, als ich draußen lautes Getrommel hörte. Eine Hochzeit? Aber dazu gehören meist auch irgendwelche Tröten...

Ich ging raus zum Fluss und sah, dass dort gerade eine Prozession zum Kremationsplatz ihr Ziel erreicht hatte. Die Leiche lag bereits auf dem Holzstapel, alle möglichen Jungen und Männer standen drum herum, unterhielten sich, telefonierten – ganz anders als die „Beerdigungsatmosphäre", wie wir sie kennen. Ich sah zwei weitere Leute aus dem Ashram am Rande stehen, einer davon stellte mir Sanjay, einen jungen Mann aus dem Dorf vor. Wir kamen ins Gespräch und ich fragte Sanjay Genaueres zum Verbrennungsritual. Er erklärte mir, wer zur Familie gehörte, wer die *low cast* Männer waren, die die eigentliche Verbrennung durchführten und die auch nachts am Verbrennungsplatz bleiben würden.

Ich erzählte Sanjay, wie anders Beerdigungen bei uns abliefen – dunkel, verborgen, ruhig. *"Quiet"*, sagte er. *"I like that. I wish my cremation would be quiet, but not possible in the village."* Ich war sehr berührt von der *quietness* die er ausstrahlte, während er das sagte. Ein stiller Mensch, nicht in einem Kloster oder einer Meditationshöhle, sondern mitten in einem lauten indischen Dorf. *Special*.

5. Januar 2013

Vorgestern kamen zwei ältere Damen aus England im Ashram an, schätzungsweise in den Siebzigern, nicht gerade schlank, sie sahen aus, als gingen sie zuhause nie weiter als bis zur örtlichen Leihbibliothek, zum Gemischtwarenladen, zur Kirche oder zur *flower show*. Eine der beiden hat einen Haarschnitt als hätte sie dem Gärtner gesagt: hier ist die Heckenschere, hier der Blumentopf...

Doch beim *morning coffee* hörte ich eine von ihnen in einem *by the way* Ton sagen: *"Wasn't that when we were trecking in North*

Pakistan?" Außerdem sprachen sie von Fahrradtouren auf den Äußeren Hebriden und einer China-Rundreise – *I was impressed!*

Am nächsten Morgen machte mir selbst das Schälen unzähliger Zwiebeln Spaß, da es mir Gelegenheit bot, die beiden *ladies* auszufragen – sie entpuppten sich als pensionierte Lehrerinnen mit Reiseleidenschaft und herrlich trockenem Humor. Eine der beiden ist „spirituell". Sie ist in der Kirche engagiert und meditiert, die andere verkörpert mehr den *no nonsense*-Typ und schreibt während der Gebetszeiten Tagebuch oder geht anderen profanen Beschäftigungen nach. Ihre persönliche Leidenschaft sind *agricultural shows*, sie hält selber Schafe und war sehr beruhigt, als sie sah, dass die Ashram Kühe gut gehalten waren und *nice troughs* hatten. Die beiden könnten glatt einem Agatha Christie Roman entstiegen sein.

Im Ashram selbst, unter den Mönchen, beobachte ich, wie die Balance zwischen Ost und West, Indien und Europa, Christentum und Advaita sich immer weiter in indische Richtung verschiebt, was erstaunlicherweise bedeutet, dass der Ashram wieder viel eindeutiger katholisch wird. Die Universalität, die Bede Griffiths so sehr verkörperte, verblasst. Schade. Aber vielleicht ist das einfach der Lauf der Dinge.

Brother Martins improvisierte Talks über Christentum und indische Philosophie gehören für mich aber immer wieder neu zum Tiefsten, Freiesten und Inspirierendsten, was ich in diesem Zusammenhang gehört habe. Er spricht im Geiste Father Bedes – und geht darüber hinaus.

10. Januar 2013

Nun naht also mein Abschied von Shantivanam, ich spüre ihn mit leiser Wehmut, denn ich habe in zwölf Tagen sehr vielfältige, reiche Begegnungen erlebt, gebend und nehmend, es war ein tiefer Austausch.

Thanjavur, Tamil Nadu

13. Januar 2013

Nach der ruhigen Ashramzeit erlebe ich hier (obwohl vorbereitet) den totalen *real India* Kulturschock. Ich hatte ja, dachte ich, den Übergang extra sanft gestaltet (reservierter Zug, reserviertes Hotel) – und doch überfällt mich hier der Krach und Dreck. Die Zugfahrt war ganz nett – als ich einstieg war mein Liegeplatz zwar von einem Baby mit Mutter und Großvater belegt – als aber die Liegen in Sitze verwandelt wurden und ein Teenagermädchen auf die oberste Liege (das Gepäckfach sozusagen) geschickt wurde, konnten wir auf den sechs Sitzplätzen mit acht Erwachsenen und einem Baby eigentlich ganz bequem sitzen. Die anderen waren überwiegend eine Familie, darunter die 87jährige Urgroßmutter – ganz klein und schrumpelig und zahnlos und süß. Das Baby, ein kleines Mädchen, wurde zwischen Mutter, Großmutter und Vater (der aussah wie 17) hin und her gereicht, und irgendwann bekam auch ich es in den Arm. Ich habe ihm „Alle Vögel sind schon da" vorgesungen, was es eher unbeteiligt zur Kenntnis nahm.

Und jetzt Thanjavur mit seinem 1000 Jahre alten Tempel. Das ist dann doch wieder erstaunlich: wenn man der *madness* der Straßen entflieht und sich im weitläufigen Innenhof des Tempels bewegt, kehrt langsam, langsam Ruhe ein – relative Ruhe, denn so ein Tempel ist nicht hauptsächlich ein Ort der Einkehr, sondern der Bewegung. Tausende von buntgewandeten Frauen und eher unscheinbaren Männern umrunden mit Kind und Kegel Skulpturen und Säulengänge in einem fließenden Übergang zwischen Pilgerreise und Fototourismus. Uralte Gebetsrituale (die Arme vor der Brust gekreuzt, die Hände an den Ohrläppchen, dabei ein paar Knickse), Handy-Klingeltöne, der Tempelelefant, das ewiggleiche Mantra der Frage: *"Your Name?" "Country?"* – keins ist „echter" als das andere.

Morgen ist Pongal, eine Art *Thanksgiving*, ein Familienfest, das über mehrere Tage gefeiert wird. Ein Franzose (der einzige Europäer, den ich heute gesehen habe), sprach mich vorhin an, als ich im Schatten eines Baumes saß, und sagte mir, dass das *Tourist Office* einen Ausflug in ein Dorf zu einer Pongalfeier organisiert. Vielleicht wird es ja furchtbar touristisch – aber ich habe mich mal angemeldet. *Happy Pongal!*

14. Januar 2013

Heute früh habe ich mir im Dunkeln eine Rikscha zum Tempel genommen und habe dessen „Aufwachzeremonie" verfolgt.

Aus dem Haupttempel, wo der Lingam (Phallus), der den Gott Shiva symbolisiert, verehrt wird, kamen hinter einem Fackelträger zwei Priester, der eine mit einem Gefäß, dessen Funktion ich nicht erkennen konnte, der andere mit einer Feuerschale, einer hatte eine Glocke – und so zogen sie im Uhrzeigersinn von Heiligtum zu Heiligtum und „weckten" die Gottheiten. Ich bin mitgezogen, während es langsam hell wurde. Ich liebe Tempel im Morgenlicht, wenn ALLES erwacht.

Auf dem Heimweg habe ich mir dann eine Jasminblütenkette gekauft und um den Hals gebunden. Nun steigt mir ein leiser Jasminduft aus meinem Ausschnitt in die Nase – und so fühle auch ich mich wie eine umräucherte Göttin.

Dann habe ich mir eine Zeitung gekauft und im Hotel Tamil Nadu, das etwas schicker ist als meines, gefrühstückt – indisches Frühstück, aber mit Besteck und Zeitung.

Und schließlich, zurück im Hotel, habe ich die erste WARME DUSCHE seit über zwei Wochen genommen – GÖTTLICH!!!

So, jetzt werde ich mal sehen, wie Pongal gefeiert wird.

Chidambaram, Tamil Nadu

15. Januar 2013

Der Pongal-Ausflug gestern war *very special* – aber ich fange mal mit dem heutigen Tag an.

Hier in Chidambaram wollte ich den Shiva Nataraja Tempel besuchen, den Tempel des tanzenden Shiva. Der Tempel war über Mittag geschlossen, so bin ich gegen Sonnenuntergang zum Darshan gegangen, wo sich die Gottheit zeigt, bzw. im Feuer gezeigt wird. Man bringt ihr (stellvertretend den Priestern) Opfer (Früchte, Blumen, Geld) und bekommt im Austausch einen Segen – ich habe das so halb verstehend mitgemacht.

Schon eine Weile vor dem Darshan füllte sich der Tempel, der ganze Raum murmelte – im Gebet, im Gespräch oder am Telefon. In all dieser geistlich weltlichen Mischung lag aber eine vibrierende Stimmung von „Erwartung" in der Luft.

Ich bin dann weiter durch die weitläufige Tempelanlage gewandelt, an mehreren Stellen gab es weitere Darshans. Irgendwann auf meinem Rundgang sah ich, dass seitlich im Tempel ein Viereck mit Stangen abgesteckt und mit Palmzweigen verziert wurde.

Das sah vielversprechend aus, und so habe ich mich auf Treppenstufen gesetzt und beim Aufbau zugeschaut. Der Aufbau zog sich hin, doch irgendwann setzte dann plötzlich ein ohrenbetäubendes Geläut ein, es tauchten zwei Trommler und eine Oboe auf – und dann wurden knapp 20 Kühe (!) hereingetrieben, bzw. von Brahmanenpriestern hereingeführt. Sie wurden an den Stangen festgebunden und dann mal mit, mal ohne Musik und Glockengeläut mit Girlanden behängt, mit Farbpulver bestreut, angemalt, mit Blumen bestreut, zwischendurch gefüttert, mit Weihrauch geräuchert, mit Feuer- und Wasserzeremonien gesegnet – und schließlich einmal durch den ganzen Tempel geführt. Ein unglaubliches Spektakel. Jahrmarkt, Volksfest – und doch auch auf eine ganz archaische Weise sakral.

Jetzt also zu dem gestrigen Ausflug. Ich hatte mir ja schon Gedanken gemacht, was das „Kleingedruckte" sein würde bei einem kostenlosen Ausflug mit dem *Tourist Department* Tamil Nadu, hatte erwartet, vielleicht in einem Geschäft zu landen und etwas kaufen zu müssen oder in einem *Charity*-Projekt, für das ich spenden sollte – völlig falsch. Die Teilnahme war kostenlos, weil wir als unbezahlte Statisten in einem Film für die Tourismuswerbung eingesetzt wurden! Es gab tatsächlich Ochsenkarren, in die wir uns setzten und aus denen wir nach kurzer Fahrt wieder ausstiegen (vor laufenden Kameras!). Man hatte die Dorfbevölkerung eingeladen, Plastikstühle aufgestellt, auf denen wir dann durcheinander saßen, braune und weiße Menschen, ach so schön für die Werbung. Jeder von uns Touristen bekam eine Girlande umgehängt (Foto), eine süße Kokosnuss (Foto), einige von uns wurden auch nach vorne geholt und in indische Gewänder gehüllt (Foto). Ich hatte definitiv entschieden, dass ich das nicht mitmachen würde – aber es hat mich niemand gefragt.

Anschließend gab es Volkstanzaufführungen, die z.T. ganz nett waren, z.T. furchtbar, vor allem aber LANG. Das *one hour* Programm dauerte zwei Stunden! *Indian time...* Aber irgendwie war es auch rührend, wie die Leute aus dem Dorf sich diese bunte, laute und eher langweilige Performance gebannt anschaute. Neben mir saß ein höchstens vier oder fünf Jahre alter unglaublich süßer Junge und rührte sich die ganze Zeit nicht von der Stelle. Und überhaupt all diese Gesichter – jung, alt, alle so schön. Hier habe ich dann doch auch einmal Leute fotografiert – schließlich war es ja eine Veranstaltung des gegenseitigen Anstarrens.

Höhepunkt der Peinlichkeit war dann, dass die verkleideten Touristen (eher reifere Jahrgänge) dann bei den indischen Tänzerinnen mittanzen sollten. *O dear...*

Mahabalipuram, Tamil Nadu

16. Januar 2013

ICH WAR IM MEER!!!

Herzliche Grüße aus *"Backpackistan"*, wie der *Lonely Planet* Mahabalipuram (oder Mamallapuram, wie es offiziell heißt) nennt...

Recht hat er natürlich: *German Bakery, French Crossant (sic!), Kashmiri Shops,* Kurse von Surfen über Massage bis zur Bildhauerei – doch mir tut das jetzt gut. Ich habe, als ich ankam, erst einmal *apple pie* gegessen, Cappuccino getrunken und gerade einen ziemlich kleinen, ziemlich teuren gegrillten Fisch verspeist. Für morgen habe ich eine Ayurvedamassage gebucht – diese letzten zweieinhalb Tage mache ich einfach URLAUB.

Und als ich heute Nachmittag das erste Mal zum Strand runterlief, den warmen Sand unter meinen Füßen, das Geräusch der Wellen im Ohr, da bin ich schnell wieder zurückgelaufen, habe meine Wertsachen in mein Zimmer gebracht (lassen Sie Ihre Wertsachen nicht im Zimmer!), habe wieder meine verschwitzten Reiseklamotten angezogen, bin zurück zum Strand gelaufen und bin, wie eine anständige indische Frau, MIT Klamotten ins Wasser gegangen – HERRLICH!

17. Januar 2013

Hmmm, dies war ein schöner Tag! Ich bin um sieben Uhr aufgestanden und zum *Shore Temple* aus dem 7. Jahrhundert gegangen. Es gibt da zwei kleine Tempel, im einen zeigt sich der Gott Shiva durch einen Lingam, auf den bei Sonnenauf- und Untergang die Sonne fällt, im anderen ruht Vishnu ganz entspannt zurückgelehnt, wie auf einer Couch.

Da diese Tempel nicht mehr geweiht sind, schwirren hier keine Priester herum, die den Kontakt mit den Göttern verwalten und monopolisieren – man kann seinem Gott hier ganz persönlich und direkt begegnen. Da ich ganz alleine war, habe ich mich vor Vishnu gesetzt und meinen Kopf eine Weile gegen ihn gelehnt. Dann habe ich meine Hände auf seinen Körper gelegt, seine Füße gehalten, sein Gesicht berührt – eine *hands-on* Behandlung für einen Gott. Ein ganz und gar persönlicher Dialog.

Es war so wunderbar, diese 1500 Jahre alte Skulptur wirklich zu berühren, anzufassen, zu erfühlen – nichts war verboten.

Am Nachmittag habe ich dann noch die *Five Rathas* besucht, eine Sammlung von monolithischen Schreinen der gleichen Zeit. Es gibt da die Skulptur eines riesigen Elefanten: als ich mich zwischen seinen Rüssel und seine Vorderbeine stellte, reichte mein Kopf noch nicht einmal an seinen Mund. Wieder habe ich mich ihm sehr *hands-on* angenähert: soweit meine Arme reichten, habe ich ihn umarmt und gehalten und fühlte dabei, wie die Wärme der Nachmittagssonne aus dem Granit zurückstrahlte. Später sprach mich eine indische Frau an: *"Have you been praying?"* Erst wollte ich ihr antworten *"No, I was only touching"* – doch dann hielt ich einen Moment inne und sagte: *"Yes."* – *"You like him very much?"* – *"Yes."*

Es gab dann auch noch einen sonnenwarmen Steinbullen, auf den ich geklettert bin, das Gefühl seiner Wärme und Kraft unter mir. Es war fantastisch. *Magical.*

Aber auch ich wurde heute „betastet" – ich habe mir eine Ayurvedamassage gegönnt, bei der eine kleine drahtige Keralesin mich „filetiert" hat, Fleisch von Knochen gelöst, Faszien gedehnt, Muskelfasern ausgekämmt, alles in viel warmem Öl – herrlich. Morgen, an meinem letzten Tag, gehe ich nochmal hin.

18. Januar 2013

Nach meiner heutigen Massage fragte die Masseurin, was ich von Beruf sei, und als sie hörte, dass ich Musikerin bin, sollte ich ihr etwas vorsingen. Also habe ich, splitternackt und ölglänzend auf dem Massagetisch sitzend, 'Brunnquell aller Güter' von Bach-Schemelli gesungen. Ein komischer, inniger Moment.

Nun auf zu einem Obstsalat mit frischen Papayas und zu letzten Besorgungen – und dann heim in den Frost.

Namaste!